시장과 네트워크로 읽는
북한의 변화

시장과 네트워크로 읽는 북한의 변화:
스마트폰을 든 붉은 모자들

초판발행 2017년 5월 8일
초판 2쇄 2020년 2월 10일

지은이 정세진
펴낸이 채종준
기 획 이아연
편 집 백혜림
디자인 김정연
마케팅 송대호

펴낸곳 한국학술정보(주)
주 소 경기도 파주시 회동길 230(문발동)
전 화 031-908-3181(대표)
팩 스 031-908-3189
홈페이지 http://ebook.kstudy.com
E-mail 출판사업부 publish@kstudy.com
등 록 제일산-115호 2000. 6. 19
ISBN 978-89-268-7895-8 05340 (e-book)

시장과
네트워크로
읽는

북한의
변화

정세진 지음

스마트폰을 든
붉은 모자들

인천항에서 페리선을 타고 하룻밤이면 도착할 수 있는 북중(北中) 국경 지역인 중국 랴오닝(遼寧)성의 단둥(丹東)시. 이곳 시내에는 이른바 코리아타운(Korea Town)이라고 부를 수 있는 '조선민속거리'가 조성돼 있다. 이곳의 조선인, 즉 코리안(Korean)은 한국인만을 의미하지 않는다. 한국인 외에도 조선족, 북한에서 건너온 탈북자 혹은 사업가, 중국 국적을 갖고 중국과 북한을 오가는 북한 화교 등 4개 집단이 있다.

이곳 코리아타운의 간판이 모두 한글도 아니다. 한국어로 된 간판 외에도 북한식 표현의 간판, 조선족 간판, 중국 간판 등이 한데 어우러져 있다. 이들 4개 집단의 코리안은 서로 공존하며 가게를 운영한다. 과거 한민족의 땅이었던 중국 단둥 지역에서 '단둥 코리안'들은 이렇게 스스럼없이 어울려 경제활동을 하고 있다.

박근혜 정부가 2014년 연두 기자회견에서 화두로 던진 '통일대박론'은 이런 다양한 코리안들이 어울려 사는 경제공동체인 한반도, 통일한국이라는 원대한 미래를 꿈꾸게 했다.[1] 하지만 결과적으로 금강산 피격, 천안함 폭침사건 등에 따른 남북 간의 경색 국면에서도 유일하게 살아남은 개성공단마저 폐쇄되고 말았다. 북한과의 경제교류의 중요성을 강조했지만 북한이 잇달아 핵실험에 나서면서 경제교류는 전면 중단됐다.

국제사회는 경제적으로 북한을 압박해 핵을 포기시키겠다는 전략을 선택했다. 그러나 대북 경제제재의 효과에 대해서는 의견이 엇갈린다. 2016년 상반기(1~6월) 중에 시작된 대북 경제제재는 과거보다 훨씬 강도가 세지만 북한이 단시간에 백기를 들고 투항하리라고 보긴 어렵다. 한국이 고고도미사일방어체계(THAAD, 사드) 배치를 결정하면서 중국이 북한을 향한 압박 수위를 조절하는 것도 대북 압박전략을 흔드는 변수가 됐다.[2] 중국은 미국의 한반도를 포함한 동아시아 정책을 견제하고

---

1) 2016년 하반기에 '최순실 게이트'가 불거지면서 '통일대박'이 최순실이 만든 용어라는 주장이 나왔다. 그러나 통일대박이라는 용어는 2013년 6월 20일 제16기 민주평화통일자문회의 간부위원 간담회에서 중앙대학교 신창민 교수의 저서《통일은 대박이다》를 언급하면서 청와대에 소개됐고, 그 이후 박근혜 정부에서 활용됐다는 설명이 더 합리적이다.

2) 북한 경제제재에 동참했던 중국은 점차 이를 완화하고 있다. 중국의 대북제재 참여 이후 감소세를 보이던 북중교역은 2016년 8월 이후 증가로 돌아선 뒤 3개월 연속 증가했다. 중국 해관총서(관세청)가 공개한 국가별 월 무역통계에 따르면 중국과 북한 간 2016년 10월 무역총액은 5억 2524만 달러로 지난해 같은 달보다 21.1% 늘었다. 특히 중국이 북한에서 들여오는 수입액은 2억 3838만 달러로 전년 대비 증가율이 27.6%에 이른다. 이 밖에도 중국은 2016년 10월 신두만강대교를 완전 개통했으며, 앞서는 북한의 석유개발사업에도 다시 손을 대기 시작했다. 사드 배치에 따른 미국과 한국에 대한 중국의 압박전략일 수 있지만 중국이 북한을

동북3성의 경제발전전략을 실행하기 위해서라도 북한의 경제적 붕괴를 방치하지 않을 것이다.

국제사회의 대북제재가 이어지는 동안 북한의 경제구조는 빠르게 변화해왔다. 그러나 이를 고려하지 않은 채 대북정책은 냉온탕을 반복해왔다. 이명박 정부 시절 천안함 폭침 이후 북한과의 경제교류를 단절하는 5·24조치를 취했지만 큰 효과를 보지 못했다. 원자재 가격이 급등했던 당시 북한은 중국에 지하자원을 수출해 막대한 외화를 벌어들였다. 남측의 경제제재를 각오하고서라도 내부 단결을 위한 정치적 목적으로 천안함 폭침과 같은 일을 벌일 수 있는 경제구조였던 것이다. 5·24조치가 북한에 큰 타격을 주지 못한 이유다.

하지만 2014년부터 지하자원 수출로 벌어들이는 외화 수입이 감소한 북한은 이를 메우기 위해 일본, 러시아와 접촉했으나 한계에 부딪히자 남측과의 관계 개선을 도모했다. 경제 위기가 북한의 정치 태도를 변화시킨 것이다. 이처럼 북한 경제구조의 변화가 정치적 결정에 상당한 영향을 끼치고 있음에도 한국과 국제사회의 대북정책은 이런 요소를 제대로 고려하지 않았다.

궁지에 몰아넣을 정도의 경제적 압박을 가하는 것은 기대하기 어렵게 됐다. 다른 한편으로 한국개발연구원(KDI)은 2017년 2월 보고서에서 외부의 경제제재에도 불구하고 북한이 견뎌낼 수 있었던 것은 비공식 부문의 시장이 성장했기 때문이라고 분석하기도 했다.

다행히 북한에 새로운 대북 경제정책을 적용할 수 있는 가능성은 점점 커지고 있다. 계획경제가 실패한 북한은 이미 '장마당'으로 상징되는 시장경제가 힘을 발휘하고 있다. 장기간의 국제적인 대북제재에도 불구하고 무역의존도 역시 과거보다 오히려 더 높아졌다.

특히 중국을 대상으로 무연탄과 철광석 등 주요 자원을 수출해 유지하던 경제구조가 2015년경부터는 중국의 하청을 받아 수출하는 임가공 상품들로 바뀌고 있다. 북한의 대중국 수출구조는 2014~2015년을 기점으로 자원 수출에서 제조업 수출로 점차 그 무게중심을 옮기고 있다. 북한의 자원수출형 경제 노선이 싼 인건비를 바탕으로 한 수출제조형으로 바뀌고 있는 것이다. 한국을 비롯해 홍콩, 대만, 싱가포르, 베트남, 중국 등 아시아의 개발도상국들이 경제발전을 이뤄왔던 노선에 북한이 첫발을 내디디고 있는 것으로 평가할 수 있다.[3]

북한의 잇따른 핵실험에도 중국이 대북 경제제재의 강도를 높이지 못하는 이유는 북한의 이러한 경제구조의 변화가 일정 부분 영향을 끼치기 때문이다. 북한과의 경제협력(경협)으로 이익을 보고 있는 중국인들, 특히 동북3성 지역이 대북 경제제재로 인해 손해 보는 것을 중국 중앙정부는 방치할 수 없다. 실제 동북3성을 중심으로 북한에 투자를

---

3) 북한이 싼 인건비를 토대로 한 수출주도형 산업을 통해 발전한 한국, 중국과 같은 경로를 밟기 위해서는 보다 적극적인 개방을 통한 해외자본 유치와 주변국과의 화해 분위기 조성이 필요하다.

한 중국 사업가들은 북한의 핵실험을 비롯한 도발에는 부정적이지만 중국 정부가 경제교류를 막는 것에는 결사코 반대한다.[4) 북한과 얽힌 중국의 경제구조가 정치적 판단에 제약을 가하고 있는 것이다.

국제사회의 제재와 원자재 가격 하락 등의 영향으로 외화 확보가 시급해진 북한의 입장에서도 장기적으로 외부와의 경제협력은 불가피한 선택이 될 것이다. 북한이 금기시하는 개혁·개방이라는 표현을 쓰지 않더라도 북한 정권은 경제개발을 통한 권력 유지가 절실하다.

김정은 노동당 위원장도 북한의 경제개발에 대한 의지를 피력하고 있다.[5) 그는 2014년 5월 30일 '우리식 경제관리방법'이라는 새로운 경제정책을 발표했다. 핵심 내용은 농장과 공장, 기업소 등 각 생산단위의 경영자율성과 인센티브를 확대해 생산성을 높이겠다는 것이다.

김정은 시대에 재개된 '포전담당책임제' 역시 시장경제로의 질적 변

---

4) 중국의 21세기경제연구원은 2016년도 중국의 주요 성, 직할시 등 31곳의 국내총생산(GDP) 성장률을 발표하면서 단둥 지역이 포함된 랴오닝성이 처음으로 전년 대비 -2.5% 성장했다고 발표했다. 다른 성, 직할시, 자치구가 4~10%대의 성장률을 보인 것과 비교했을 때 북중 접경지역의 불황이 심각하다는 것을 알 수 있다. 중국 중앙정부가 북한 경제를 압박해 단둥 등 접경지역의 경제를 악화시킬 수 있는 조치를 지속적으로 취하는 데 한계가 있다는 신호이기도 하다.

5) 김정은은 2012년 4월 김일성 생일 100주년 기념 열병식에서 "우리 인민이 다시는 허리띠를 조이지 않게 하겠다"고 공언했으며, 2016년 5월에 열린 제7차 당대회에서는 "경제 전반을 놓고 볼 때 어떤 부문은 한심하게 뒤떨어져 있다"고 시인했다.

화 중 하나로 평가받고 있다. 김정일이 2004년도에 협동농장 '분조관리제'의 노동 단위 규모를 기존 7~8명에서 4명 안팎으로 축소하여, 줄어든 가족 단위의 분조가 잉여생산물을 소유할 수 있게 한 포전담당책임제는 2006년 시장통제가 이뤄지면서 사라졌다.[6] 그러나 김정은 시대에 들어서서 부활해 일부 협동농장과 지역에서 단계적으로 시행되고 있다.

포전담당책임제가 북한 변화의 핵심으로 주목받는 이유는 농민들이 이 제도를 통해 수확 후 일한 만큼 곡물을 분배받고 그것을 판매해 현금화할 수 있기 때문이다. 목표량 이상을 생산하면 기여도에 따라 개인에게 일정량의 인센티브를 준다는 점에서 조심스러운 시장경제 도입이라 할 수 있다. 실제로 이러한 변화는 농민들의 생산 의욕을 높여 어느 정도의 식량 증산 효과도 낸 것으로 보인다. 일부에서는 포전담당책임제가 중국이 1978~1981년 시행한 '농가생산책임제'와 유사하다고 보고 있다. 김정은 시대에 들어 북한이 경제개발구를 늘리는 것 역시 1980년대 중국의 흐름과 비슷하다. 1980년대 이후 중국의 경제개발 경로를 북한이 그대로 따라갈 것으로 기대하기는 어렵지만 상당한 유사점을 보이고 있다.

---

6) 분조관리제는 협동농장의 땅을 4~5명으로 이뤄진 분조(작업반) 단위로 운영하는 제도며, 포전담당책임제는 각 분조가 생산한 작물 중 일부만 국가에 바치고 나머지를 갖는 제도다.

박근혜 정부 이후의 차기 정부는 현재의 남북 관계를 그대로 방치하지도 할 수도 없을 것이다. 새롭게 시작하는 남북의 경제교류는 이같이 변화하고 있는 북한의 경제구조를 이해하고 접근해야 한다. 과거 컴퓨터 제조업체인 델(Dell)에 부품을 공급하는 부품공급처가 있는 국가 간에는 전쟁이 일어나지 않는다는 이른바 '델 컴퓨터 이론'을 남북 관계에 맞게 창의적으로 적용하자는 것이다.[7]

현실적인 과제는 남북이 정치 상황과 관계없이 경제협력을 지속할 수 있도록 구조적인 틀을 만드는 것이다. 북한이 핵을 포기할 때까지 모든 교류를 중단하기보다 협상과 교류를 병행한다면 북한의 위험한 군사 도발은 중장기적으로 경제적인 이해관계자들에 의해 억지될 수 있다. 이미 시장을 통해 뇌물을 받아 생존하고 있는 북한의 관료들은 수령인 김정은 위원장의 정치적인 이해관계와 배치되는 상황을 그대로 방치하거나 혹은 수령의 지시를 적극적으로 이행하지 않을 가능성

---

7) 《뉴욕타임스(The New York Times)》의 칼럼니스트인 토머스 프리드먼(Thomas Friedman)은 그의 저서 《세계는 평평하다》에서 국가 간의 갈등 예방을 위한 '델 컴퓨터 이론'을 내세웠다. 이는 전작인 《렉서스와 올리브나무》에서 맥도날드(McDonald's) 프랜차이즈가 존재하는 국가 간에는 전쟁이 일어날 수 없다고 주장한 '황금 아치 이론'을 발전시킨 것이다. 즉 부와 삶의 질 향상을 경험한 개발도상국들의 이해관계자들이 스스로의 시장과 공급망을 위험에 빠뜨리는 정책이나 리스크를 회피하게 되면서 국가 간의 갈등이 자제된다는 것이다. 이런 주장은 임마누엘 칸트(Immanuel Kant)의 '영구평화론'으로까지 거슬러 올라간다. 칸트 역시 상호 갈등이 있는 나라가 공화국이자 서로 밀접한 무역관계를 맺고 있으면 전쟁을 하기가 매우 어렵다고 지적했다.

이 충분히 있다. 북한식 '수령경제'에 대한 권력층의 '사보타주(sabotage, 태업)'가 북한의 핵 도발을 막는 가장 현실적인 장치가 될 수 있다는 의미다.

김정은 위원장이 남북경협을 통해 시장화된 경제구조를 외면할 경우 자신의 정권 유지에 불이익을 당할 수밖에 없는 상황을 장기적으로 만들어야 한다. 이런 주장에 대해 강경 보수세력들은 순진한 생각이라고 비판할지도 모른다. 대북제재만이 유일한 방법이라며 '북한 붕괴론'을 지속적으로 주장할지도 모른다.

미국의 도널드 트럼프(Donald Trump) 행정부가 2017년에 들어선 이후 북한의 미사일 실험 도발과 김정남 암살 등 일련의 사건으로 대북 강경론은 더욱 목소리가 높아졌다. 일각에서는 북한에 대한 선제타격론을 언급하고, 중국이 북한에 석유공급을 중단하는 초강수를 둬야 한다는 주장도 제기됐다. 그러나 북한에 대한 선제공격으로 피해를 보게 되는 한국, 여전히 모호한 입장을 취하고 있는 중국으로서는 석유공급 중단이 마지막 카드라는 점을 고려하면 이런 대응 역시 쉽지 않다. 북핵문제의 해결 등 외교적 대안 제시는 이 책의 범위를 넘어선다. 그럼에도 북한이 핵을 쉽게 포기하지 않을 것이란 사실은 이미 상식이 됐고 선제공격론이나 제재로 문제를 해결하는 것 역시 과거에 검토했지만 달성하지 못한 방식이다. 결국 북미(北美), 북일(北日) 수교를 통해 북한이 체제 위협을 느끼지 않도록 하면서 추가적인 핵 개발을 중단하도록 하는 '핵 모라토리엄(moratorium, 동결)'부터 진행해야 한다. 이렇게 한국 주도로 국제사회가 북한과의 관계를 복원하면서 경제교류를 통해 평화를 유지한 뒤 다음 단계로 나아가는 것이 현실적이라고 본다.

이 책은 한국 주도로 한국 기업은 물론 국제사회가 북한과 경제협력을 하면서 한반도에 평화를 구축하고 새로운 경제동력을 만들어보자는 취지에서 시작됐다. 이 과정에서 시장의 성장에 따른 북한 사회의 다양한 변화상과 북한 경제의 현실, 향후 발전 가능성을 다각도로 짚었다.

베일에 싸인 북한 사회를 제대로 전달하는 것이 생각보다 훨씬 어렵다는 사실을 여러 번 깨달았다. 구체적인 대안을 제시하는 것 역시 쉽지 않았다. 그러나 무엇보다 어려웠던 것은 북한의 미사일 도발과 권력 유지를 위한 반(反)인권적인 행태에 분노한 한국과 국제사회가 공동으로 대북 경제제재에 나선 가운데 협력을 이야기하는 것이 적절한지에 대한 우려였다. 그럼에도 북한과의 경제협력을 고민하고, 한반도의 미래를 꿈꾸는 것이 현재의 위기를 다른 시각에서 볼 수 있는 또 다른 해법이 될 수 있다는 확신은 흔들리지 않았다. 국제사회의 대북제재가 설령 성공한다고 하더라도 '포스트-김정은 시대'에도 남북은 경제협력을 통해 서로의 이질감을 극복해야 한다.

이 책에서는 한국에 들어온 탈북자와 국내의 북한전문가들을 취재

한 것 외에 각종 보도와 관련 자료 및 서적을 활용해 정보의 한계를 극복하려고 했다. 특히 북한을 좀 더 객관적인 시각에서 볼 수 있는 외국인들이 북한에 체류하면서 느꼈던 다양한 경험과 에피소드를 책 곳곳에 녹였다. 이 책이 북한 경제의 변화를 이해하고 남북경협에서 새로운 아이디어를 얻을 수 있는 계기가 되기를 희망한다.

2017년 3월
정세진

Contents

1장

북한의
문을 연 사람들

정주영과 김우중,
그리고 문선명

　　　　　　남북 경제협력(경협)은 민족경제공동체 형성이라는 거대 담론과 새로운 시장 개척이라는 시장 논리가 뒤섞이면서 어렵게 진행됐다. 1988년 노태우 정부의 7·7선언 이후 본격적으로 남북경협이 시작됐으나 지금까지 다양한 이유로 중단과 재개를 반복해왔다.

　국내 대기업들이 북한 진출에 관심을 갖기 시작한 것은 1980년대 말부터다. 동유럽과 중국, 구소련으로의 진출로 자신감을 얻은 기업들이 북한에서도 사업 기회를 잡을 수 있을 것으로 생각한 것이다. 국내 기업들은 유럽으로 보낼 상품을 북한을 경유해 구소련의 시베리아 횡단철도(TSR)를 활용하면 물류비용과 시간을 크게 절감할 수 있다고 여겼다. 북한 국경에 인접한 중국의 동북3성은 당시로써도 향후 성장이 기대되는 잠재력 있는 시장으로 평가받았다.

| 남북경협 주요 일지 |

일시	주요 내용
1988. 7. 7.	노태우 대통령, 민족자존과 통일번영을 위한 특별선언(7·7선언) 발표
1988. 11.	정부, 대우인터내셔널 북한산 도자기 159점에 대해 처음으로 반입 승인
1989. 1.	정주영 현대그룹 명예회장 첫 방북, 김일성 당시 북한 주석과 '금강산 남북공동개발 의정서' 체결
1989. 1.	효성물산 북한산 전기동 200t 반입/ 현대종합상사 점퍼 5천 벌 최초로 북한에 반출
1989. 6. 12.	대통령 특별명령으로 남북교류협력에 관한 기본지침 마련
1990. 8. 1.	남북교류협력에 관한 법률, 남북협력기금에 관한 법률 제정
1991. 12.	'남북 사이의 화해와 불가침 및 교류협력에 관한 합의서' 채택
1992. 1.	남북 위탁가공 교역 시작: 코오롱, 북한과 합작 생산한 가방을 국내에서 판매
1992. 2. 19.	'남북 사이의 화해와 불가침 및 교류협력에 관한 합의서' 발효
1993.	북한 핵문제가 고조됨에 따라 남북 간 경제교류 소강상태
1994. 11.	대북경협 활성화 조치 발표
1996. 9.	북한의 잠수함 침투사건으로 남한의 대북 지원 및 투자 동결
1996. 12.	잠수함 사건에 대한 북한의 사과 성명 발표로 경협 동결 상황은 해소
1997. 12.	외환 위기로 남북교역 크게 위축
1998. 6. 16.	정주영 명예회장 판문점 통해 소떼몰이 1차 방북/ 금강산 관광 등 남북경협 합의
1998. 8. 6.	통일부, 현대그룹 계열사 남북협력사업자 승인
1998. 10. 29.	정주영 명예회장 소떼몰이 2차 방북/ 김정일 북한 국방위원장 첫 면담: 금강산관광개발 장기간 단독사용권 획득, 서해안공단사업 등 합의
1998. 11. 18.	금강산 관광선 금강호 첫 출항
1999. 2. 4.	정주영 명예회장 4차 방북/ 남북 공동 영농사업 및 평양체육관 건립 합의
1999. 6. 20.	관광객 민영미 씨 억류 사건으로 금강산 관광 첫 중단
1999. 6. 25.	민영미 씨 석방, 관광세칙 등 관광객 신변보장책 협상

1999. 8. 5.	금강산 관광 재개
1999. 10. 1.	정주영 · 김정일 2차 면담, 김용순 아시아태평양평화위원회 위원장 서울 방문, 서해안 경제특구 개발, 12월 서울에서 남북농구대회 개최 등 합의
2000. 8. 22.	현대-北아시아태평양평화위원회, 개성공단 6612만m² 개발 합의서 체결
2002. 10.	북한 경제시찰단(장성택 등) 서울 방문
2002. 11. 20.	북한, 개성공단지구법 제정
2003. 6. 30.	개성공단 1단계 건설 착공식
2003. 8. 20.	남북 사이의 투자 보장 등 4개 경협 합의서 발효
2004. 12. 15.	개성공단 첫 제품 생산
2005.	연간 남북교역 규모 처음으로 10억 달러 돌파
2006. 11. 21.	개성공단 북한 근로자 1만 명 고용 돌파
2008. 7. 11.	금강산 관광객이 북한군 총격에 사망
2008. 7. 12.	금강산관광사업 중단
2009. 8. 17.	현정은 현대그룹 회장, 북측과 '개성관광 재개와 개성공업지구사업 활성화' 등 5개 항의 교류사업 합의
2010. 5. 24.	정부, 천안함 관련 조치로 개성공단 제외한 남북교역 · 교류 중단 발표
2012. 1.	개성공단 북한 근로자 5만 명 돌파
2013. 4.	북한, 개성공단 북한 근로자 전원 철수, 가동 중단
2013. 8.	'개성공단 발전적 정상화를 위한 합의서' 채택, 남북공동위원회 구성
2013. 9.	개성공단 재가동
2014. 1.	개성공단 전자출입체계 완공, 시범 가동
2015. 2.	북한, 개성공단 최저임금 5.18% 인상 일방 통보
2015. 4.	정부, 5 · 24조치 이후 첫 대북 비료 지원 승인
2015. 5.	정부, 민간 · 지자체 남북교류 활성화 방안 발표
2016. 2. 10.	북한 4차 핵실험에 따른 개성공단 폐쇄

출처: 좌승희 · 조봉현 · 이태규, 〈북한 경제발전의 새 패러다임: 대동강 기적의 점화〉, KDI(한국개발연구원), 2015

남북경협의 첫발 뗀 대우그룹과 현대그룹

남북경협은 1949년에 공식적으로 금지된 이후 이어진 6·25전쟁과 냉전 속에서 진척이 없었다. 1972년 8월 남북적십자회담이 열리고, 1984년 9월 북한이 한국의 수해 이재민을 위한 구호물자를 인도하고, 같은 해 11월 남북경제회담을 하는 수준에 그쳤다.

본격적인 남북경협의 뿌리는 노태우 정부 시절이던 1988년의 7·7선언으로 거슬러 올라간다. 정부는 당시 '민족자존과 통일번영을 위한 특별선언'을 통해 "남과 북은 분단의 벽을 헐고 모든 부문에 걸쳐 교류를 실현할 것"이라고 발표했다. 이런 선언은 1980년대 후반부터 동구권의 몰락으로 진행된 냉전체제 붕괴의 연장 선상이었다.

노태우 정부는 7·7선언에 이어 그해 10월 남북 경제개방 조치로 남북교역을 허용하고, 1989년 6월에는 '남북교류협력에 관한 기본지침'을 제정해 남북교류를 지원하기도 했다.

현재의 포스코대우인 당시 대우인터내셔널은 1988년 11월 북한산 도자기 519점을 들여오는 '반입 승인'을 처음으로 받았다. 다음 해 1월에는 현대종합상사가 점퍼 5천 벌을 북한으로 들여가는 반출 승인을 최초로 받기도 했다. 이렇게 단순 교역으로 시작된 남북경협은 남한의 원자재를 북한에서 가공해 들여오는 임가공 교역으로 차츰 발전했다.

1992년 1월 코오롱이 북한과 합작 생산한 가방을 국내에서 판매한 것은 대북 위탁가공의 첫 사례로 기록돼 있다. 교역을 중심으로 한 남북경협이 직접투자 단계로 발전하는 모습은 2000년 정상회담 이후부터 뚜렷해지지만 초기 투자는 1995년부터 시작됐다.

출처: "북한 합작생산 가방 시판", MBC뉴스, 1992년 1월 28일자

남북경협사에서 대규모 투자에 처음 나선 기업인은 대우그룹 김우중 회장이다. 김 회장은 1992년 방북해 김일성 주석을 만나, 당시 평안남도 남포항에 100만m² 규모의 경공업공단 조성에 합의했다. 중장기적으로는 650만m²의 땅에 TV와 냉장고 등의 공장을 건설하겠다고 나선 김 회장은 1995년에 정부로부터 승인을 받았다.

남북 경제협력은 1993년 북한의 핵확산금지조약(NPT) 탈퇴 선언으로 한때 위기를 맞기도 했다. 그러나 김대중 전 대통령은 1994년 5월 12일 미국 내셔널프레스클럽(National Press Club) 오찬 연설에서 미 정부에 이른바 '햇볕정책'을 제시했다. 당시 클린턴(Clinton) 정부는 김 전 대통령의 제안을 받아들여 지미 카터(Jimmy Carter) 전 대통령을 특사자격으로 북한에 보내 김일성 주석과 협상하도록 했다. 결국 1994년 10월 제네바합의(Geneva Agreed Framework)로 핵문제 해결의 실마리가 풀릴 것으로 기대하면서 남북의 경제협력도 다시 이어졌다.

핵문제로 남북경협이 얼어붙어 있는 동안에도 남북 간의 접촉은 물밑에서 계속 이뤄진 것으로 보인다. 대북경협 활성화 조치가 발표되는 1994년 11월 이전에도 당시 대우인터내셔널, 코오롱 등 일부 기업은 제3국의 합작사를 통해 위장 반출하거나 위탁가공을 위한 설비 형태로 북한에 기계류를 보냈다.[1]

대우인터내셔널은 남북경협이 소강상태였던 1994년 7월 셔츠, 블라우스, 재킷, 가방 등 4개 분야 사업을 위한 2층짜리 가건물 형태의 공장 3개소를 완공했다. 대우 측은 이 공장들을 짓기 위해 관련 설비를 중국에 있는 합작사로 수출하고 합작사가 이를 다시 남포공단에 보내는 방식으로 사실상 설비를 북한에 보냈다. 코오롱은 북한에 위탁가공용 양말 기계(약 218만 달러)를 보냈으나 북한 측이 양말을 만들어 보내지 않아 보험금을 신청했다.[2]

이 같은 움직임은 북한이 겉으로는 남쪽의 경협 제의를 거부하고 비난하면서도 물밑으로는 경협에 적극적이었다는 것을 보여준다. 당시 정부 역시 사실상 이를 허용하고 있어 남북 간의 교류가 계속해서 이뤄졌음을 알 수 있다. 2010년 5·24조치 이후 개성공단을 제외한 남북경협이 표면적으로 중단됐지만 군사경제적인 물밑 교류는 계속 이어

---

1) "일부 기업 이미 北과 經協-대우, 코오롱 3國 통해", 〈중앙일보〉, 1994년 11월 13일 자.
2) 같은 신문.

졌다. 박근혜 정부에 이르러 개성공단마저 폐쇄되면서 남북 간 교류가 완전히 끊긴 것은 남북경협사에서도 매우 이례적인 일이다.[3]

대우인터내셔널은 1995년 5월 통일부로부터 투자 형태의 남북협력 사업 승인을 받았다. 북한의 삼천리총회사와 제휴해 남포공단에서 셔츠와 가방, 재킷을 만든다는 내용이었다. 1996년부터 정식 가동한 남포공단의 대우공장은 계획과 달리 2만 6천m²의 규모에서 와이셔츠와 신발, 가방 등 3개 공장만이 운영됐다. 1997년에 남포공단의 가동률이 악화되자 김우중 회장이 방북하기도 했지만 결국 1999년에 대우그룹은 투자를 중단했다.[4]

직접투자 단계에 접어든 남북경협에 또 하나의 변화는 1998년 6월 정주영 현대그룹 명예회장의 '소떼몰이' 방북이었다. 정 명예회장이 당시 두 차례에 걸쳐 1,001마리[5]의 소 떼를 몰고 비무장지대를 넘어 북

---

3) 5·24조치 이후에도 한국광물자원공사가 북한 희토류의 경제성을 평가하는 등 남북의 접촉은 있었다. 또 '최순실 게이트'로 드러났지만 군사 접촉 역시 있었다.

4) 북한의 경제특구를 수차례 방문한 사람들의 증언에 따르면 북한은 김우중 회장에 대해 좋지 않은 감정을 가지고 있는 것으로 전해진다. 당초 5억 달러를 투자하겠다고 해놓고선 500만 달러만을 투자했으니 북측은 김 회장이 거짓말을 했다고 생각한다는 것이다.

5) 정주영 명예회장은 1차 방북에서 500마리, 2차 방북에서 501마리 등 모두 1,001마리의 소 떼를 몰고 방북했다. 모두 합쳐 1,000마리가 아닌 1,001마리의 소를 데리고 간 것은 '끝이 아니라 다시 시작한다'는 뜻으로 대북사업이 잘 진행됐으면 하는 의미가 담겨 있었다고 한다.

으로 들어갔을 때 전 세계 언론은 이 사건을 머리기사로 보도했다. 그는 수십 년 전 아버지의 소 한 마리를 훔친 것을 보상하길 원한다며 방북에 의미를 담았다. 정 명예회장은 《뉴욕타임스(The New York Times)》와의 인터뷰에서 "남쪽으로 가는 기차표를 사기 위해 아버지에게 '빌린' 한 마리의 소를, 나는 천 배로 북한에 갚았다"고 말하기도 했다. 하지만 정 명예회장은 이미 남북경협의 성장 가능성을 엿보고 사업 기회도 동시에 노리고 있었던 것으로 보인다.

이를 계기로 남북경협은 금강산관광사업 개시, 남북정상회담 개최, 개성공단 조성으로 이어졌다. 경협 추진이 정치적인 화해 국면을 조성하면서, 이는 다시 새로운 형태의 경협으로 확대 발전했다.

정주영 명예회장이 경영하던 현대그룹은 당시 재계 1위의 그룹으로서 대북투자에 새로운 가능성을 제시했다. 하지만 2016년 해운업의 불황으로 위기를 맞으면서 현대그룹은 사실상 중견기업 규모로 축소됐다. 정 명예회장이 이뤄낸 대북사업의 기틀도 붕괴되는 불운을 맞을 수밖에 없었다. 대북사업을 담당한 계열사인 현대아산에서 북한 사업의 전문성을 쌓아온 인물들이 뿔뿔이 흩어진 것도 아쉬운 대목이다. 하지만 본격적인 남북경협이 재개되면 현대그룹은 북한에서 주도적으로 사업을 펼쳐나갈 가능성이 높다. 현대그룹의 주력이던 현대상선이 2016년에 채권단에 넘어가는 과정에서도 현대그룹은 대북사업권을 보유한 현대아산의 소유권을 포기하지 않았다. 향후 남북경협이 재개되

면 대북사업권을 보유한 현대아산이 큰 가치를 지닐 것이란 믿음 때문으로 보인다.[6]

물밑 접촉한 삼성그룹과 대북투자의 '큰손' 문선명

1991년 7월경 삼성그룹의 북한팀은 중국 베이징(北京) 잠행 길에 올랐다. 국내 기업 최초로 북한의 김달현 정무원 부총리 겸 국가계획위원회 위원장을 만나기 위해서였다. 1993년 말 해임된 것으로 알려진 그는 당시만 해도 남북경협의 최고위급 북쪽 창구로 통했다.[7]

삼성그룹이 북측 고위급 인사를 만날 수 있었던 것은 그 무렵 북한 진출에 적극적이기도 했지만 김 부총리의 행적을 지속적으로 파악해 온 덕분이다. 당시 김 부총리는 원유를 확보하기 위해 중동을 순방한 뒤 베이징을 거쳐 평양으로 귀국하는 길이었다.

김 부총리와 만나 오찬을 함께한 삼성그룹 측은 파격적인 사업계획서를 그에게 전달한 것으로 알려졌다. 당시 삼성그룹은 경기도 수원에

---

6) 현대상선의 매각이 진행되면서 재계 일각에서는 현대그룹이 대북사업권을 보유한 현대아산과 현대상선을 패키지로 시장에 내놓으면 현대자동차그룹이 인수할 가능성이 있다는 시나리오가 나왔다. 대북사업의 상징인 현대아산을 정몽구 현대자동차그룹 회장이 인수하면 고 정주영 명예회장의 유지를 받드는 적통성을 확보할 수 있기 때문이라는 것이다. 그러나 현정은 현대그룹 회장은 대북사업에 대한 꿈을 접지 못해 이런 시나리오는 아이디어 차원으로 끝났다.

7) "대기업의 경협 선두 경쟁 '비화'", 《시사저널》, 1996년 5월 16일 자 참조.

있는 수준의 전자산업단지를 평양에 짓겠다고 제안했다. 동남아로 이전되고 있던 삼성그룹의 전자제품 조립공장을 북한으로 돌리겠다는 계획이었다.

당시 삼성그룹은 이미 북한과 직간접적인 교역을 확대하고 있었다. 1989년 고향 방문이라는 명분으로 정주영 현대그룹 명예회장이 북한에 들어가기는 했지만 경협 차원에서는 삼성그룹 실무진의 방북이 최초였다는 이야기도 나왔다. 공식적으로는 1992년 10월 김우중 대우그룹 회장의 방북이 최초다.

초기 남북경협사에서 빼놓을 수 없는 것은 기업들의 아연괴(spelter) 쟁탈전이었다. 한번은 북한의 아연괴를 국내로 반입하기 위해 북한 청진항으로 출항한 삼성물산 배가 허탕을 치고 돌아왔다. 럭키금성상사(현 LG상사) 역시 마찬가지였다. 북한 측이 대우그룹을 배려하기 위해 두 회사와의 계약을 일방적으로 파기해 버린 탓이다. 효성그룹과 쌍용그룹이 제3국 중개상을 통해 계약을 하고 시멘트를 선적하려다 북한 측이 "최종 목적지가 남한이기 때문에 계약을 들어줄 수 없다"고 거부하는 바람에 빈 배로 돌아온 사례도 있었다.

당시 대우그룹 측은 "북한 측의 조치로 우리와는 상관없는 일"이라며 "체제 유지를 위해 외부 영향을 줄이려는 북한 측 입장이 반영된 것으로 보인다"고 해명했다. 하지만 당시 종합상사들 사이에서는 대북경협을 사실상 배후 조종한 청와대가 대우그룹을 전략적으로 밀고 있다는 이야기가 흘러나오기도 했다.

　남북경협사에서 빼놓을 수 없는 인물은 통일교를 창시한 문선명 총재다. 평안북도 정주가 고향인 문 총재는 1991년 12월 6일 김일성을 만나면서 남북 관계에 깊숙이 발을 들여놓게 된다. 방북 당시 함경남도 흥남까지 헬기를 타고 가서 김일성을 만난 문 총재는 나진·선봉지구 투자, 금강산관광지구 합작개발, 원산 경공업기지 건설, 평화공원 조성 등 다양한 대북 투자사업에 대해 합의했다.

　문 총재는 원래 반(反)공산주의자로 알려졌다. 이 때문에 당시 김일성이 문 총재의 방북을 허용한 것을 놓고서 경제난을 타개해 보려는 목적이 숨어 있다는 분석이 많았다.

　문 총재의 방북은 많은 대북사업으로 이어졌다. 1994년 금강산국제그룹을 설립했고, 1998년 금강산 유람선 관광사업을 추진했다. 1998년에는 고향인 정주에 평화공원을 조성키로 북한과 합의했으며, 2000년에는 북한에 대한 인도적 지원 등을 목적으로 통일교 계열 단체인 평화대사협의회를 만들었다.

　또한 통일교가 설립한 평화자동차와 북측의 조선민흥총회사가 각각 7 대 3의 비율로 출자한 남북 최초의 합영기업인 평화자동차총회사의 지분을 문선명 총재 사후인 2013년 말 북한에 무상으로 양도하기도 했다. 이후 통일교는 평양에 한국의 대형 할인점인 이마트와 같은 유통업의 설립을 검토 중이라고 언론을 통해 밝히기도 했다. 통일교가 평화자동차총회사의 지분을 양도하면서 북한의 유통사업에 진출할 수 있는 사업권을 얻은 것으로 보인다.

북한의 '입장료' 논란

국내 기업 최초로 평양에 입성하려던 삼성그룹의 시도는 북한 측이 이른바 '입장료'로 불리는 현금 지원을 요청하면서 좌절된다. 당시 북한 측은 500만 달러가량의 물품 목록을 들이밀며 이를 마련하기 위한 현금 지원을 요청했다. 여기에는 김정일 생일에 맞춰 주민에게 나눠줄 자전거 10만 대를 비롯해 각종 중장비가 포함돼 있었다. 삼성그룹은 현금 대신 국산 전자제품을 줄 수는 있다고 제안했으나 합의점을 찾지 못했다. 비슷한 시기에 김우중 대우그룹 회장도 방북을 추진하면서 대북경협의 주도권은 대우그룹 쪽으로 넘어가기 시작했다.

당시 각 그룹 총수들은 방북을 추진하면서 북한이 요구하는 수백만 달러의 입장료를 심각하게 고민한 것으로 알려졌다. 기업인들은 방북에 단순한 사업 이상의 의미를 부여했다. 북한도 기업인들의 이런 허영심을 적극 활용한 것으로 보인다. 이 때문에 북한 측에서는 "방북하는 한국 기업인들을 대통령이나 국회의원으로 만들어 줄 수 있다"고 직간접적으로 언급한 것으로 전해진다.

북한 측은 국내 기업들의 경쟁 심리를 읽고 경쟁을 부추기는 듯한 인상도 줬다. 금강산개발사업이 그런 예다. 1989년 정주영 현대그룹 명예회장이 북한을 방문했을 때 이 사업의 주도권은 현대그룹이 선점한 것으로 비쳐졌다. 그런데 정 명예회장이 정치 참여에 실패하고 이후 금강산개발사업에 가장 큰 관심을 기울여온 업체는 통일그룹이다. 금강산 지역에 고급 호텔을 건설하려는 계획을 구체적으로 추진했던 통일그룹은 김일성 사망 당시 물의를 일으키면서까지 조문을 감행했을 만큼 이 사업에 애착을 가졌다.

미원그룹(현 대상그룹)도 가세했다. 미원그룹은 1993년 10월 금강산국제그룹 측과 금강산 동북부 온정리 지역 개발에 관해 가계약을 맺었다고 발표했다. 양국 정부의 승인을 얻는 즉시 효력을 발휘한다는 전제를 단 이 가계약으로 금강산개발사업의 향방은 논란을 불러왔다.

박경윤 금강산국제그룹 총사장은 당시 일본 도쿄에서 가진 국내 언론과의 인터뷰에서 금강산개발사업이 마치 통일교 관련 기업의 전유물인 것처럼 잘못 알려져 있다고 설명했다. 어떤 기업이든 참여할 수 있다며 경쟁을 유도한 것이다.[8]

---

8) 금강산국제그룹은 통일교의 박보희와 금강산그룹 박경윤 회장이 공동주주로 참여해 세운 통일교의 대북사업 창구이다. 대북사업에 미숙했던 통일교가 도움을 받기 위해 두드린 대북 창구가 당시 유일하게 북과 외부 세계를 연결해주던 박경윤 금강산그룹 회장이었다. 박경윤 회장은 한때 친북인사로 낙인찍혔지만 남북 관계가 호전되자 정주영 현대그룹 명예회장과 김

박 회장이 경쟁을 유도하면서 과거 금강산개발사업을 추진한 현대 그룹을 비롯한 주요 대기업이 이 사업에 다시 관심을 쏟기 시작했다. 이후에도 북한은 중국 베이징에서 금강산개발사업에 관심이 있는 기업들과 연쇄 접촉을 벌였다.

북한이 남북경협 과정에서 중국 등 외국 기업에 비해 한국 기업들에 좋은 조건을 제시한 것은 아니다. 북한에서 7년간 머물면서 제약회사를 운영한 스위스인 펠릭스 아브트(Felix Abt)는 자신의 경험담을 담은 저서《평양 자본주의》에서 "북한은 항상 남북의 사업 과정에서 다른 나라의 기업과 달리 한국 측에는 선불을 요구했다"고 말했다. 북한 당국은 한국이 북한에 적대적인 행위를 보여왔기 때문에 북한 내에서 사업을 할 때 그에 대한 대가를 지불해야 한다고 생각한다는 게 아브트의 증언이다.

보수정권 이후에도 지속적 관심

2000년대 김대중 정부의 햇볕정책 분위기 속에서 대기업 외에도 한국의 많은 사업가는 대북사업의 기회를 찾으려고 했다. 북한의 모래를 대

우중 대우그룹 회장의 방북을 성사시키기도 했다. 박 회장은 1988년부터 북을 드나들면서 조국평화통일위원회(조평통)와 관계를 맺었다. 통일교는 박 회장을 통해 조평통의 전금철 부위원장과 접촉하며 북측과 인연을 맺게 된다.

량으로 수입해서 한국 및 다른 국가로 가져가 콘크리트를 만들겠다는 아이디어부터 백두산 생수 개발을 구체적으로 논의한 사업가들도 있었다. 현대아산 출신의 김윤규는 2007년 초 '아천글로벌코퍼레이션' 회장이란 직함을 달고서 남북을 육로로 연결하는 물류사업에 나서기도 했다. 또 수백여 명의 북한 인력을 사우디, 리비아, 아랍에미리트(UAE) 등에 파견하는 것을 북한 당국과 논의하고 있다고 밝히기도 했다.[9]

남북 간의 긴장이 고조돼 있던 2010년 북한 최초의 사립대학인 '평양과학기술대학(평양과기대)'의 개교도 남북경협의 산물이었다. 2001년 북한 교육성은 평양과기대의 설립을 승인했지만 많은 북한전문가는 이 프로젝트가 실현되기 어렵다고 봤다. 실제 건설사업과 개교식이 수차례 연기되기도 했다. 평양과기대를 이끈 사람은 재미교포인 박찬모 교수다.

박찬모 평양과기대 명예총장은 1935년생으로 경기고등학교와 서울대학교 공과대학 화학공학과를 졸업하고 미국 메릴랜드대학교 대학원

---

9) 김윤규는 1999년 현대아산의 대표이사 사장으로 취임해 남북경협 사업을 주도적으로 이끌었고, 2005년 3월에는 대표이사 부회장으로 승진했다. 하지만 2005년 8월 대북사업 추진 과정에서 일부 비리를 저지른 것으로 회사에 적발되면서 같은 해 10월 주주총회에서 해임됐다. 정주영 명예회장의 대북사업에서 핵심적인 역할을 하면서 북한과 탄탄한 네트워크를 쌓아왔지만 이명박 정부 이후의 남북 관계 경색과 그가 설립한 건설회사가 부도 처리되면서 남북경협의 새로운 모델을 만들어내지 못했다.

공학박사, 포항공과대학교 총장, 이명박 정부 과학기술특별보좌관을 지냈다. 정보기술(IT) 분야의 전문가로 평양과기대 설립자 4명 중 한 명인 그는 미국 국적을 가지고 있어 봄과 가을 학기마다 북한 학생을 가르치기 위해 평양에 간다. 평양과기대가 문을 열 수 있었던 것 역시 북한 측이 박찬모 교수를 신뢰했기 때문으로 보인다. 그는 앞서 평양정보센터에서 북한 IT엔지니어들에게 강의를 하기도 했다.

이명박 정부가 들어선 이후에 천안함 폭침으로 5·24조치가 내려지기 전까지 국내 기업들은 지속적으로 북한에 대한 투자를 검토해왔다. 이 전 대통령 취임 초기만 해도 내륙기업(개성공단을 제외한 대북기업)에 대한 지원 확대를 고려하기도 했다. 2008년 11월 이규창 통일연구원 부연구위원이 통일부 용역으로 낸 보고서 〈남북교류협력 관련 제도 개선 방안〉을 보면 남북협력기금 지원 및 투자, 조세감면의 혜택만 받을 수 있을 뿐 개성공단처럼 폭넓은 지원을 받을 수 없는 내륙기업을 대상으로 지원 확대의 필요성을 제기하고 있다. 이명박 정부가 초기에는 기업들의 대북사업에 대해 상당히 전향적인 자세를 가지고 있었음을 의미한다.

대우그룹의 붕괴와 대북사업에서 가장 앞섰던 현대그룹이 어려움을 겪는 동안 삼성그룹은 북한 동향을 꾸준히 조사해왔다. 특히 삼성그룹은 삼성경제연구소와 중국 베이징, 그룹 내 컨트롤타워 등을 통해 북한

동향을 꾸준히 파악하는 한편, 조직의 특성상 앞장 서서 눈에 띄는 투자 움직임은 보이지 않았다. 대북투자에 대한 환경이 조성되고 다른 기업들의 선제적 투자가 이뤄지는 상황이 올 때까지 기다린다는 전략을 펼친 것이다.

이명박 정부 당시 CJ그룹이 대북투자에 관심을 갖고 실제 사업을 추진하려 했던 이야기도 흘러나왔다. 5·24조치 이전까지 CJ그룹은 정부의 투자 요구로 북한에 식품공장을 짓겠다는 계획도 세운 것으로 알려졌다. 하지만 북한과의 관계가 얼어붙고 이재현 회장이 검찰 수사를 받으면서 계획은 모두 물거품으로 돌아갔다.

5·24조치 이후 한국 사업가들이 담당하던 북한과의 사업은 중국 국적의 조선족과 북한 화교의 손으로 대다수가 넘어갔다. 북한산 제품은 '메이드 인 차이나(Made in China)' 상표를 달고 유럽, 미국, 중동은 물론 한국으로도 상당수가 수출되고 있다. 북한 내 투자 역시 많은 부분 중국 기업들이 차지하고 있다.

노태우가 인정한
북한의 김달현

      북한에서 개혁·개방을 맡았던 관료나 정치인들은 경제개발 과정에서 숙청되거나 사라진 사례가 많다. 최고 지도자의 생각을 지나치게 앞서갈 정도의 개혁·개방 정책을 내놔 화를 자초하거나, 잘못된 정책 판단을 특정인의 잘못으로 내세워 수령의 권위를 보호하기 위한 희생양으로 삼은 측면이 강하다.

  과거 남북경협의 상징적인 인물로 여겨지던 북한의 김달현 부총리는 자살했다. 나진·선봉 경제특구를 총괄했던 김정우 대외경제협력추진위원회(대경추) 위원장도 1990년대 말부터 북한에서 흔적이 사라졌다. 북한의 2인자이자 중국과의 경제협력을 이끌었던 장성택의 총살형도 개혁·개방 과정에서 불거진 정치 갈등의 결과로 해석되고 있다.

김달현은 김일성 외가의 오촌 조카인 강관숙의 남편으로 김일성으로부터 신임을 받아왔다. 김일성은 간부들 앞에서 김달현에 관해 자주 다음과 같은 말을 한 것으로 알려졌다.

"우리나라에 김달현만큼 유능한 경제일꾼은 없다. 그는 경제뿐 아니라 외교에도 능하고, 특히 수학 천재다. 그의 머릿속에는 큰 연합기업소는 물론 작은 지방 공장 형편까지 다 기억돼 있다. 그에게만 물어보면 나는 언제든 우리나라의 공장들이 어디서, 무엇을 얼마나 생산하는지 알 수가 있다."[10]

실제로 김일성은 현지시찰 때마다 중요한 결심을 앞두고는 김달현에게 의견을 묻곤 했다. 이러한 김일성의 행동은 후계자인 김정일을 매우 불쾌하게 한 것으로 전해진다. 아버지 김일성이 측근들 앞에서 자신보다 김달현을 더 신임하는 듯한 모습을 보이면서 무시 받는 느낌을 받은 것으로 보인다.

일례로 89평양축제 준비를 위해 김일성이 간부들과 함께 광복거리, 통일거리건설 전망관을 둘러볼 때였다. 김정일이 금강산, 묘향산 등 여러 관광지역의 도시건설도 추가하겠다고 말하자 김일성은 김달현에게

---

10) "김달현의 비극을 통해 본 북한의 운명", 자유아시아방송(RFA), 2011년 9월 6일 자.

그것이 가능하냐며 의견을 물었다.

당시 김달현은 김정일의 발언에 대해 자재와 설비의 분산을 초래해 어렵다고 답했다. 평양의 대도시 건설을 빠른 시일 내에 완성하려면 전국의 기술자들과 기능공을 평양으로 집중시켜야 한다는 판단이었다. 결국 김정일의 제안은 무시됐고 김일성은 김달현의 손을 들어줬다.

당시 김일성이 김달현을 더욱 신임하게 된 것은 비대해진 김정일의 당 조직비서 권력에 맞서 당과 경제를 분리하는 전략이 필요했기 때문으로도 보인다. 유능한 경제전문가들을 내세워 김정일에게 힘을 실어주려 했던 것이다.

북한 경제의 개혁·개방 과정에서 김일성이 후계자인 김정일보다 김달현의 손을 들어준 사례는 또 있다. 1980년대 말 김일성은 사회주의 동구권 나라 중 가장 선진국이면서도 같은 분단국가인 동독의 경제연구를 위해 경제시찰단을 파견했다. 이후 국가 경제 운영과 관련한 당 비상대책회의가 열렸고 김달현 주도의 중국식 개혁·개방 논의가 벌어졌다. 그때에도 김일성은 김정일의 거듭된 반대를 뿌리치고 김달현의 의견을 수용해 1992년 김달현을 단장으로 하는 경제시찰단을 서울에 보냈다.

노태우 전 대통령은 그의 회고록에서 자신이 재임 기간 만나본 북한 인사 중 가장 '가능성 있다'고 판단한 사람은 남북고위급회담 당시 방한한 김달현 부총리였다고 밝히기도 했다. 노 전 대통령은 김달현에 대해 "김 부총리는 북한의 어려운 상황을 털어놓을 줄 알았다. 그래서 '채찍보다 당근이 통할 상대'로 판단했다"고 적고 있다. 노 전 대통령이 사용한 '가능성 있다'는 표현은 그가 북한의 변화를 위해 남측과 적극적으로 협력할 수 있는 인물이라는 의미다.

김달현의 개혁 성향은 여러 사례에서 드러난다. 대북사업에 관여한 김기병 전 롯데관광개발 회장은 언론과의 인터뷰에서 "지난 1991년 남북 관광협력사업 논의를 위해 베이징 주재 북한대사관을 찾아갔을 때 김달현을 만났다. 김달현은 그 자리에서 북한의 어려운 상황을 털어놓으며 쌀 지원을 요청했다. 공화국은 쌀이 부족하다. 연간 부족분이 200만t에 달한다. 해결 못하면 어려움에 처하게 된다. 도저히 수습할 수가 없다. 그래서 쌀을 구하는 데 총력을 다하고 있다. 우리를 도와줄 방법이 없겠느냐"고 말했다고 회고했다.[11]

평소 김달현을 눈에 든 가시처럼 여기던 김정일은 정권을 위협하는 위험한 개혁 성향을 지니고 남한과도 적극적인 협력을 추진했던 그에게 제3차 7개년계획 실패의 책임을 뒤집어씌워 1993년 끝끝내 국가계획위원회 위원장직에서 해임했다. 김일성 사후에는 당의 자력갱생 노선을 반대했다는 이유로 부총리직에서 해임해 함흥 2·8비날론연합기

---

11) 《월간조선》, 2007년 9월호 참조.

업소[12] 지배인으로 강등해 지방으로 추방하기도 했다.

지금도 북한이 자강도 정신, 자력갱생 정신이라고 주장하는 중소형 발전소 정책의 정책 입안자는 김달현과 앙숙이던 연형묵이었다. 당시 김달현은 기술과 경험이 축적된 전문공장에서 발전설비를 생산해야 한다고 주장하면서 지방 단위들에서 산발적으로 중소형발전소를 짓는 것은 엄청난 낭비로 비효율적이라고 비판했다. 차라리 외국에서 원자력발전소를 차관 형태로 들여와 전력난을 해결하자고도 했다. 그러나 그의 발언은 수정주의, 반당, 반사회주의 행위로 몰렸다. 고위급 탈북자들에 따르면 김달현은 결국 전력문제 때문에 좌천됐다. 당시 북한에서는 전력공급이 제대로 되지 않아 흥남비료를 비롯한 대부분의 공장, 기업소가 가동이 중단됐다. 전력 대부분을 대포와 탱크를 만드는 군수 분야, 이른바 제2경제가 사용하고 있었기 때문이다. 이를 알게 된 김달현은 군수 분야의 전력 30%를 민간 분야로 돌렸다. 나중에 이 사실을 알게 된 권력핵심이 김달현을 공장 지배인으로 내쫓았다는 것이다.

김달현이 2·8비날론연합기업소 지배인으로 내려간 후 생산 부실과 기업소 간부들의 부정부패를 문제 삼아 권력핵심은 국가 검열단을 내

---

12) 1961년 5월 준공된 2·8비날론연합기업소는 연간 생산능력이 5만t이지만 시설이 노후한 데다 원료 부족으로 10여 년간 비날론 생산이 중단됐다가 2010년 초 김정일 방문을 계기로 재가동에 들어갔다. 북한의 대표적인 화학공장이지만 수령에게 '보여주기식 생산'으로 북한 경제의 난맥상을 보여주는 대표적인 사례로도 꼽힌다.

려보내기도 했다. 김달현은 자신과 평소 앙숙 관계였던 연형묵이 검열단 단장으로 내려온다는 소식을 듣고 1999년 사무실에서 넥타이로 목을 매 자살한 것으로 알려졌다.

훗날 현지시찰 과정에서 시커멓게 녹이 슨 중소형발전소를 본 김정일은 "그때 김달현이가 옳았다. 지금 전국에 수천, 수만 개의 중소형발전소가 만들어졌는데 과연 돌아가는 곳이 몇 군데나 있는가"라며 한탄했다고 한다.

개혁 · 개방파로서 사라진 또 하나의 인물은 나진 · 선봉 경제특구를 총괄했던 김정우 대경추 위원장을 들 수 있다. 김정우 위원장은 당시 특구를 관장하면서 외국 기업들을 유치하기 위해 홍콩, 도쿄 등을 돌아다니며 동분서주했지만 1998년 이후 행방이 묘연해졌다. 대경추는 정무원 대외경제위원회 산하의 대외경협 부서로 나진 · 선봉지구 건설, 외국 기업 투자 유치, 산업설비 수출입 등을 관장해왔다.

김정우 위원장이 언제, 어떻게, 무슨 연유로 행방을 감췄는지는 분명치 않다. 다만 〈노동신문〉 등 북한 언론매체에서 김정우라는 이름은 1998년 이후 나오지 않고 있다. 일본의 교도(共同) 통신은 그가 1997년 12월 부정축재 혐의로 총살됐다고 보도했는데, 총살 이유는 외국 기업을 유치하는 과정에서 돈을 받았다는 비리 혐의였다. 북한 당국이 김정우의 집을 수색했을 때 외국 기업들로부터 받은 현금 약 30만 달러와 외국은행의 예금통장 등이 다수 발견됐다고 한다. 하지만 그의 개혁 성향이 총살당한 가장 큰 이유라는 분석이다.

2010년 3월에는 박남기 전 노동당 계획재정부 부장이 화폐개혁 실패의 책임자로 몰려 평양에서 총살되기도 했다. 또한 북한은 1990년대 중후반 고난의 행군 기간에 수많은 아사자가 발생해 민심이 악화되자 1997년 9월 서관희 전 노동당 농업담당 비서에게 '이력기만과 간첩' 죄목을 씌워 평양에서 수만 명이 지켜보는 가운데 총살하기도 했다.

네덜란드 국적의 화교 양빈과 조선족 박철수

북한의 개혁·개방 과정에 깊이 관여한 외국인으로는 2002년 신의주 특별행정구 초대 장관으로 임명됐던 양빈과 조선족 출신의 박철수를 꼽을 수 있다.

2002년 북한은 신의주를 자유경제지역으로 변화시키겠다고 선언했다. 신의주의 주민들이 제한 없이 외국 정보에 접근할 수 있게 하고, 도시 내 검열이나 김씨 일족에 대한 개인숭배를 없애고, 도시의 질서를 자본주의에 맞게 꾸리겠다는 것이었다. 한마디로 신의주 북부를 홍콩, 마카오와 같은 특별행정구로 변화시키겠다는 구상이었다.

북한 당국은 신의주 특별행정구의 초대 장관으로 화교 실업가인 어우야(歐亞, 유라시아)그룹 회장 양빈을 지명했다. 이 사실은 북한의 조선중앙TV뿐 아니라 〈노동신문〉을 비롯해 지방 신문에까지 보도됐다. 기본법 실행 예정 날짜는 2002년 9월 30일이었다. 그러나 2002년 10월 4일 양빈은 돌연 탈세 혐의로 중국에 체포됐다. 이 사건이 신의주 프로젝트와 관계가 있었는지는 알 수 없다. 다만 2003년 양빈은 18년 징역을 선고받아 지금도 중국 감옥에서 복역 중이다.

양빈은 1963년 2월 11일 중국 장쑤(江蘇)성 난징(南京)에서 태어나 5살 때 고아가 돼 할머니와 함께 살았다. 중국의 사관학교를 졸업한 양빈은 군 복무 이후 1989년에 네덜란드에 이민을 갔고, 나중에 귀화하면서 사업가가 됐다. 그는 1998년 랴오닝(遼寧)성 선양(瀋陽)에서 농지를 매입해 어우야그룹을 시작하는 발판으로 삼았다. 2001년에는 홍콩 증시에 상장해 그해에 경제전문지《포브스(Forbes)》에 의해 중국 제2의 재벌로 평가받기도 했다. 양빈은 부동산업도 했지만, 그의 주요 관심은 온실(溫室) 사업이었다. 사업에 성공한 양빈은 제일 부유한 화교 중 하나가 됐다.

2001년에 김정일이 중국 상하이(上海)를 방문했을 때 중국 측은 특히 신개발지구인 푸둥(浦東)을 보여주려 노력했다. 푸둥의 마천루(摩天樓) 이외에 김정일이 인상 깊게 본 것은 상하이의 온실이었다. 김정일은 온실에서는 겨울에도 농업이 가능하다는 사실을 알게 됐고, 북한에 온실을 설치하면 식량부족 문제를 해결할 수 있을 것으로 기대했다. 온실에 관심을 갖게 된 김정일은 그때 처음 양빈에 대해 알게 되고 그와 관계를 맺을 것을 지시한 것으로 알려졌다.

이후 신의주에 특구를 설립하겠다고 결심한 김정일은 양빈에게 초대 장관을 제의했다. 양빈은 외국인 투자를 유치하기 위해서는 파격적인 조건이 필요하다며 신의주 당국이 여권 발급 권리뿐 아니라 북한 국기나 국장과는 다른 국기와 국장도 있어야 한다고 주장했다. 양빈은 첫 장관으로 임명돼 김영남 최고인민회의 상임위원장으로부터 임명장을 받았다.

북한은 김정은 정권이 들어선 이후에도 경제자유구역을 잇달아 발표했지만 2000년대 초반 신의주특구만큼 파격적이지는 못한 것으로 평가받는다. 당시 남북 관계가 우호적이었던 만큼 시장 개방에 대해 김정일 역시 상대적으로 자신감이 있었던 것으로 추측된다. 당시 북한은 신의주를 중국의 마카오처럼 카지노 사업 중심의 관광도시로 만들고자 했다. 하지만 동북3성 개발에 적극 나서기 시작한 중국 당국이 자본 유출을 우려해 양빈을 구속하는 강수를 두면서 북한의 개발계획에 제동을 걸었다는 설명도 있다. 어떤 이유로 중국과의 사전 협의가 제대로 이뤄지지 않아 양빈이 즉각 체포됐는지는 여전히 미지수다.[13] 남북 간

---

13) 당시 양빈 측은 중국 정부의 조치를 양빈과 어우야그룹에 대한 탄압이라고 주장했다. 반면

의 관계가 우호적이었던 당시, 만약 신의주특구가 개혁·개방에 성공했다면 그 이후 북한의 모습은 크게 달라졌을지도 모른다는 아쉬움이 든다.

북한의 개혁·개방 및 경제개발에 관여했던 인물로 조선족 출신의 박철수도 빼놓을 수 없다. 김정일이 2010년 5월과 8월에 걸쳐 중국을 두 차례 방문했을 당시 박철수는 세간의 주목을 받았다. 그는 2010년 3월 10일 평양에 설립된 북한 국가개발은행의 부이사장 자리를 맡았는데 국가개발은행은 북한의 정책과 상업이 서로 결합된 첫 번째 국가은행이다.

박철수는 1959년생으로 옌볜대학교를 졸업하고 베이징 대외경제무역대학교에서 석사학위를 취득했다. 이후 2006년 9월에 대풍국제투자그룹의 상임이사장이자 총재직을 맡게 된다. 다국적 투자회사의 외양을 갖춘 대풍그룹은 북한 주도로 2006년 설립됐으며 형식적으로는 홍콩과 베이징, 평양에 각각 별도의 법인을 뒀다. 대풍그룹은 중국의 휘발유를 북한에 판매했는데 이 과정에서 박철수는 평양의 고위층과 가

한국에서는 신의주특구와 중국 경제정책의 마찰로 봤고, 중국인들은 《포브스》가 선정한 재벌 서열이 중국 정부로 하여금 부의 축적 과정을 조사하는 계기가 되면서 그의 탈세와 사기, 허위출자 등이 드러난 것으로 생각했다. 하지만 아직까지도 양빈의 갑작스러운 체포 원인은 정확히 알려지지 않았다.

까워진 것으로 보인다. 2009년 10월 북한의 김양건 통일전선부 부장과 한국의 임태희 노동부 장관의 싱가포르 비밀 회담을 성사시킨 것도 박철수로 알려졌다.

자본주의에 물든
'비운의 황태자' 김정남

　　　　　김정은이 후계자로 확정되기 전까지 김정일의 후계자 문제는 늘 핫이슈였다. 당초 가장 유력한 후보자로 거론된 김정남은 1971년 5월 10일 김정일과 성혜림 사이에서 장남으로 태어나 어렸을 때부터 아버지의 각별한 총애를 받았다. 김정일은 바쁜 중에도 김정남을 직접 교육한 것으로 알려졌다. 김정일의 매제인 장성택은 어려서부터 김정남의 후견인 역할을 맡아왔다. 김정남은 러시아와 유럽에서 유학한 뒤 1999년 봄 북한으로 돌아와 권력승계 수업을 받기 시작했다. 그에게 가장 큰 과제는 북한 경제의 재건이었다. 어린 시절 9년 동안 스위스 제네바에서 생활한 그는 북한 경제의 후진성을 누구보다 뼈저리게 절감한 것으로 보인다.

장남 김정남이 후계자 자리에 오르지 못한 것에 대해, 국내에서는 2001년 일본 밀입국 사건 탓으로 보는 시각이 많다. 2001년 5월 1일 일본 도쿄 나리타국제공항에서 위조 여권을 제시했다가 국제적으로 웃음거리가 됐던 김정남의 행동이 김정일을 화나게 한 것은 분명하다. 하지만 김정남이 후계구도에서 탈락한 것은 다른 이유 때문이라는 분석도 있다. 그가 아버지 김정일에게 중국의 개혁·개방 모델에 근거한 경제개혁을 추진하자고 했기 때문이라는 것이다. 앞서 이모 성혜랑이 1996년 미국으로 망명한 뒤 입지가 흔들리기도 했다.

1996년 김정남은 북한 내에서 점차 발전하고 있는 자본주의 성격을 띤 단체의 집회에 참가해 중국식 개혁의 필요성을 언급하면서 동시에 기업 설립의 필요성 또한 강조했다. 집회를 마친 뒤에는 평양 중심의 대동강 지역 인근에 '광명성총공사'라는 회사를 설립했다. 김정일은 아들의 이런 행동이 자칫 체제를 불안하게 하는 위험요소가 될 수 있다고 판단한 것으로 보인다. 김정일은 김정남의 심복을 잡아들이면서 자본주의의 필요성을 언급하는 집회를 제한했다. 이후 김정남은 비밀경찰기구인 국가안전보위부로 배치돼 부부장의 직위를 맡게 된다. 결국 김정남을 경계하기 시작한 김정일이 그의 어머니인 성혜림에게 마음이 떠나면서 김정남은 후계구도에서조차 멀어진 것으로 보인다.

이후 김정남은 주로 중국과 마카오 등지에 머물면서 김정일로부터 직접 지시를 받는 무기 수출 총책임자로, '김철'이라는 가명으로 김정일의 비자금을 관리하는 조선노동당 39호실의 총책임자로서 활동한 것으로 알려졌다. 그러나 2009년 이후 이복동생 김정은이 후계자로 떠오르면서 후계구도에서 완전히 밀려났다. 사실상 해외 망명생활을 하면서 2010년에는 3대 세습을 반대한다는 발언을 하기도 했다. 결국 2011년 12월 김정일의 갑작스러운 사망 이후 구성된 국가장의위원회 명단에도 포함되지 못했다. 그러나 김정남은 항상 김정은 정권이 가장 경계하는 인물이었다. 북한에 유고 사태가 발생할 경우 김정남을 김정은을 대체할 인물로 중국 정부가 관리하고 있다는 의구심 때문이다.

일본 〈도쿄신문〉의 고미 요지(伍味洋治) 기자는 2004년 9월 중국 베이징공항에서 우연히 김정남을 만난 후 7년간 전자우편을 주고받고 두 차례나 직접 만나 그의 생각과 말을 듣고서 관련 책을 출간하기도 했다. 여기서도 김정남은 북한의 개혁·개방에 대한 확고한 신념을 보여주고 있다. 그러나 김정남은 결국 2017년 2월 13일 말레이시아 쿠알라룸푸르공항에서 북한이 보낸 2명의 여성에 의해 독살됐다.

일부 북한전문가는 중국을 자주 방문하며 중국식 경제발전 모델에 관심을 보였던 김정일의 사망, 개혁·개방주의자인 장성택의 처형, 2017년 2월 김정남의 암살로 북한 내 개혁·개방주의자들이 설 자리

를 잃게 됐다고 보고 있다. 그러나 북한이 굳이 개혁·개방이라는 용어
를 쓰지 않더라도 사실상 중국식의 경제발전을 추진할 가능성은 여전
히 남아 있다. 김정은이 북한 주민들에게 실질적인 통치권을 행사하기
위해서는 결국 경제성장이 필수 불가결하기 때문이다. 가령 개혁·개
방과 시장화를 주체식 경제방법이라고 부를 수도 있고 돈주나 자본가
들을 '주체식 독립 경제일꾼'으로 말할 수도 있다. 김정남의 죽음을 북
한의 시장화로의 행보의 끝이라고 볼 이유는 없다.

개혁의 아이콘, 박봉주의 미래

박봉주는 북한 경제개혁을 상징하는 인물이다. 함경북도 성진시(현 김책
시)에서 1939년 출생해 덕천공업대학을 졸업한 경제기술 관료인 그는,
1962년 평안북도 용천식료공장 지배인을 시작으로 1980년 6월 당 중
앙위 후보위원에 뽑혔다. 1983년 남흥청년화학연합기업소 당 위원회
책임비서를 거쳐 1998년에는 장관급인 화학공업상에 올라 2003년 9
월까지 있었다. 1990년대에는 김정일의 여동생 김경희의 후원을 받아
그녀가 부장으로 있는 경공업부의 제1부부장에 오르기도 했다.

박봉주는 2002년 10월 북한 경제시찰단으로 장성택 전 국방위 부위
원장과 함께 남한을 8박 9일 방문해 삼성전자와 현대자동차 및 놀이공
원 등을 둘러보기도 했다.

경제시찰단이 돌아가기 전날 박봉주가 국내 시장을 보여달라고 요구하자 남측은 그를 서울 동대문 두산타워로 데려갔다. 그가 아주 열심히 질문을 하고 메모를 하자 기자들이 그 이유를 물었고, 박봉주는 "기자 선생, 지금 볼 게 너무 많은데 눈이 두 개뿐이다. 말 좀 걸지 말라"고 답한 일화는 유명하다. 이후 2004년 5월 장관급 회담차 방북해 박봉주 총리를 만난 정세현 전 통일부 장관은 "박봉주는 장성택처럼 자기 세력도 없고 꾸준히 노력해 실력으로 올라온 인물"이라며 "지금 북한 경제가 저 정도라도 굴러가는 건 박봉주 덕으로 본다"고 언급하기도 했다.

박봉주가 북한 내에서 주목받은 것은 김정일 시대 경제개혁의 신호탄이던 2002년 '7·1경제관리개선조치'를 주도했기 때문이다. 사회주의 계획경제 틀 안에서 일부 시장 원리를 도입한 시도로써 사실상 북한의 시장을 허용한 정책으로 평가받고 있다. 북한은 임금 및 물가 현실화, 배급제 변화, 기업소의 경영자율권 일정 부분 보장 등으로 생산성을 높이고자 했다. 박봉주는 2003년 총리에 올라 개혁에 나섰으나 당 원로, 군부 등과의 마찰로 2007년 4월 해임돼 평안남도 순천비날론 연합기업소 지배인으로 좌천됐다. '자본주의 시도'로 매도당한 것이다. 2007년 그가 총리직에서 물러났을 때 서방 언론들은 북한이 개혁을 포기한 것으로 해석했다.

2010년 8월 박봉주는 김경희가 부장으로 있는 조선노동당 경공업부 부장으로 돌아왔다. 당시 《뉴욕타임스》는 "북한이 시장지향적 관료를 복직시켰다"며 "박봉주의 복귀는 경제에 대한 국가 통제의 강화 시도가 실패한 상태에서 시장개혁으로 다시 돌아가겠다는 신호"라고 해석했다.

하지만 이 같은 서방 언론의 해석을 문제 삼는 이들도 있다. 일부에서는 박봉주가 개혁적 인물이지만 2007년 해임될 당시 보수주의자라는 지적을 받았다고 증언했다. 또 후임인 김영일 총리 역시 개혁을 지지하는 경제통이라고 언급했지만 북한 내부에서는 북한과 폴란드 운송합영회사의 의장을 지내기도 했던 그가 서방 언론에서 보는 마르크스-레닌주의자가 아니라는 증언도 있다.

북한이 2016년 5월에 연 조선노동당 제7차 당대회에서 박봉주는 당 정치국 상무위원에 올랐다. 상무위원은 북한의 실세 중의 실세가 차지하는 자리다. 기존의 김정은 위원장과 대외 국가수반인 김영남 최고인민회의 상임위원장, 황병서 인민군 총정치국장 등 3인에, 박봉주 총리와 최룡해 당 중앙위원회 부위원장이 포함됐다.

박봉주는 당 중앙군사위원회 위원에도 올랐는데 군을 이끄는 황병서에 이어 두 번째로 호명된 것이다. 북한 인민군은 조직 특성상 노동당의 지휘를 받는다. 조직상 박봉주는 인민군을 지배하는 당 서열 3위인 셈이다. 민간인 내각 총리로서는 전례가 없는 일이다. 이는 김정은 시대에 들어와 군보다는 당의 지위를 격상시키려는 일련의 조치이자 박봉주가 경제건설을 추진하는 과정에서 군부의 협조를 이끌어내기 위한 조치라고 보고 있다.

박봉주의 지위 격상은 자칫 그에서 '독이 든 성배'가 될 것이란 시각도 있다. 2017년 현재 북한에서 박봉주만큼 북한 경제의 사정을 잘 이해하고 경제발전을 추구할 인물은 없다. 김정은 정권이 내세운 경제개발전략을 맡기기에 그는 적임자다. 하지만 한편으로 김정은이나 다른 당 간부들이 경제를 직접 맡아 운영했다가 실패를 하면 부담해야 할 위험이 너무 크기에 박봉주 내각에 책임을 떠넘겼다는 해석도 나온다. 김정은 정권이 북한 주민들에게 내세운 경제개발전략의 성패는 4년 뒤면 확인할 수 있다. 만약 경제 상황이 더디게 발전하거나 오히려 퇴보한다면 주민 불만이 커질 수 있다. 이때 책임을 지고 희생해야 하는 인물은 박봉주밖에 없다는 것이 전문가들의 분석이다. 박 총리가 화폐개혁의 실패로 처형당한 제2의 박남기가 될 수 있다는 우려다.

북한 외무성의 외무상인 리수용(리철) 역시 외교관이긴 하지만 별명이 '사업가'일 정도로 북한의 경제개발에 적극 나선 인물이다. 그는 특히 외국 기업들의 북한 투자를 적극 유도했다. 2000년에 스위스 투자자들을 설득해 제약합영회사 '평스(PyongSu)'를 평양에 설립하도록 했으며, 같은 해 이집트 투자자를 설득해 휴대전화 회사를 북한에 설립하도록 유도하기도 했다. 북한에서 가장 유명한 대동강맥주공장의 설립 역시 리수용의 역할이 컸던 것으로 알려졌다. 그는 인적 네트워크를 활용해 독일 설비가 갖춰진 영국의 맥주생산시설을 구매했다. 북한 당국은 이 맥주생산시설을 분리 해체한 뒤 평양으로 가져와 재조립했다. 재조립한 독일 설비의 맥주생산시설에다가 북한 특유의 맥주 제조법을 결합해 대동강맥주를 생산한 것이다. 리수용은 프랑스의 세계적인 시멘트 제조업체 라파즈(Lafarge)가 북한 투자를 결정했을 때 경쟁업체인 스위스의 홀심(Holcim)에게 투자를 유도하기 위해 비밀리에 평양 방문을 성사시키기도 했다.

북한의 개혁주의자,
장성택의 최후

2013년 12월 12일. 나흘 전 조선노동당 중앙위원회 정치국 확대회의장에서 보안요원들 손에 끌려나간 장성택이 처형당했다. 조선노동당 중앙위원회 정치국 위원이며 국방위원회 부위원장이자 최고인민회의 대의원으로 당시 북한의 제2인자였던 그의 전격적인 체포와 처형 발표는 세상을 놀라게 했다.

장성택의 독특한 신분과 캐릭터는 북한을 변화시킬 수 있는 가장 적합한 인물로 손꼽혀왔다. 사실 장성택이 추구한 북한 사회의 개혁·개방과 그의 결말인 처형은 북한의 딜레마를 가장 분명하게 보여주는 사례다.

일제 강점기 함경북도 길주와 명천에서 사회주의 농민운동가 집안에서 태어난 장성택의 아버지와 그의 형제들은 모두 고위직에 올랐다.

장성택의 큰형 장성우는 군단장과 노동당 부장을 거쳐 차수로 승진했고 2009년 8월 사망했다. 동생 장성길도 인민군 중장으로 5군단 정치위원과 류경수 제105탱크사단 사단장을 역임한 후 큰형보다 3년 앞서 2006년 7월에 사망했다. 장성택 집안의 신분 상승은 그가 절대권력자인 김일성의 외동딸 김경희를 만난 사건이 결정적 계기가 된 것으로 보인다.

장성택은 원칙적으로 북한 내 성분상 핵심계층에 속했다. 북한은 전통적으로 주민을 대략 28%의 핵심계층과 45%의 동요계층(기본계층), 그리고 27%의 적대계층(복잡계층)으로 나누고, 이를 국가안전보위부와 인민보안부가 관리해 각 계층에 적절한 처우 혹은 대처를 한다. 물론 핵심계층이라고 해서 모두 같은 대우를 받는 것은 아니다. 그 안에는 1%에 해당하는 20여만 명의 특수 신분이 있다. 핵심 가운데 핵심으로 항일 빨치산 출신의 가계나 건국과 6·25전쟁의 공로자 집안 출신이 여기에 해당한다.

하지만 1967년 5월 초 당 중앙위원회의 제4기 제15차 전원회의가 있은 뒤, 장성택은 본인의 출신을 내세워 특수 신분이라고 하기가 어려워졌다. 당시 북한은 김일성 유일체제를 확립하기 위한 마지막 단계로 이른바 '갑산파 숙청'에 들어갔다. 숙청된 사람들은 모두 1930년대 중반 무렵 국내 사회주의 항일조직이었던 함경북도의 '갑산공작준비위원회'에 관련된 인물로 남한에서는 갑산파로 불렸다. 이들을 숙청함으로써 김일성과 그 일가만을 당과 국가의 유일한 중심으로 삼는 것에 찬성하지 않는 세력을 없애고자 한 것이다. 일제 강점기 사회주의 농민 운동 집안 출신이라는 점은 김일성 유일체제라는 북한의 뼈대를 구성하는 정치논리에 있어 곁가지가 된다. 장성택 역시 이런 곁가지가 돼버린 셈이다.

다행히 장성택은 1967년 제4기 제15차 전원회의가 열리기 전인 1965년에 만경대혁명학원을 거쳐 김일성종합대학 정치경제학부에 들어갔다. 여기에서 1946년생 동갑내기 김경희를 만난다. 김일성은 그들의 소문난 연애를 탐탁지 않게 여겼다. '백두 혈통'이 아니라는 신분 차이도 있었지만, 그보다는 장성택이 그가 유일체제 확립을 위해 권력투쟁 과정에서 제거해 버린 국내 항일 빨치산 가문 출신이라는 점이 상당히 영향을 끼친 것으로 보인다.

장성택과 김경희의 혼사를 성사시키고 장성택을 실세로 키운 것은 김정일이었다. 김정일은 아버지 김일성의 이복형제들은 물론 아버지를 넘어서는 과정에서 권력투쟁의 승자가 되기 위해 곁가지 혹은 곁나무에 불과했던 장성택을 오른팔로 적극 활용했다. 장성택 역시 김정일이 자신을 받아들인 이유를 잘 알고 있었던 것으로 보인다.

엄청난 부잣집에 데릴사위로 들어간 격인 장성택은 불안정한 역할을 이어갈 수밖에 없었다. 그는 유일 수령인 김정일에게 충성을 다 바치면서 온갖 특혜를 누렸지만 그로 인해 일어나는 북한 내의 온갖 폐해에 관해 다른 어떤 사람들보다 훨씬 더 민감하게 반응한 것으로 보인다. 결혼을 통해 수령 집안의 일원이 됐지만 다른 한편으로는 주민의 입장에서 현실을 보고 북한의 미래를 고민할 수밖에 없는 위치이기도 했다. 장성택이 북한의 다른 전형적인 관료들과 달리 요지부동하는 북한 체제 내에서 개혁·개방에 남다른 관심을 기울인 것도 이 같은 태생적인 한계가 영향을 끼쳤다는 분석이 있다.

북한 내부에서 배급 체제의 붕괴로 아사자가 수십만 명에 이르고 있던 1990년대 중반, 장성택이 김정일에게 기존 노선의 일대 전환을 제의했다가 김정일의 분노를 산 적이 있다는 증언도 있다.[14]

김일성 사망 후 추도 1주년 무렵, 최고위급 30여 명이 모인 파티에서 장성택은 김정일과 따로 앉은 자리에서 비참한 북한의 현실 상황을 적나라하게 열거하며 북한 정책 노선의 전환을 제의했다. 이 이야기를 근처에서 들은 김정일은 당연히 격노했다. 김정일에게 중요한 것은 수십만 명의 인민이 굶어 죽어간다는 사실이 아니었다. 자신이 물려받은 권력을 유지할 수 없다면 온 세계가 함께 멸망해야 한다는 게 김일성, 김정일 체제로 이어지는 북한 권력의 숙명이다. 북한의 김씨 정권으로서

---

14) 장성택에 대한 에피소드는 라종일이 쓴《장성택의 길: 신정의 불온한 경계인》과 김정일의 요리사인 후지모토 겐지(藤本健二)가 쓴《북한의 후계자 왜 김정은인가?》등을 참조했다.

는 중국식이든 베트남식이든 개혁·개방으로의 체제 전환은 자신의 정당성을, 그 존재 이유의 기반을 허무는 것이나 다름없었다. 체제의 큰 변혁을 위해서는 스탈린(Stalin)에서 흐루쇼프(Khrushchyov)로, 마오쩌둥(毛澤東)에서 덩샤오핑(鄧小平)으로, 브레즈네프(Brezhnev)에서 고르바초프(Gorbachev)로의 정권 교체가 이뤄졌던 것과 같은 과정을 겪을 수밖에 없다.

당시 장성택의 발언은 김정일에게 반역과도 같은 것이었다. 북한에서 생활한 일본인 요리사 후지모토 겐지의 증언에 따르면 김정일은 자기 앞에 놓여 있는 스테인리스 냅킨꽂이를 집어 들어 장성택을 치려고 했다. 이 사건 이후 장성택은 공식적인 지위가 강등됐다. 그러나 김정일은 유능한 행정가였던 장성택이 여전히 필요했기에 그를 계속해서 중용했다.

장성택이 뛰어난 인물이었던 것은 확실하지만 그에게도 한계가 있었다는 게 분명해 보인다. 김일성도 김정일도 중국식 개혁·개방이 북한의 경제발전을 가져올 것이라는 사실을 알고 있었다. 그러나 반세기가 넘게 계속되고 있는 남한과의 숙명적인 갈등 때문에 이를 실행에 옮기는 결정을 내리지 못했다. 개혁·개방은 결국 김씨 정권의 내부 불안을 야기할 것이고 한국과의 관계에 있어서 북한 스스로를 열등한 위치에 놓이게 하는 상황을 초래할 것으로 김씨 정권은 판단했을 것이다.

즉 남한은 베풀고 가르치는 쪽이 되고, 북한은 수혜자이며 배워야 하는 존재가 된다. 결정적으로 민족적인 차원에서 정통성과 관련한 주장이 남한에 유리하게 작용한다. 북한 주민의 민심도 남한 쪽으로 기울게 될 것으로 생각할 수 있다.

이 때문에 남한의 역대 정권이 경제적인 성공을 통해 자신들에게 유리한 통일을 추구한 반면, 북한의 김씨 정권은 자신의 경제적인 취약점을 정치 강점으로 극복할 수 있다고 믿었다. 장성택이 김씨 정권의 중요한 부분을 차지하면서도 김씨 독재정권의 이러한 본질적인 부분에 대한 이해 없이 개혁·개방을 외쳤다는 것은 결국 그의 한계를 보여주는 것이다. 다른 한편으로 장성택의 위상과 사고가 진정한 북한 정권의 핵심이 아니었다는 해석도 가능하다.

어찌 됐건 장성택의 능력을 높이 사서 그를 끌어안았던 김정일이 사망한 뒤 상황은 근본적으로 달라졌다. 중국식 개혁·개방만이 출구라고 본 장성택과 그것이 절대권력을 허무는 함정이 될 수 있다고 본 김정은의 노선 갈등, 2인자의 위상 강화에 대한 절대권력의 위기감 속에서 장성택이 택할 수 있는 길은 정권 탈취, 몸 낮추기, 국외 탈출과 망명정부 수립 등이 있었으나 그는 어느 것도 하지 못했다.

김정은 정권 출범 이후 장성택은 더욱 적극적으로 북한의 개혁·개방에 앞장섰다. 그는 2012년 8월 50여 명의 대표단을 이끌고 '제3차 황금평·나선시 공동개발을 위한 북중(北中) 개발합작연합지도위원회회의'에 참석하기 위해 중국을 방문했다. 그리고 남한과의 경제교류가 끊기면서 부족해진 외화를 확보하기 위해 중국에 10억 달러 차관과 함께 대규모 투자를 요청했다.

하지만 중국인 투자자에 대한 보호가 필요하다는 중국 정부의 입장을 전해 듣고서는 평양으로 들어와 외국인투자보호법의 재정비에 착수했다. 우선 국제무역중재위원회를 무역성에서 끌어내 국방위원회로 배속했다. 외국인 투자에 관련된 법규를 관장하는 기관이 장성택의 관할에 포함된 것이다. 장성택이 담당하고 있는 당 행정부에서는 주택 거래를 합법화하는 조치를 시행했다. 종전에는 주택 거래가 비공개적으로 이뤄졌고 거래를 하다 발각되면 주택이 회수됐다. 그러나 북한 전역에서 주택 수요가 증가하고 수도 평양의 주택 가격이 5~10만 달러를 웃돌아 20만 달러까지 치솟자 주택 거래를 비공개로만 할 수가 없게 됐다. 결국 당 행정부 주도로 주택 거래를 합법화하는 조치가 취해졌다. 이는 주택을 당국이 지어서 무상으로 배정하던 종래 방식과는 전혀 다른 것으로 북한에서 시장화가 확대되는 큰 변화의 물꼬를 튼 것이다.

이 시기에 장성택의 개혁과 외국 문물에 눈을 뜬 신세대 간부들 사이에서는 북한 경제의 장래에 대한 큰 기대가 싹트기 시작했다. 이 같은 개혁·개방을 10년 이상 지속하면 북한에서도 이른바 '마이카(my car) 시대'가 열릴 것이란 경제적인 낙관론이 퍼지기 시작했다고 한다.

하지만 장성택은 개혁·개방의 추진 과정에서 자신의 세력을 확장하고 중국과 긴밀한 관계를 맺게 되면서 자연스럽게 여러 곳으로부터 경계와 의심을 받게 됐다. 고모부인 장성택의 의견을 적극 수용했던 김정은마저 여러 정보기관으로부터 장성택에 대한 부정적인 이야기를 듣게 된다. 김정은의 측근이 남한에서 날아온 전단 하나를 그에게 가져다준 일도 있었다. 그 전단에는 '북한에서는 곧 김씨 왕조가 끝이 나고, 장씨 왕조가 시작된다'고 쓰여 있었다. 2013년에는 남한의 국방부 정보본부가 "올해 들어 장성택이 김정은 제1비서를 별로 의식하지 않는 모습이 자주 식별돼 북한 내 실질 권력자가 김정은이 아닌 장성택이라는 소문이 지속적으로 들린다"는 내용의 자료를 발표하기도 했다.

김정일의 후계자인 김정은이 사적으로 장성택에게 반감을 가지고 있었다는 해석도 있다. 그중 하나는 부친인 김정일이 벌이는 이른바 '기쁨조 파티'를 직접 준비하고 주관한 장성택에 대한 반감이 모친을 통해 내면에 자리 잡고 있었다는 것이다. 퇴폐한 파티를 즐긴 아버지에 대한 반감보다 이를 조직한 고모부 장성택에 대한 반감이 훨씬 컸을 수 있다.

장성택에 대한 김정은의 증오심에는 장성택의 후견인 역할도 영향을 끼친 것으로 보인다. 2010년 김정일의 건강이 급속히 나빠지기 시작했을 때 김정일은 김정은을 후계자로 낙점하면서 젊은 지도자를 도와줄 원로 간부들을 임명했다. 후견인에는 고모 김경희, 고모부 장성택, 그리고 리영호 인민군 총참모장 등이 지목됐다. 이후 리영호와 장성택이 김정은의 일에 일일이 간섭하기 시작했고 그가 듣기 거북한 발언을 많이 한 것으로 보인다. 결과적으로 김정은 위원장이 이들 후견인을 증오하게 됐고 권력기반을 강화한 직후에 그들을 숙청했다는 해석도 설득력이 있다.

장성택이 최종 몰락하게 된 직접적 계기로 외화벌이 문제를 둘러싼 군부와의 갈등, 김정은의 자금관리기구인 '39호실'의 지휘권 갈등, 이를 틈탄 군부와 국가안전보위부의 총공세 등이 거론되지만 정확한 내용은 아직 확인되지 않고 있다.

2장

북한,
시장의 탄생

장마당에서
평해튼까지

북한에 자본주의적인 요소가 도입되면서 기존 계획경제를 대체하는 시장경제가 생각보다 빠르게 확대되고 있다. 2016년 5월 《워싱턴포스트(The Washington Post)》는 북한 주민의 1%에 해당하는 상류층은 미국 뉴욕의 맨해튼과 비슷한 이른바 '평해튼(Pyonghattan, 평양+맨해튼)'에서 호화로운 생활을 누리고 있다고 평양발로 보도하기도 했다. 근로자의 한 달 공식 월급이 10달러[15]도 안 되는 나라에서 외국 브랜드 옷을 입고 쌍꺼풀이나 코높이 성형수술을 하면서 카푸치노와 외

---

15) 북한 근로자의 월급이 한 달에 10달러 안팎이라는 외신 보도는 과장된 측면이 있다. 대다수의 북한 주민은 한 달 월급으로 북한 화폐로 5천 원 정도 하는 쌀 1kg을 사는 것조차 어렵다. 2016년 하반기 기준 달러당 북한의 시장 환율이 8천 원 정도인 점을 고려하면 북한 근로자의 월평균 월급이 미달러 기준 1달러에도 못 미친다는 의미다.

국 식료품을 즐기는 계층이 생겨나고 있다는 것이다.

고층빌딩이 즐비한 평양의 스카이라인과 위와 같은 일부 경제 특권층의 등장이 김정은 정권 홍보를 위한 '쇼'에 불과하다는 지적도 있다. 북한 경제가 얼마나 취약한지를 보여주는 '병적인 징후'라는 해석도 가능하다. 과거 사회주의 국가들에서 등장했던 도둑정치(Kleptocracy), 즉 일부 기득권층이 부(富)를 독점하면서 나타난 현상으로도 볼 수 있다.

하지만 북한 내에 시장이 등장하면서 기존에 없던 신흥부유층이 생겨나고 있는 것은 분명하다. 이는 김정은 정권이 들어선 이후 본격적인 국제사회의 경제제재가 시작되기 전까지 최소 수년간 연간 1%에 이르는 경제성장의 결과이자 민간시장의 확대 덕분으로 해석할 수 있다.

현재 북한의 시장경제 규모가 얼마나 되는지 정확히 알 길은 없다. 북한의 지하경제 규모는 1990년대 중반 이후 북한의 공식경제 부문이 붕괴되면서 급속히 커졌지만 1990년대 말에 다소 줄었다가 경제가 어려워지면서 다시 급격히 커진 것으로 추정된다.

한국은행은 1990년대 말 전후 시점에 북한의 사적인 시장경제 규모를 연간 국내총생산(GDP)의 3.6% 수준으로 예상했지만 최대 30%에 이를 것이란 시각도 있다.[16] 이후 각종 보도와 탈북자 증언에 따르면

---

16) 2016년 10월 30일 한국은행이 내놓은 〈북한 이중경제 사회계정행렬 추정을 통한 비공식 부문 분석〉에서 최지영 한국은행 경제연구원 북한경제연구실 부연구위원은 북한에서 시장을 통해 거래가 이뤄지는 부문의 비중이 30%에 이른다고 분석했다.

현재 북한의 시장 규모는 우리의 예상 수준을 훌쩍 뛰어넘으며 북한 당국도 사실상 이를 방관하고 있는 것으로 보인다.

북한은 1990년대 고난의 행군을 거치면서 몇 가지 획기적인 시장친화적인 정책을 발표했지만 대외환경 변화에 따라 갈지(之)자 행보를 보여왔다. 기존의 계획경제 중심으로 도저히 경제가 회복되기 어렵다고 판단되면 시장경제적인 요소를 도입했다가, 체제 안정에 불안을 느끼면 다시 시장을 통제하는 식이었다. 북한은 근본적으로 현재의 정치 체제를 그대로 유지하면서 경제를 성장시켜야 하는 모순된 목표를 갖다 보니 일관성 있는 계획을 실행하지 못하고 있다.

북한 당국의 입장에서 김씨 정권의 권력을 안전하게 유지하려면 개혁·개방을 하지 않는 것이 유리하다. 《월간조선》의 1997년 4월호에 게재된 기사에 따르면 1996년 12월 7일 김정일은 김일성종합대학에서 다음과 같이 연설했다.

"사회주의 사회에서 식량문제는 사회주의적 방식으로 해결해야 합니다. 인민들이 제멋대로 식량문제를 해결하도록 당이 내버려 둔다면, 농민들과 상인들만 번영하고 이기주의로 인해 계급 없는 사회의 사회 질서가 무너질 것입니다. 그렇게 되면 당은 인민적 기반을 잃고 폴란드와 체코슬로바키아의 사례처럼 붕괴될 것입니다."

북한은 1990년대 이후 수차례 시장친화적인 정책을 발표했지만 시장경제 자체를 용인하고 이를 받아들이기 위해서라고 보기는 어렵다. 경제 위기가 권력기반을 약화시키다 보니 어쩔 수 없이 일부 시장을 용인한 것이다. 최고위급 탈북자인 황장엽 역시 경제자유구역의 적극적인 역할을 김정일에게 건의했지만 "외화벌이 정도 하는 수준만 유지하면 된다"고 답했다고 증언했다.

앞으로도 북한의 핵심 권력층은 이 양자를 어정쩡하게 끌고 가는 식으로 체제를 운용할 가능성이 크다. 즉 외부 개방을 조금씩 하면서 경제적 생존 방법을 찾는 동시에 내부적으로는 사회주의 경제체제와 시장화 사이에서 지그재그식의 균형을 찾는 이른바 '머들링 스루(muddling through, 그럭저럭 버티기)'의 가능성이다. 외부적으로도 지금까지 해오던 식으로 도발과 타협의 제스처를 적절히 섞어가면서 외부 지원을 극대화하려 할 것이다.

그러나 북한 당국이 시장경제를 과거의 사회주의 계획경제 시스템으로 완전히 돌리는 것은 불가능해 보인다. 현재 북한 경제를 그나마 지탱하는 것은 사회주의 경제가 아니라 시장경제활동 덕분이기 때문이다. 북한에서 돈을 벌어들이고 있는 부문은 원자재 수출 및 임가공업을 통한 무역과 시장 유통이다. 전통적인 사회주의 경제영역은 이에 기생해 생존하고 있는 것이 북한 경제의 현실이다.

무역 및 원자재 수출 부문이 외화를 벌어들이면 북한 정부는 이 부문에서 세금을 받고, 시장에 매대를 설치해 장사를 할 수 있게 하고, 장세 (시장 사용료)를 부과한다. 상당수의 북한 관료는 이 부문에 종사하는 사람들에게 뇌물을 받아 치부(致富)하거나 생존하고 있다. 혹은 그들 스스로가 이 부문에 직간접적으로 개입하기도 한다. 독특한 모습으로 성장하고 있는 북한의 시장이 향후 북한의 정치 · 사회 시스템에 어떤 영향을 끼칠지 예의 주시해야 하는 상황이다.

"사시라우!"… 체제 위협하는 장마당

북한에서 시장은 중국의 압력을 받아 1984년에 처음 개장된 것으로 알려졌다. 그러나 중국의 개혁론자인 후야오방(胡耀邦)이 베이징에서 퇴진한 1987년에 폐장됐다. 북한의 시장이 재개된 것은 1990년대 자연재해와 소련을 비롯한 동유럽 사회주의 국가들의 몰락으로 북한에 대한 경제 지원이 중단되면서부터다. 북한 당국은 '고난의 행군'을 거치면서 주민들에게 식량과 생필품을 공급할 수 없게 되자 시장을 방치하기 시작했다.

배급을 못 받은 주민들은 장마당을 통해 식량을 확보하기 시작했다. 고난의 행군 이후에는 기존 농민시장에서 거래가 금지됐던 곡물뿐 아니라 가내수공업 제품 및 국영기업에서 생산된 소비재나 수입품도 점차 유입됐다.

생존을 위한 식량 획득 목적으로 활성화되기 시작한 시장은 점차 국경무역 개방 및 국가재산의 전유·약탈·탈취 등을 통해 식량과 생필품들이 장마당에 유입됐다. 여러 차례 교환활동으로 이익이 커지는 시장의 원리가 북한 주민들에게 체득되기 시작한 것이다. 장마당의 참여자들도 처음에는 '등짐장사'로 출발했지만 점차 지역 간에 부족한 물자를 유통해 이익을 얻는 '되거리 장사', 철도와 차량을 이용한 도매장사인 '달리기 장사', '차판 장사' 등으로 분화해갔다. 1990년대 말부터는 상설시장에서 장사하는 '매대 장사'로 정착해가면서 시와 도의 종합시장들이 대규모 도매시장으로 성장하고 지방 소도시까지 유통망이 형성되는 현상이 나타났다.

시장의 확대와 질적인 성장은 북한 당국이 시장 기능을 일부 인정하지 않을 수 없게 압박했다. 북한 당국은 2002년 7월 1일 '7·1경제관리개선조치'를 발표하고 시행에 들어갔다. 핵심은 가격 현실화였다. 쌀값은 국영 판매가격이 kg당 0.08원(8전)에서 44원으로, 무려 550배가 인상됐다. 쌀 가격은 계속 급등해 6개월 이후에는 kg당 130~150원이 됐다. 북한 당국은 커지는 이중가격의 현실을 인정하고 2003년 3월 종합시장을 개설했다. 종합시장에서 농토산물 이외에 식량과 공업제품이 공식적으로 거래되면서 북한의 시장 기능은 점차 확대됐다.

북한에서 가장 유명한 시장 중 한 곳은 평양에 있는 통일거리시장이

| 북한의 주요시장 |

회령(국경시장)
중국 상인들에게도
매대 허용

• **수남**

함경북도

채하
중국 수입품
전국 유통 통로

양강도

자강도

함경남도

평안북도

평안남도

중앙
평양 제2의 종합시장

평성
북한 최대의 도소매
상품 유통 중심지

강서 • **평양**

통일거리
2003년 8월 본보기로 개장한
대표적 종합시장
판매건물 3동, 주차장 완비

사리원
곡물 · 식료품 · 의류
대량 유통

황해북도

황해남도

강원도

• **산성**

출처: 통일부 북한정보포털

다. 선명한 파란색 지붕을 얹은 통일거리시장과 중구역시장은 평양을 방문한 외국인들도 쉽게 찾을 수 있다. 그러나 이 두 곳을 제외한 시장들은 높은 건물 뒤에 숨어 그 존재를 모르는 이들에게는 모습을 감추려고 한다. 공식적인 시장 외에 북한 당국의 허가를 받지 않은 이른바 '메뚜기 장마당'도 존재한다. 경찰이 다가오면 장사하던 여자들이 물건을 챙겨서 폴짝폴짝 달아나기 때문에 붙여진 이름이다. 밤이면 평양 교외의 어둠 속에서 "사시라우!" 하고 가냘픈 외침이 들려오기도 한다.

김정일은 활성화되는 장마당을 체제 유지의 큰 위협으로 느껴 2006

년부터 단계적으로 시장통제정책을 추진해 나갔다. 처음에는 종합시장의 개장시간 제한, 장사 여성의 연령 제한, 매대의 폭 및 장사 품목 수 제한 등의 수준이었지만 2008년 이후 종합시장마저도 철폐하려 했다. 그러나 시장을 철폐하려는 북한 당국의 조치는 주민들의 저항에 부딪힐 수밖에 없었다. 경제난 이후 북한 주민들에게 공식 임금은 의미가 없었고 주민들 대부분은 시장을 통해 생계를 유지하고 있었기 때문이다.

북한 당국은 2009년 상반기 "시장은 비사회주의의 서식장이요, 자본주의의 본거지"라고 하면서 대규모 도매시장의 대명사인 평양 인근의 평성시장을 폐쇄하고, 계획경제체제의 복원을 위해 2009년 11월 30일 화폐개혁을 전격 단행했다. 기존 화폐를 모두 회수해 새로운 화폐만을 사용하도록 허가해 국가의 발권 능력을 회복하고 재정을 확충하려 한 것이다. 당과 군 산하에 난립한 무역회사들은 무역성 산하로 귀속시켜 중앙집중적 계획경제를 복원하려 했다.

그러나 화폐개혁은 엄청난 부작용을 초래했다.[17] 환율이 급등하고 물가가 치솟았다. 2009년 11월 화폐개혁 직후 달러당 환율이 38원(평양에서 화폐개혁 전 기준=3,800원), kg당 쌀값이 22원(평양에서 화폐개혁 전 기준=2,200원)

---

17) 2009년 11월에 실시한 북한의 화폐개혁은 구권 100원과 신권 1원을 단순히 맞바꾸는 리디노미네이션(redenomination, 액면 표시방법은 그대로 유지하면서 액면 단위, 즉 화폐가치만 절하하는 것) 방식으로 이뤄졌다. 당시 북한 당국은 신구권 화폐의 교환 비율을 100대 1로 정했으나 모든 돈을 바꿔주지는 않았다.

하다가 3개월 뒤에는 달러당 395원, kg당 370원으로 뛰었다. 원화의 가치가 약 10배 떨어지고, 쌀값은 16배 오른 셈이다.[18)]

화폐개혁의 실패로 북한 주민들의 생활수준은 그 이전보다 크게 하락할 수밖에 없었다. 이 때문에 김정일 체제는 노동당 계획재정부 부장인 박남기와 부부장인 리태일을 평양체육촌 서산경기장에서 공개 처형했다. 2010년 1월 말에는 당시 김영일 내각 총리가 주민들에게 실패를 인정했고 5월에는 종합시장을 전면 허용했다. 이후 북한의 시장은 양적으로뿐만 아니라 구조적으로도 변모했다. 미국 존스홉킨스대학교 한미연구소의 커티스 멜빈(Curtis Melvin) 연구원이 위성사진을 분석한 결과에 따르면 북한에서 정부 책임 아래 주민이 자릿세를 내고 장사를 하는 공식 시장은 2015년 10월 기준 406개다. 2010년 200여 개에서 5년 만에 두 배로 뛴 것이다.

탈북자들의 증언을 종합하면 2010년 이후 북한의 소비재시장은 큰 문제없이 운영되고 있는 것으로 보인다. 화폐개혁 이후 시장통제가 일부 이뤄졌으나 이미 시장경제에 상당 부분을 의존하고 있는 북한이 점차 시장을 인정하고 여기에 세금을 부과하는 방식으로 재정을 확보하고 있기 때문이다.

---

18) 북한의 환율 및 쌀값 동향 관련 정보는 《KDI 북한경제리뷰》 2013년 7월호 62쪽 참조.

과거 나이든 여성들만이 일할 수 있었던 북한 시장에 젊은 남성들이 점차 많아지는 것도 시장의 성장을 간접적으로 보여주는 증거다. 과거 북한의 시장에서는 여성들만이 일할 수 있었다. 남성들은 생산활동에 전념해야 하며 시장 장사와 같은 일은 하지 않아야 한다는 게 당초 북한 당국이 시장을 통제하기 위해 만들어낸 규정이었다. 그러나 북한의 시장 규모가 확대되고 젊은 남성들이 시장에 적극 뛰어들면서 현재는 여성만 시장에서 일할 수 있다는 규정이 상당수 깨진 것으로 보인다.

2009년 화폐개혁 이후 불안감이 높아지자 장사꾼이나 돈이 있는 주민들은 북한 돈이 아닌 외국 돈을 선호하고 있다. 일반 주민들은 여전히 북한 돈을 주로 사용하고 있으나 장마당 등에서 거래되는 물건의 상당수는 달러로 가격이 정해진다. 북한 경제 규모의 약 10%(20억 달러)가 외국 화폐이며 이 중 절반은 미달러화, 나머지는 중국 위안화(40%)와 유로화(10%)로 추정된다. 달러를 교환하는 '돈장'은 장마당 주변에 형성돼 있으며 장마당과 역전, 여관 등 사람들의 왕래가 잦은 곳에서는 '돈데꼬(환전상)'라는 돈 장사꾼들이 배회하고 있다. 북한의 공식 환율(달러당 북한 원화로 약 100원)과 실제 시장에서 거래되는 시장 환율(달러당 북한 원화로 약 8천 원) 차이가 워낙 크다 보니 북한 사정을 잘 아는 외국인들 역시 공식 환전소 대신 시장을 찾아 돈을 바꾸는 게 일반적이다.

시장이 확대되면서 공식적으로 허가를 받지 않은 한국식의 노점상도 급속히 늘고 있는 것으로 보인다. 한국의 아파트단지 상가처럼 주택이 밀집한 지역에 20~30개 정도의 노점상들이 모인 이른바 '막매대'라고 불리는 곳들이다. 평안남도의 몇 개 동(洞)에서는 시장을 주변으로 약 2km에 걸쳐 막매대가 줄지어 있을 정도로 활성화돼 있다고 한다. 막매대에서는 주로 간편하게 먹을 수 있는 국수나 '인조고기밥(콩으로 만든 인조고기에 밥을 넣은 음식)', '온반(미역국에 밥을 만 음식)' 등을 주로 팔고 있다. 막매대는 시장에 속한 것이 아니기 때문에 원칙적으로 장세를 내지 않아도 되지만 담당 보안원들이 정기적으로 막매대에 들러 일종의 '자릿세'를 받고 장사를 허용해주고 있다고 한다.[19]

종합시장이 발전하고 그 주변에 장마당이 들어서고 인력시장까지 형성하면서 자연스럽게 규모가 큰 도매시장도 나타나고 있다. 신의주의 신의주시장, 함흥의 사포시장, 나진의 나선시장, 평양의 통일거리시장 등이 '8매 도매시장'으로 불린다. 이 8대 시장 중 6개 시장이 국경지역이나 중국 상인들이 들어오기 쉬운 항구를 끼고 있다. 소매시장은 도매시장에 없는 물건들을 취급하면서 자연스레 특화하기도 했다. 가령 청진의 포항시장은 일제 중고품을 전문적으로 판매하는 식이다. 시장

---

19) "北 시장화로 노점상 '막매대' 급증… 2km 노점 거리 이뤄", 〈데일리NK〉, 2015년 7월 22일 자.

주변에는 상인뿐만 아니라 환전을 해주는 돈데꼬 외에도 날품팔이꾼, 감시인이 나타나는지 망을 봐주는 사람 등 다양한 사람들이 한데 어우러져 북한식의 독특한 시장 생태계를 만들고 있다.

정권과 시장의
젖줄 '무역'

북한에서 시장이 북한 주민의 생명줄이라면 무역은 북한 정권의 생명줄이라고 할 수 있다. 북한은 무역을 통해 외화를 취득하며 이를 이용해서 정권과 경제 유지에 필수적인 물품, 가령 에너지와 식량 등을 구입한다. 또 무역을 통해 취득한 외화 일부는 최고 권력자의 통치자금으로 이용한다. 만약 북한이 다른 나라와 무역을 하지 못한다면 에너지와 식량을 구입할 수 없고 통치자금도 확보하지 못하게 된다. 북한은 이미 1990년대 고난의 행군 이후 부분적 대외개방을 통해 생존했고 앞으로도 대외개방 없이는 생존이 어려운 경제구조를 지녔다. 북한을 자칫 폐쇄경제로 생각하는 것은 한국인들의 가장 큰 오해다.

무역은 북한 기업과 기관, 개인들에게 가장 좋은 돈벌이 도구다. 권

| 북한의 연도별 수출입 추이 |

(단위: 천 달러)

	2006년	2007년	2008년	2009년	2010년	2011년	2012년	2013년	2014년	2015년
■ 수출	946.8	918.8	1130.2	1062.8	1513.6	2789.4	2880.1	3218.4	3164.7	2696.5
■ 수입	2049.0	2022.3	2685.5	2351.0	2660.8	3567.7	3931.2	4126.4	4446.2	3555.3
◆ 수출입계	2995.8	2941.1	3815.7	3413.8	4174.4	6357.1	6811.3	7344.8	7610.9	6251.8
● 무역수지	-1102.2	-1103.5	-1555.3	-1288.2	-1147.1	-778.4	-1051.1	-908.0	-1281.6	-858.7

출처: KOTRA, 〈2015년 북한 대외무역 동향〉

력기관인 당과 인민무력부가 먼저 무역회사를 차려 돈을 벌자 다른 정부기관, 기업들이 그 뒤를 따랐다. 실제 비공식적인 무역 규모를 합하면 북한의 무역은 공식통계에 잡히는 것보다 훨씬 커질 것이다.

무역은 북한 내 시장에 공급되는 중국산 소비재의 공급 경로이자 수요를 형성하는 중요한 원천이다. 즉 개인들이나 기관, 기업소가 다양한 방법으로 중국산 소비재를 북한에 들여와 시장에서 판매한다. 이를 사는 사람들 역시 무역을 통해 돈을 번 사람들이 상당수다. 무역이 북한 시장의 확대에 기여하고 있는 것이다.

북한의 시장 환율 역시 중국의 쌀값에 크게 영향을 받는다. 장마당의 수많은 물품 중에서도 가장 거래가 활발한 것이 쌀인데 그 쌀값을 움직이는 게 바로 중국 쌀값이다. 중국과의 접경지역에서 들여오는 쌀이 많기 때문에 사실상 북한 환율은 중국 쌀값에 좌우된다.

북한과 무역을 하는 기업들의 종류는 다양하다. 단둥(丹東) 등 동북3성을 중심으로 중국 여러 지역에서 북한과 거래를 하는 기업들은 한족 기업, 조선족 기업, 북한 화교 기업, 한국 기업 등으로 나눌 수 있다. 2010년 한국의 대북제재 조치 이후 한국 기업의 경영성과는 감소하는 데 비해 한족과 조선족 기업이 상대적으로 반사이익(反射利益)을 누리고

| 2015년도 북한의 10대 무역국 |

(단위: 천 달러, %)

순위	국가명	북한의 수출		북한의 수입		수출입 합계		비중	전년 순위
		금액	증감률	금액	증감률	금액	증감률		
1	중국	2,483,944	-13	3,226,464	-20	5,710,408	-17	91.34	1(-)
2	러시아	6,043	-41	78,328	-5	84,371	-9	1.35	2(-)
3	인도	22,697	-28	53,831	-4	76,528	-13	1.22	3(-)
4	태국	6,983	-63	43,042	-25	50,025	-35	0.8	4(-)
5	우크라이나	2,021	509	33,739	223	35,760	232	0.57	19(↑14)
6	대만	29,899	-26	97	-97	29,996	-32	0.48	7(↑1)
7	싱가포르	1,336	1,052	28,437	-42	29,773	-39	0.48	6(↓1)
8	필리핀	5,970	149,152	15,998	0	21,968	37	0.35	15(↑7)
9	파키스탄	20,802	16	0	-100	20,802	-39	0.33	8(↓1)
10	홍콩	14,985	41	4,987	-37	19,972	8	0.32	12(↑2)

출처: KOTRA, 〈2015년 북한 대외무역 동향〉

있는 것도 특징이다.

중국, 러시아 등과의 무역은 북한 정권을 먹여 살리는 역할을 하는 동시에 한편으로는 북한의 사회문화적인 변화를 촉진하는 역할도 한다. 무역과 외화벌이의 증가는 그만큼 중국, 러시아 등과의 인적 왕래도 늘어나고 있다는 것을 의미하기 때문이다. 중국 단둥에는 음식업을 제외하고 순수 무역을 전문으로 하는 북한 사람들의 규모가 수백 명 이상으로 추정된다. 외화벌이 역시 과거 음식점 수준에서 음악 학원, 미술 학원, 태권도 학원 등 그 범위가 확장되고 있다. 2016년 상반기 대북제재 이후 한동안 주춤했지만 시간이 지나면서 과거 수준으로 회복되는 움직임도 나타나고 있다.

북한은 경제적 도움을 받기 위해 중국과의 친인척 방문도 적극 허용하고 있다. 중국 동북지방의 200만 조선족 가운데 북한에 친척을 두고 있는 사람들의 비율이 어느 정도인지 파악할 길은 없지만 조선족자치주의 86만 조선족의 경우 90% 정도가 북한에 친척을 두고 있을 것으로 추정된다. 조선족 친척이 있는 북한 주민은 경제적으로 보증할 수 있는 친척의 초청만 있다면 합법적으로 중국에 체류할 수 있다. 북중 간 인적 교류의 상당수는 중국인들이 북한에 가는 경우이며 이 중 북한에서 중국으로 들어가는 상당수는 친인척 방문으로 추정된다. 북한과 중국 간 친인척 방문 때 거래되는 물품은 북중 무역통계에 잡히지 않지만 상당량으로 추정된다.

주목할 점은 북한과 중국 간의 무역과 유통이 늘면서 인적 왕래가 늘자 정보 개방도 빠르게 이뤄지고 있다는 것이다. 북중 국경지대에 거주하거나 근무하는 북한의 경찰과 정보기관, 국경경비대 인원들은 대부분 중국의 휴대전화를 사용하고 있는데, 중국 쪽과 통화가 쉬워지면서 북한의 국경지대에서 외부 세계의 소식을 보다 신속하고 광범위하게 받아들일 수 있게 됐다. 또한 중국 조선족 가정들이 한국 TV와 뉴스를 위성방송으로 시청하는 것은 물론 방북을 통해 한국의 발전상을 북한에 간접적으로 전달하고 있다. 중국 조선족 사회에서 유행하는 한국의 드라마나 영화, 가요를 담은 CD 또는 USB 등을 북한에 건네면서 북한 사회에 영향을 끼치고 있는 것이다.

러시아 연해주 근로자들을 통한 북한 주민들의 의식 변화도 주목할 필요가 있다. 러시아 극동지방에 파견된 북한 노동자는 대부분 대학졸업자이자 당원인 북한의 상류층이다. 이들은 대부분 연해주 지역의 건설현장에 투입돼 외화를 벌어들이거나 무역을 하는데, 1년에 한 번 귀국해 3개월간 가족과 함께 시간을 보낸다. 연해주에서 한국 상품의 인기는 이들을 통해 고스란히 북한 내부로 전달될 가능성이 높다. 무역 및 국가 간의 인적 거래가 북한의 주요 외화벌이 수단이 되면서 북한 주민들의 의식까지 변화시켜 북한 정권을 위협하고 있는 셈이다.

접대부 노래방의
등장

　　북한의 시장이 활성화되면서 소비재시장이 비교적 잘
작동하고 있다는 증거는 곳곳에서 나타나고 있다. 시장에서 쌀 판매가
늘어나면서 가격과 서비스 경쟁이 치열해졌으며 북한 쌀이 과거와 달
리 상당히 고급화됐다는 소식이 흘러나오고 있다.

　깨끗한 종이봉투나 다양한 디자인의 쇼핑백 등 과거보다 좋은 포장
용기에 상품을 넣어 팔거나 평양시 당국이 매장, 매대를 점검해 내외부
장식을 지시했다는 소식도 유통서비스의 질이 개선되고 있다는 정보
로 해석할 만하다. 샘물을 사고파는 물 시장이 생겨나고, 음식을 주문
받아 배달해주는 신종 사업도 등장했다. 과거 장마당에서는 볼 수 없었
던 쇠고기도 살 수 있게 되는 등 판매 품목도 다양해지고 있다.

　북한 당국이 '장세'를 올렸다는 소식도 주목할 만하다. 여러 현지 소

식통은 북한 당국이 2014년 4월 26일부터 장세를 일제히 올렸다고 전했다. 장사 품목에 따라 장세가 다른데, 천이나 기성복, 쌀 장사꾼이 내야 하는 장세는 하루 300원에서 500원으로 올랐고 두부나 비지, 잡화류의 장세는 150원에서 350원으로 올랐다.

실제로 장세가 인상됐다면, 그 의미는 긍정적일 수도 부정적일 수도 있다. 긍정적인 해석은 이제는 장세를 인상해도 될 만큼 시장 상인들의 수입이 제법 올랐다는 것이다. 반면 북한 당국이 무리하게 장세를 인상해 개인 상인들의 장사가 위축되고 장사로 먹고사는 많은 주민의 생활여건이 나빠질 것이라는 부정적인 해석의 여지도 없지 않다.

다양해지는 시장서비스

북한에서 결혼이나 환갑 등 큰 잔치에 음식을 주문받아 만들어주는 맛집이 등장하는 등 새로운 사업영역이 점차 확대되고 있다. 일상생활에도 시장방식이 도입되면서 북한 주민들 사이에서 음식을 직접 만들지 않고 주문해 먹는 문화가 생기고 있는 것이다.

언론보도에 따르면 평양 주민은 "요즘 웬만큼 사는 집들은 대사를 치를 때 집에서 음식을 만들지 않고 잘 만드는 집에 부탁해(주문해) 깔끔하게 치른다"고 밝혔다. 가령 돼지고기는 고기 전문집에 맡기고 떡은 떡집에 맡기는 식으로 주문해 이용했는데, 맛도 괜찮고 가격도 괜찮

아서 좋았다는 반응을 얻고 있다. 심지어 국수는 북한의 대표적인 음식점인 옥류관에서 100인분을 주문해 택시로 날라다 손님을 치르기도 했다는 보도다.

평양에 등장한 이러한 맛집들은 대부분 국영식당에서 일하다 나온 요리사들이 직접 하는 것으로 주변에 소문이 나면서 주문량이 늘고 있다. 정식으로 가게를 차리지 않더라도 입소문이 나면서 행사가 많은 봄철에는 주문이 끊이지 않는다고 한다. 과거 일본에서 생활한 주민들이 이용하던 결혼식장 문화가 최근에는 일반 시민에까지 보편화됐다는 것이다.

휴대전화를 활용해 음식을 배달해 먹는 문화도 발전하고 있다. 한국의 자장면 배달문화처럼 휴대전화로 음식을 주문해 먹는 분위기가 빠르게 확산되고 있다. 휴대전화의 빠른 보급과 함께 음식점으로 돈벌이에 나서는 주민들이 많아지면서 이러한 새로운 비즈니스가 점차 생겨나는 모습이다. 한발 더 나아가 '손전화(휴대폰) 전자 상점'으로 불리는 온라인 쇼핑몰도 나타나고 있다.

북한을 방문한 외국인들에 따르면 평양에만 택시회사 4~5곳이 광고전을 벌이며 경쟁을 하고, 한국의 편의점에 해당하는 '황금벌 상점'이 아침 6시부터 자정까지 영업을 한다. 2014년 12월 20일 평양에서 개업한 황금벌 상점은 일종의 체인점으로 운영주체는 국영기업인 '황금벌무역회사'다. 북한 내 생산현장에서 대량 수매를 통해 상품을 저가로 사들여 소비자들에게 저가로 공급하는 '저가 수매 및 판매' 방식으로 운영하는데 계속해서 체인을 늘려나갈 계획이란다. 일부 외국 상품을 수입할 때는 관세에서 특혜를 받아 저가로 공급하기도 한다. 이 상점은 앞으로 배달서비스와 식료품 중심의 판매뿐 아니라 세탁과 비행기 및 열차 탑승권 예매서비스도 계획 중이다. 황금벌무역회사의 랑승진 사장은 2015년 1월 19일 자〈조선신보〉와의 인터뷰에서 "가까운 앞날에 평양에 100여 개의 상점을 꾸리고, 나아가 지방 도시에서도 새 형태의 인민 봉사망을 확대해 나갈 구상"이라고 밝혔다.

일부에서는 초보 수준의 자본주의적인 마케팅 기법도 등장했다. 평양을 방문했던 외국인들에 따르면 평양의 카페들은 음료 10잔을 마시면 1잔을 공짜로 주는 쿠폰을 나눠주기도 한다.

접대여성이 나오는 노래방의 등장

북한에서 개인영업은 식당 외에도 오락실을 겸한 컴퓨터 상점, 비디오 관람방, 목욕탕, 안마소, 당구장, 노래방 등으로 확대되고 있다.

2014년 한국의 갈렙선교회는 북한에서 촬영한 동영상을 공개했다. 이 영상에는 맥주가 즐비한 테이블이 놓인 한 노래방에서 북한 접대원과 손님이 손을 맞잡고 함께 춤을 추는 장면이 나온다. 이곳 노래방의 맥주 한 병 값은 일반 북한 주민의 일주일 치 식량값과 맞먹는 것으로 알려졌다. 갈렙선교회의 김성은 목사의 말에 따르면 이 노래방은 한국 노래방 못지않게 시설을 잘 갖춰 놨다. 하루에 쓰는 돈도 일반인들이 거의 1년 치 식량을 살 정도의 금액이다. 북한에서 시장경제가 성장하면서 빈부 격차가 점차 커지고 있다는 것을 알 수 있다.

　사회주의 국가인 북한에서 성매매도 심각한 사회문제로 떠오르고 있다. 북한은 2014년부터 나진 · 선봉(나선) 경제특구 지역에서 외국인들과 성매매를 하는 여성들을 대대적으로 단속하고 있는 것으로 알려졌다. 나선특구는 북한에서 유일하게 카지노 도박장이 있고, 돈을 자랑하는 중국인들이 원정 도박, 원정 성매매를 위해 들르는 곳으로 유명하다. 인근 청진시에 있는 예술단원들과 철도예술선전대의 젊은 여성들이 돈을 벌기 위해 성매매에 뛰어들었기 때문이다. 북한의 젊은 여성들 사이에서 성매매도 하나의 생계수단처럼 인식되는 경향이 확산되고 있다는 분석도 나온다.

　성매매 문제를 해결하기 위해 나선시 보안서와 사법 · 검찰 조직으로 구성된 마약 및 성매매 단속반은 중국인이 묵는 호텔과 안마소 등을 집중 단속하고 성매매를 알선하는 조직들을 추적했다. 이러한 조치로 한때 호객행위를 하던 성매매 여성들이 자취를 감추고 원정 성매매를 위해 몰려오던 중국인들의 발걸음이 한동안 뜸해지기도 했다.

택시산업도 본격 등장

시장의 성장 수준을 보려면 물류의 흐름과 통신수단을 보면 된다. 북한 역시 교통과 통신 상황을 살펴보면 얼마나 빨리 시장이 성장하고 있는 지를 엿볼 수 있다.

북한에서 개인용 교통수단으로는 대개 자전거가 이용됐으며 그 보급률은 1990년대 중반 이후 크게 상승했다. 대부분의 북한 사람은 어느 정도 돈을 벌면 자전거를 구입했다. 자전거가 부의 상징이었기 때문이다. 특히 일본에서 수입된 중고자전거가 인기가 많았다. 하지만 2006년 일본이 북한의 화물여객선 만경봉 92호의 입국을 거부하고 수출입을 통제하면서 일본산 중고자전거의 수입도 끊기게 됐다.

자전거 이용은 소득수준이 낮은 개발도상국에서 흔히 나타나는 현상으로 소득수준이 오르면 자전거에서 오토바이로, 오토바이에서 승용차로 점차 개인용 교통수단의 중심이 바뀐다. 또 버스, 전철 같은 대중교통이 발전하면서 자전거 이용은 줄게 된다. 이런 일반적 추세에 비춰볼 때 북한에서 최근 오토바이와 버스 등 다양한 교통수단이 늘어나고 있는 것은 자연스러운 현상이다. 오토바이가 시장 유통수단으로 이용되면서 사용이 더욱 활발해지고 있는 측면도 있다.

특히 교통수단이 물류산업으로 성장해가는 과정은 주목할 만하다. 북한에서 최근 늘고 있는 '벌이 버스'는 개인들이 운영하는 장거리 시외버스를 가리킨다. 북한에서 장거리 시외버스는 10여 년 전부터 다니기 시작한 것으로 알려져 있다. 최근 중국으로부터의 버스 수입 추세를 볼 때 근 몇 년 사이에 시외버스 수가 크게 증가한 것으로 보인다. 국영 철도의 운영이 부실해진 후로 사경제활동에 필요한 사람과 화물의 운송에 흔히 '서비차'(또는 '써비차')로 불리는 기업 또는 기관 소속의 트럭이 동원되는 경우가 많아졌는데, 여기에 버스까지 가세한 셈이다. 벌이 버스는 국가기관 명의로 등록하되 실제로는 개인이 운영하는 경우가 많다. 서비차도 그런 경우가 상당수로 알려져 있다. 북한에서는 운전기사와 회사 간부들이 회사 차량을 비공식 택시로 활용해 추가 수입을 올리는 경우도 많다. 정부 고위 간부들이 중고차 또는 신차를 구입해 정부기관 명의로 등록한 뒤 비공식 택시로 활용하는 것이다. 이를 통해 확보한 현금 중 일부는 직원들에게 가고 나머지는 본인들의 주머니로 들어간다.

벌이 버스는 사람과 화물의 단순 운송만이 아니라 소포 운송업까지 담당하고 있다. 운송수단의 확대는 북한 내의 물류 흐름에 적지 않게 기여하고 있다. 공식 혹은 비공식 운송수단 덕분에 큰 규모의 수화물이 도매상 또는 수입업자로부터 소매상에게 전달되는 것이다.

공식적인 택시영업이 늘어나고 있는 것도 주목할 만하다. 평양과 나진·선봉에서는 오래전부터 택시가 있었지만 지난 몇 년 사이에 그 수가 꽤 늘어났다. 평양에는 과거 낡은 모델의 택시가 지금은 거의 사라졌고 두 가지 색으로 외장을 통일한 새로운 차량이 시내 곳곳을 다니고 있다. 택시마다 요금기도 있어 처음 4km까지 기본요금은 2달러다. 지불은 달러나 중국 위안화로만 가능하다. 고위층만 이용하는 것이 아니라 서민들도 합승 등의 형태로 타고 다니며 통학에 이용하는 대학생도 있다고 한다.

일본 지지(時事) 통신 보도에 따르면 평양에서는 최근 택시가 급증해 당국이 운행을 규제하는 현상도 나타났다. 일본의 동아시아학자인 아라마키 마사유키(荒卷正行)는 인터뷰에서 "택시산업에 새로운 외국자본이 참여해 갑자기 대수가 늘어났다"고 전했다. 평양에서는 2011년 김정일 사망 직후부터 중국제 택시가 등장했다. KKG라는 로고를 쓰는, 홍콩 측과 합병한 택시회사도 영업을 하고 있다. 택시는 대개 국가기관인 운수사업소에 등록하지만 실제로는 개인이 투자해 운영하고 있다.

택시가 늘어나자 북한 당국이 새로운 규제도 도입했다고 아라마키는 전했다. 번호판의 마지막 숫자로 홀짝수 차량을 나눠 각각 홀수일과 짝수일만 운행하도록 해 하루 운행 대수를 500대로 제한했다는 것이다.

2014년에는 평성과 순천, 해주 같은 지방 도시에도 택시가 등장했다는 소식이 전해졌다. 지방 도시의 택시는 이제 막 등장했고 숫자도 많지 않지만 개인 운수업의 범위와 활동지역이 확대되고 있음을 보여주는 현상이다.

개발업자부터 투기꾼까지
등장한 주택시장

북한 시장경제의 성장은 주택시장에서도 드러난다. 본래 북한에서 주택은 개인소유가 아니다. 북한 주민들은 주택공급제도에 따라 국가로부터 주택을 배정받아 사용료를 내고 사용하는 공공주택에서 거주한다. 사회단체와 협동단체, 개인은 주택 이용권을 부여받아 용도에 따라 사용할 수는 있지만 매매와 임대, 저당 등의 처분권은 없다. 북한의 민법 제50조는 '국가는 살림집을 지어 그 이용권을 노동자, 농민, 사무원에게 넘겨주며 그것을 법적으로 보호한다'고 명시해 주택공급은 중앙에서 일정한 기준에 따라 일괄적으로 이뤄진다고 밝히고 있다. 다만 나진·선봉 등 경제특구에서는 예외적으로 매매와 임대 및 저당이 가능하다. 경제특구에서는 외자 유치를 위해 개방화된 토지이용권제도도 시행하고 있다.

북한 주민들은 기본적으로 계층과 직위에 따라 독립가옥이나 아파트 등을 국가로부터 배정받아 매달 사용료를 내는 임대 형식으로 거주하고 있다. 북한의 주택은 대부분 '고층 살림집'이라 불리는 아파트와 2, 3세대용 연립식 주택으로 이뤄져 있다. 입주자의 사회적 신분이나 계층에 따라 차등 배정되는데, 주택의 형태는 직장과 직위를 기준으로 1~4호, 특호 등 5개 유형으로 구분한다. 주민들은 주택을 배정받은 이후 주택 이용료와 함께 전기세와 수도세 사용료를 국가에 내고 있다. 북한은 '세금 없는 나라'라고 주장하고 있기 때문에 세금 대신 사용료라는 이름을 쓴다.

북한의 주택 사정은 1990년대 이후 경제난으로 인해 현재까지도 상당히 열악한 상태다. 주택 보급률은 당정군(黨·政·軍) 간부들에게는 거의 100% 보급되는 것으로 알려졌지만 일반 주민은 50% 수준에 불과한 실정이다. 이로 인해, 특히 경제난 이후 시장화가 진전되면서 음성적으로 주택시장이 생겨나고 개인 사업자들이 주택을 건설해 파는 경우도 흔해지고 있다. 일반 주민들이 주택을 신청하고 입사증을 받기까지는 수개월 정도를 기다려야 해서 최근에는 뇌물로 결탁한 불법 입사증이 발급되기도 한다. 주택을 신청하고 입사증이 나올 때까지 아파트 한 채에 2세대가 함께 사는 '동거살이'를 하는 경우도 많다.

북한에서 주민들이 돈을 주고 살림집 이용 허가서의 명의를 바꾸거나 동거인으로 등록한 다음 세대주를 변경하는 등 편법으로 집을 구하는 것은 일반적이라는 게 탈북자들의 공통된 이야기다.

최근 북한에서는 주택 이용권이 개인 간에 불법으로 거래되는 것을 넘어 돈주와 정부가 결탁하면서 사실상 공식적으로 매매가 이뤄지는 것도 당연시되는 분위기다.

2008년 북한 당국은 '평양 살림집 10만 호 건설'을 발표하고 2012년까지 완수하겠다며 의욕적으로 밀어붙였다. 건설 원가를 1호당 1만 달러로만 계산해도 한국 돈으로 1조 원이 넘는 규모다. 하지만 이런 엄청난 공사를 진행할 자본과 자재가 없던 북한 당국은 이를 평양의 주요 권력기관에 배분해 버렸다. 북한에서 흔히 '와크'[20]라고 불리는 강제 할당이다. 예산이나 노동력은 각 기관이 알아서 조달해야 하지만 채우지 못하면 기관장은 숙청이나 좌천을 면할 수 없다. 곤혹스러운 간부들은 장마당과 밀무역을 통해 달러를 모으기 시작한 돈주들로부터 자금을 끌어들일 수밖에 없다.

여기서 사업을 담당하는 중간 브로커들도 등장한다. '살림집 데코'라고 불리는 아파트 분양을 담당하는 브로커들은 각 기관이 일단 2, 3층

---

20) 와크는 북한에서 외화벌이 기관들이 무역을 할 수 있는 허가증이라는 의미 외에도 해외 기업과 협약을 맺고 독자적으로 정상적인 교역을 할 수 있는 단위나 기업 등을 가리키기도 한다.

까지 건물을 올리면 수요자를 모집한다. 완공 뒤 해당 기관의 직원 명의로 나올 입사증을 이전해주기로 약속하고 돈을 끌어다 쓰는 구조다.

이렇게 시장에 처음 나온 입사증은 건물이 완공될 때까지 반복적으로 거래되며 한국식의 웃돈인 '프리미엄'이 붙는다. 거래 수단은 미국 달러로 현찰뿐이다. 북한 원화는 물론 중국 위안화도 잘 쓰이지 않는다. 북한 내부에 숨어 있는 달러가 그만큼 많다는 의미이기도 하다.

2014년 초에는 평양을 비롯한 여러 지역에서 2013년 가을부터 집값(외화 기준)이 크게 떨어졌다는 소식이 전해졌다. 그러나 봄이 되자 집값이 다시 오르고 있다는 소식이 나왔다. 평안남도에서는 쌀값이 안정되니 집을 사겠다는 주민들이 많아지고, 양강도에서는 혜산의 아파트 가격이 올랐다는 언론보도도 전해졌다. 전체 주택 수에 비해 매매 주택 수가 적고 주택 매매 자체가 음성적이다 보니 단기적 가격 변동도 심한 것으로 보인다.

평안남도 개천시에도 1만 달러가 넘는 아파트가 있고, 지난 10년 새 주택 가격이 5배나 뛰었다는 게 탈북자들의 전언이다. 평양이나 신의주에서는 예전부터 미국 달러로 집이 매매됐으며 평성과 순천 등 도매 상권이 발달한 지방에서도 달러로 집이 거래되기 시작했다. 북한의 부동산 가격은 여전히 상승 단계에 있는 것으로 보인다. 평양에서 신규로 분양하는 아파트의 평균 가격은 10만 달러 이상으로 한국의 1990년대 초반 가격대로 볼 수 있다.

개인이 나서서 아파트를 지으면서 각 기관의 명의를 빌리기만 하는 경우도 심심찮게 나오고 있다. 건설을 통해 자본을 축적하고 있는 계층이 많아지고 있는 것이다. 2008년 이후 평양에 지어진 살림집 10만 호 가운데 40%가 10만 달러의 가격으로 민간에 팔렸다면 단순히 환산해도 한국 돈으로 4조 원에 이르는 규모다. 10만 달러 정도의 돈을 낼 수 있는 평양 시민의 수가 4만 명이라는 의미로 그만큼 달러를 소유한 자본가 중산층 계급이 형성됐다고 볼 수 있다.

개인 주택 여러 채를 가지고 월세 임대업을 하는 신흥부자들이 생겨나고 있는 점도 주목할 만하다. 매년 한국에 갓 정착한 탈북자들을 면담 조사하는 세계북한연구센터의 안찬일 소장은 평양이나 평성 등지에서 한 채당 3만 달러 내지 5만 달러 하는 25~30평대의 집을 열 채정도 가진 사람도 있다는 증언도 나온다고 분석했다. 이는 북한의 비공식적 사유화 현상이 건설을 넘어 임대 분야로까지 확대돼 더욱 자본주의적인 방향으로 확산되고 있다는 것을 보여준다.

장사거리를 빼앗긴 장마당 장사꾼들도 도시의 살림집 월세 사업에 뛰어들고 있다. 살림집 한 채로 한 달에 보통 인민폐 2천 위안(한국 돈 약 34만 원) 이상의 월세를 받을 수 있다. 월세로 집을 빌리는 사람들의 상당수는 숙박업자로, 이들은 월세로 빌린 집에 여인숙을 차리고 성매매와 같은 불법 행위로 돈을 벌고 있는 것으로 알려졌다.[21]

북한에서는 집 거래 자체가 불법이지만 수익성이 높다 보니 부동산 중개인인 '주택 거간'까지 등장했다. 평양의 경우에는 주택 거간 3~10명이 조를 짜서 집 거래를 중개하고 있다. 이들은 법 기관에 있던 퇴직자들 또는 법 기관에 친척이나 연줄이 있어 배후를 봐줄 수 있는 사람들로 거래액의 10%를 수수료로 받는다.[22]

최근에는 음성적으로 행해지던 주택 거래를 북한 당국이 공식적으로 인정하기 시작했다는 소식도 나왔다. 평양에 국가가 운영하는 주택 거래소가 문을 열었고 이곳을 통해 일정액의 수수료를 내면 공식적으로 주택을 거래할 수 있게 됐다. 당초 조선노동당 중앙위원회는 직접 나서서 '입사증 비법(非法) 거래 금지'를 선언하는 등 다양한 노력을 기울여왔지만 사실상 수포로 돌아갔다. 2014년부터는 건설을 맡은 기관이 직접 비공식 구매자를 모집하는 등 사실상 양성화의 단계에 접어든 것으로 알려졌다. 과거 평양의 아파트가 권력의 하사품으로 권력과 지위의 상징이었다면 이제는 돈이 지배하고 있는 모습이다. 북한이 건설과 부동산 시장의 사유화를 전면적으로 인정했다고 보기는 어렵지만 주택의 시장화·사유화 현상을 대체로 묵인하고 있는 것은 분명해 보인다.

---

21) 북한의 월세업자 관련 정보는 미국의 자유아시아방송이 2014년 10월 28일 보도한 "북한의 알짜 부자는 월세업자들" 참조.
22) 경상대학교 정은이 연구교수가 북한연구회 주최 제1회 세계북한학술대회에서 발표한 논문 〈북한에서 부동산투자현황에 관한 분석〉 참조.

북한에서도 한국처럼 부동산 개발업자들이 주도하는 재건축·재개발 투기 바람이 불고 있는 것으로 보인다. 《KDI 북한경제리뷰》 2016년 9월호에 실린 〈북한 부동산 개발업자의 등장과 함의에 관한 분석〉에서 정은이 경상대학교 사회과학연구원 연구교수는 북한에서 이미 자본주의적 부동산 개발업의 씨앗이 제대로 뿌리를 내렸다고 추정했다. 돈을 가진 개인들이 부동산 개발사업에서 주도권을 쥐자 주택시장에서도 입지 경쟁이 치열해졌다. 정 교수와 인터뷰한 한 중국인 대북투자자는 "북한은 구조와 입지만 좋으면 기초 공사 뒤 1층만 닦아 놓아도 선금 들고 집을 계약하겠다는 주민이 몰려든다"고 말했다.

철거와 재건축을 둘러싼 투기세력과 전문 브로커의 움직임도 일부 확인됐다. 예컨대 평양시 대성구역 금수산 기념궁전과 김일성종합대학 근처 노후 아파트는 애초 5천 달러 수준에서 거래되곤 했는데, 이곳에 30층짜리 현대식 아파트를 건설하라는 방침이 공개된 뒤 값이 두 배로 뛰었다고 한다. 이 과정에서 입지가 좋은 곳을 중심으로 허름한 집을 구매한 뒤 개발업자에게 소개비를 받고 팔아넘겨 전매 차익을 챙기는 '전문 브로커'가 등장했다는 것이다.

북한의 부동산시장에서 사적자본을 가진 투자자들이 나타나고, 그 가운데서 거래하는 이들이 생기고, 또 소유 이전이 점차 자유로워진다는 것은 시장경제의 성장 과정에서 상당히 중요한 의미를 담고 있다. 과거 한국의 경제성장 과정처럼 건설을 통해 부를 축적하는 본격적인 자본가들이 나타날 수 있는 데다 북한 당국과 결탁한 돈주들은 사실상 과거 한국에서 정경유착을 통해 성장한 재벌의 초기 모습과도 유사하다.

이미 북한의 주요 도시들 사이에서는 빈부 격차가 커지면서 거주지에 따른 이른바 '구별 짓기'도 더욱 뚜렷해지는 것으로 보인다. 기존의 '정치자본'을 소유한 사람들이 밀집한 지역에 경제자본을 가진 사람들이 틈입해 이들 공간 내부에서도 서로 구별 짓기가 작동한 것으로 보인다. 정치자본(또는 상징자본, 문화자본)을 가진 사람들은 근본 없는 장사치와 함께 산다고 불평을 하기 시작했다. 장사로 성공한 돈주들에 대한 구별 짓기가 작동하고 있는 것이다. 실제로 이들 장사치는 정치자본을 소유한 사람들의 힘을 등에 업거나 그들과의 협력을 통해 성장해온 사람들이기도 하다. 이들 중 일부는 더 큰 정치자본과 연줄을 맺고 크게 움직일 수 있는 세력으로 성장하고 있다. 그럼에도 불구하고 이들의 성장은 아직까지는 정치자본에 쉽게 무너질 수 있는 상황으로 보인다. 하지만 장기적으로 이러한 시장세력이 정치자본을 완전히 장악하게 되면 경제적인 인센티브에 따라 북한의 정치체제나 정책이 영향을 받기 시작하는 시점이 올 것이다. 바로 경제구조가 북한의 정치구조를 변화시키는 순간이다.

북한 사회 뒤흔드는
IT기술

　　　　　북한은 오래전부터 정보기술에 많은 관심을 기울여왔
다. 대부분의 경제기반이 무너진 상태에서 인적자본을 토대로 만들 수
있는 IT소프트웨어가 현실 가능한 대안이었기 때문이다. 소프트웨어는
원료나 연료 등 물질의 투입이 필요 없고 프로그램을 작성할 사람(인력)
과 성능 낮은 컴퓨터 몇 대만 있으면 개발이 가능하다는 측면에 착안
한 것이다.

　2000년대 들어 김정일은 2000년 5월 베이징 중관춘(中關村)과, 2001
년 1월 상하이 푸둥지구 등 중국의 IT연구단지를 방문한 이후 '21세기=
정보산업시대', '첨단과학기술=컴퓨터산업'으로 등식화하면서 북한 경
제 각 부문의 정보화 없이는 강성대국 건설은 불가능하다고 역설했다.
IT산업 육성을 경제 회복을 위한 '단번도약'[23]의 중심 고리로도 강조

하고 있다.[23]

북한은 2000년 10월 노동당 창건 55주년을 계기로 전국을 광섬유 케이블로 연결하는 인트라넷 구축을 완료해 2001년 말부터 시범 서비스를 시작했다. 2002년 11월부터는 지역별로 운영해오던 컴퓨터 네트워크를 전국 연결망으로 구축하고 본격적인 서비스를 시작했다. '광명'이라는 이름의 북한의 인트라넷은 자체의 웹브라우저, 이메일 프로그램, 뉴스그룹, 검색엔진 등을 포함하고 있으며 내각의 각 위원회와 성, 중앙기관, 김일성종합대학을 비롯한 각 대학, 평양정부센터 등 연구기관, 과학원 발명국, 인민대학습당, 주요 공장, 기업소 등 1,300여 개 기관 및 기업소 등이 연결돼 있다.

북한은 2000년대 이후 하드웨어 부분에 대해서도 관심을 갖기 시작했다. 독자 브랜드 PC는 아직 생산하지 못하고 있지만 중국 기업이나 일본의 재일본조선인총연합회(조총련) 등과 합작해 펜티엄급의 컴퓨터를 비롯해 여러 종류의 데스크톱PC를 자체 생산하고 있다.

북한은 2012년부터 새로운 태블릿PC(북한에서는 '판형컴퓨터'라고 부름)도 매년 출시해왔다. 김정일 체제 이후 줄기차게 '인민경제의 정보화'

---

23) 단번도약이란 북한 사회주의 경제체제를 그대로 유지하면서 과학기술 육성과 정보기술산업의 발전을 통해 경제난을 빠른 속도로, 질적으로 새롭게 극복해 보이겠다는 북한 당국의 표현이다. 이 때문에 북한은 과학기술과 IT에 상대적으로 많은 투자를 하고 있지만 외부 개방 및 교류 없이 자체적인 노력만으로 기술 수준을 끌어올리는 것은 한계가 있다.

를 강조하고, 2010년 신년 공동사설에서 나온 '지식경제시대'에 발맞춘 것으로 보인다. 북한이 본격적으로 태블릿PC 개발을 시작한 때는 2010년이라고 알려져 있다. 이후 2012년에 아침-판다합작회사에서 북한 최초의 태블릿PC '아침'을 출시했다. 같은 해에 또 다른 태블릿 PC인 '아리랑', '삼지연'이 출시됐으며 이어 2013년에 '룡흥', 2014년에 '울림'과 '노을', 2015년에 '묘향'을 출시해왔다. 김정은 위원장이 평소 애플(Apple)의 아이패드를 적극 사용하는 등 IT기기에 관심이 많은 점도 북한의 태블릿PC 생산에 영향을 끼친 것으로 보인다.

북한의 태블릿PC는 기본적으로 내국인용이다. 하지만 외국인용으로도 수록 콘텐츠를 달리해 판매하고 있다. 북한이 출시한 몇몇 태블릿 PC를 보면 대부분 통신 기능, 즉 인터넷과 연결하는 기능이 없다. 다만 울림 모델은 와이파이 기능을 탑재하고 있어서 인터넷망을 사용할 수 있는 것으로 알려졌다. 묘향, 룡흥 등은 전자서적과 각종 게임, 교육용 애플리케이션 등이 설치돼 있다. 교육용 애플리케이션으로는 사전류와 교재가 대부분이다. 운영체제(OS)는 북한이 자체 개발한 '붉은별'이 있지만 적용하지 않고 안드로이드 운영체제를 쓰고 있다. 한편으론 안드로이드 운영체제를 그대로 사용하지 않고 그것을 개조해서 '주체적인 스마트기기 운영체제'를 자체 개발하려는 시도도 있었다.

하드웨어 측면에서 북한은 중앙처리장치(CPU)와 메인보드, 메모리 등 주요 부품을 수입해 조립하는 수준이거나 중국 완제품을 수입해 단순히 언어를 바꿔 출시한 것으로 보인다. 태블릿PC인 룡흥에는 한국의 반도체업체인 SK하이닉스의 메모리가 사용된 것이 확인되기도 했다.[24]

이동통신서비스로 사회 변화 초래

북한의 이동통신서비스는 2002년 11월 태국의 록슬리 퍼시픽(Loxley Pacific)이 평양과 나선 경제특구에서 상용 서비스를 처음 개시했을 때 군과 노동당의 고위 간부들에게만 일부 허용됐다. 그러나 2004년 4월 평안북도 용천 기차역에서 대규모 폭발사건이 발생한 직후 전국에 휴대전화 사용을 금지하고 단말기를 회수하며 서비스를 중단했다. 당시 김정일을 태운 기차를 겨냥해 누군가 원격조정 무선기기를 기폭장치로 사용했다는 주장이 제기된 탓이다.

4년간 휴대전화 사용을 금지했던 북한은 2008년 12월 이동통신서비스를 재개했다. 당시 이집트의 통신회사 오라스콤(Orascom)이 75%, 북한 체신성 산하의 조선체신회사가 25%의 지분을 투자해 국영 합작회

---

24) NK지식인연대는 2015년 11월 북한의 태블릿PC인 '룡흥'을 입수해 뒷면을 분해했더니 SK 하이닉스의 메모리 2개가 장착돼 있었다고 밝혔다. 북한은 2013년 5월 평양에서 열린 국제 상품전람회에서 룡흥을 처음 공개했다. 이 제품에는 구글의 안드로이드 운영체제를 기반으로 김일성·김정일 저작을 모아놓은 주체사상 교육 애플리케이션이 기본으로 탑재됐다. 이 밖에 기본 탑재된 30여 개의 애플리케이션은 대부분 교육용과 게임용이고 카메라, 사진첩, 계산기, 음악 등 모바일 기기의 기본기능도 포함됐다.

사인 체오(CHEO)를 세우고 '고려링크(Koryolink)'라는 이름으로 통신서비스를 시작했다.[25] 북한은 오라스콤의 독점사업권이 2012년에 끝나는 것을 계기로 2011년에는 제2의 이동통신회사인 '강성네트'를, 2015년에는 제3의 이동통신회사인 '별'을 선정하기도 했다.

오라스콤의 발표에 따르면 북한의 이동전화 가입자 수는 2010년부터 급격히 늘기 시작해 2014년 2분기에 240만 명을 돌파했다. 북한의 이동전화 가입자 수가 2013년에는 크게 늘지 않아 시장이 포화 상태에 가까워진 게 아니냐는 해석도 나왔다. 하지만 2014년에 휴대전화 수입 대수가 다시 크게 늘면서 가입자 수는 계속 증가해 2016년경에는 300만 명을 훌쩍 넘은 것으로 보인다. 물론 북한에 휴대전화 사용자 규모가 300만 명이라는 뜻은 아니다. 한 달에 400~700달러의 비용을 내야 하는 휴대전화를 북한의 일반 주민들이 쓰는 것은 아직 무리다. 당 간부들이나 사업을 하는 상인들이 여러 대의 휴대전화를 보유하면서 전체 사용자 수가 급증한 것으로 보인다.

이동통신 네트워크가 평양 등 대도시만이 아니라 전국 대부분의 도시 및 일부 농촌 지역에까지 설치됐다는 점에도 주목할 필요가 있다.

---

25) 북한의 이동통신 현황에 관한 정보는 북한연구소의 학맥강좌 "최근 북한의 IT실상과 김정은 체제 전망"과 〈북한 이동통신시장 동향〉(정보통신정책연구원)을 참조.

오라스콤의 발표에 따르면 이미 2011년 3분기에 고려링크 이동통신서비스가 북한 영토의 14%를 장악했다. 해당 지역에는 북한 전체 인구의 94%가 살고 있다고 한다. 휴대전화의 전국적 보급은 북한 시장경제의 성장이 일부 지역에 국한된 현상이 아니라 전국적인 현상이라는 것을 보여주는 근거다. 특히 이동통신은 시장에서 형성된 여론이 전국 단위로 퍼져나가게 하는 역할을 할 수 있다.

이동전화의 보급은 시장경제가 빠르게 확산되는 데 중요한 영향을 끼치고 있다. 이동전화는 시장 상인들을 비롯한 개인 사업가들에게 매우 편리한 통신수단으로 그 보급이 확산되면서 시장경제의 생산성 향상으로 이어지고 있기 때문이다.

우선 북한의 공식 휴대전화망은 북한 내 상인들의 이동성을 높여줬다. 장마당의 도소매 상인들은 시장 정보를 빠르게 수집해서 시장의 변화에 즉각 대응할 수 있게 됐다. 구매자와 판매자는 물건이 시장에 나가기도 전에 휴대전화로 흥정을 끝내는 일도 많아졌다.

소비자들 역시 휴대전화의 혜택을 보고 있다. 상인들이 휴대전화로 각 지역의 가격 차이에 즉각 대응할 수 있게 되면서 가격 안정화로 이어졌기 때문이다. 소위 '장거리 장사꾼'들은 1990년대에는 30% 이상의 이윤을 남겼지만 최근에는 휴대전화를 통한 신속한 정보 유통으로 큰 이윤을 남기기 어려워졌다. 중국 공산품을 판매하는 장사꾼들은 평양 종합시장의 가격이 중국 현지 가격과 거의 비슷하다며 불만을 표출하고 있다.

휴대전화는 북한의 사적 송금체계에서도 이미 중요한 역할을 하고 있다. 가장 흔한 송금 경로는 주로 한국에 정착한 탈북민들이 북한 가족들에게 보내는 경우이다. 한국에서 북한의 탈북자 가족들에게 전해지는 연간 송금액은 최소 1천만 달러 이상인 것으로 추정된다.[26] 이 같은 비공식 송금 경로는 주로 중국 휴대전화와 한국 및 중국의 은행 계좌에 의존하는 브로커들을 통해 작동되고 있다. 탈북민들이 조선족 브로커들의 은행 계좌에 돈을 송금하면 북중 국경지역의 브로커들은 돈과 함께 누구에게 어떻게 보내야 할지에 대한 지침을 전달받는다. 한국에서 돈을 보낸 자(탈북자)와 미리 통화한 북한 내 수취인은 중국 휴대전화망을 통해 돈이 오고 있다는 것을 미리 알고 있다. 돈을 전달받으면 북한 브로커는 중국 휴대전화로 남한의 송금자에게 전화를 걸어 돈을 받았다는 사실을 확인해준다.[27] 브로커들은 통상 30~40%까지 수

---

26) 한국 돈으로 100억 원 이상의 돈이 북한 주민에게 직접 전해지는 것은 북한 사회에 적지 않은 변화를 초래할 수 있다. 전해진 돈은 북한에서 주민들이 장사를 시작하는 등 사적 경제활동을 하는 근간이 되는 경우가 많기 때문이다.

27) 중국 휴대전화 상점들의 설명에 따르면 북중 국경에 위치한 도시에서는 북한 내부 네트워크가 통하는 휴대전화를 북한에서 구하는 금액의 반값만 주면 구할 수 있다고 한다. 이런 중국 휴대전화를 구입한 북한 사람들은 지방 관료에게 뇌물을 주고 중국산 휴대전화를 고려링크 네트워크에 연결한다.

수료를 받지만 그만큼 송금이 빠르고 효율적이다. 보통 수취인이 돈을 받는데 걸리는 시간은 30분 안팎으로 알려져 있다.

평양을 비롯한 대도시 지역을 중심으로 이미 스마트폰과 태블릿PC, 노트북 등의 모바일 기기가 일부 주민에게 보급되면서 북한의 인터넷 사용은 확산되는 추세다. 북한은 자체 개발한 운영체제 '붉은별'을 사용하는 것은 물론 태블릿PC를 자체 생산하는 등 IT환경을 구축하는 데 투자를 확대하고 있다. 또한 북한은 IT 관련 인재를 양성하기 위해 과학기술 분야에서 사이버교육을 실시하고 있으며 당국과 언론을 비롯해 기업소들에서는 홍보를 목적으로 자체 홈페이지도 운영하고 있다. 2015년 4월에는 북한 최초의 온라인 쇼핑몰 '옥류'가 개설돼 화제가 되기도 했다.

북한에서 이동통신망이 전국으로 확대되면서 정보 유통의 속도도 급속도로 빨라지고 있다. 관영 언론매체가 보도하지 않는 소식과 소문들이 더 신속하고 광범위하게 퍼질 수 있게 된 것이다. 과거 폐쇄된 북한 사회에서는 상상하기 힘든 일이다.

하지만 북한은 주민들이 이런 IT환경을 사용하는 것을 제한적으로만 허용하고 있다. 개인적인 목적으로 IT기기를 사용하기 위해선 당국에 사전 등록을 해야 한다. 북한은 해외로 직접 연결되는 인터넷 대신 독자적으로 인트라넷(광명망)을 구축해 놓고 있어 외부로부터의 정보 유입을 차단하고 있다. 즉 인터넷을 통한 외부의 정보 접근은 제한적일 수밖에 없다. 광명망 내부는 대부분 북한이 만든 콘텐츠로 채워져 있다. 온라인 쇼핑몰 옥류 외에도 북한 전역의 주민들이 배울 수 있도록 평양에서 찍은 인터넷 강의, 모바일 게임 등이 대표적이다.

북한 당국은 '1080상무' 또는 '109상무' 등 휴대전화 사용을 감시하는 조직을 신설해 일반 주민의 휴대전화 사용 내역을 검열하고 회수하는 등 통제를 강화하고 있다. 북한 거리의 경찰들 역시 휴대전화를 사용하는 주민들을 보면 사용을 멈추게 하고 민감한 자료를 보고 있진 않은지 검사하는 경우도 흔하다. 경찰들은 휴대전화를 압수할 수 있으며 현장에서 처벌 수위를 정할 수도 있다.

북한 당국의 검열에도 불구하고 젊은 층을 중심으로 IT기기 사용에 대한 관심은 점차 커지고 있다. 젊은 층들은 USB 또는 SD카드를 불법 구매해 한국 드라마, 영화 등을 시청하고 있으며 평양 외곽지역에서는 휴대전화 등 IT기기를 불법으로 대여하는 사례가 생길 정도다. 북한 주민의 외부 문물에 대한 관심이 높아지고 있고 실제 접근도 증가하는 것으로 보인다. IT기기를 대행해주는 전문업체가 생겨날 정도로 주민들의 관심과 수요는 날로 늘어나고 있다.

3장

북한 신계급의
출현

장마당세대와
8·3 노동자

　　북한에서 시장의 성장은 기존 기성세대와 다른 새로운 계층을 탄생시켰다. 1980년대에 태어난 이른바 '장마당세대'는 10대에 접어들자 대기근의 영향으로 국가의 도움 없이 스스로의 힘으로 살아나가야 한다는 사실을 몸소 체득했다. 고난의 행군 시기 최소 수십만 명에서 최대 수백만 명의 사람들이 죽어가는 상황에서 살아남기 위해 사상과 이념 대신 북한 당국에 의존하지 않는 자립심과 시장경제를 배워나간 것이다.

　　특히 이들은 과거 세대와 달리 1994년 김일성의 죽음으로 시작된 대기근을 거쳐, 시장을 마지못해 인정한 김정일, 그리고 2011년 지도자로 나선 김정은까지 총 3명의 지도자를 거치면서 "일단 돈부터 벌어 생존하자"라는 사고방식을 자연스럽게 체화했다. 과거 김일성 세대처럼 결코 '수령'이 자신들의 생존을 보장할 수 없다는 것을 깨달은 것이다. 즉 북한이 기존의 '수령경제'에서 '시장경제'로 나아가는 데 있어 주요한 역할을 담당하는 계층이 탄생한 것이다. 이들 장마당세대는 그들의 부모세대와 달리 한국의 드라마와 제품을 선호하며 북한 사회의 변화를 적극적으로 이끌고 있다.

계획경제 실패로 탄생한 '8·3 노동자' 계층

장마당세대가 세대에 근거한 새로운 계층이라면 '8·3 노동자' 계층은 북한의 계획경제 붕괴에 따라 자연적으로 발생한 시장친화적인 세력이다. 북한에서는 국영기업, 국가기관 소속 근로자들이 출근하지 않고 장사를 하러 다니는 것은 원칙적으로 불법이다. 하지만 오래전부터 '8·3 노동'이라는 이름으로 어느 정도 합법화됐다. 8·3 노동이란 1984년 8월 3일 김정일의 주도로 시작된 '인민소비품생산운동'에서 비롯된 것이다. 본래는 공장이나 기업소의 생산을 가리키는 말이었지만 오늘날에는 어떤 비공식적인 성격을 일컫는 일반 형용사로 가짜나 사이비, 조악한 물품 등을 가리키는 용어로 변질됐다. 북한의 경제난 이후 국영 직장에 소속돼 있지만 해당 직장에 일정 금액의 돈, 즉 8·3 돈을 납부한 경우 돈벌이를 하러 다녀도 좋다는 허락을 받은 노동자들을 가리켜 8·3 노동자라고 부르게 된 것이다.

많은 북한 주민이 시장경제활동에 뛰어들 수 있는 것은 국영기업, 국가기관의 근로자(노동자 및 사무원)에 대한 통제가 상당히 느슨해졌기 때문이기도 하다. 전통적인 사회주의 제도에서 대다수 성인은 국가가 지정하는 직장에 배치돼 일해야 한다. 텃밭 가꾸기 같은 예외를 제외하면 시장경제와 사기업 활동을 해서도 안 된다. 그러나 북한의 국영경제가 심각한 위기에 봉착하면서 주민들의 생계를 제대로 보장해주지 못하게 되자 많은 사람이 시장경제활동에 뛰어들게 된 것이다.

최근 전해진 소식에 의하면 8·3 문화는 더 확산되고 있는 것으로 보인다. 북한의 기관, 기업소 간부들은 상부에서 떨어진 '충성의 외화자금' 상납 과제를 수행하기 위해 노동자들에게 출근하지 말고 밖에 나가 돈을 벌어 8·3 돈을 납부할 것을 권고하고 있다. 이런 문화는 사회 곳곳으로 스며들어 8·3 계층의 일반화를 촉진하고 있다.

통일연구원이 탈북자들을 대상으로 한 심층설문에서 2008년 이전 북한 기업의 8·3 노동자 비율은 평균 21.5% 정도로 나타났다. 하지만 2009년 화폐개혁 이후에는 55%로 크게 증가했다. 화폐개혁 이후 노동력의 비공식적인 활용 정도가 크게 증가했다는 의미다.[28]

다음의 표는 북한 기업에 존재하는 8·3 노동자의 구체적인 비율에 대한 설문 결과를 보여준다. 2008년 이전에는 북한 기업의 8·3 노

---

28) 임강택, 〈북한경제의 비공식(시장)부문 실태 분석: 기업활동을 중심으로〉, 통일연구원, 2014.

동자 비율이 대체로 5~30% 사이에 집중돼 있는 것을 알 수 있다. 전체 응답자 중 70%가 5~30% 정도라고 대답한 것이다. 2009년 이후에도 8·3 노동자 비율이 대체로 5~30% 사이에 몰려 있는 것으로 나타났다. 하지만 60% 이상을 차지한다고 답변한 응답자는 크게 증가해 14.5%에 달했다.

결국 화폐개혁 이후 8·3 노동자의 비중이 양극단을 형성하는 형태로 변화된 것이다. 국가가 관리하는 특정 그룹의 기업에 대해서는 통제가 강화돼 5% 미만으로만 활용하는 기업의 비율이 증가했고, 국가가 거의

| 2009년 화폐개혁 이후 국영기업의 '8·3 노동자' 비율 추이 |

(단위: %)

	5% 미만	5~10%	10~20%	20~30%	30~40%	40~50%	50~60%	60% 이상
2008년 이전	10.0	20.0	20.0	30.0	10.0	0.0	5.0	5.0
2009년 이후	32.7	16.4	9.1	9.1	3.6	1.8	12.7	14.5

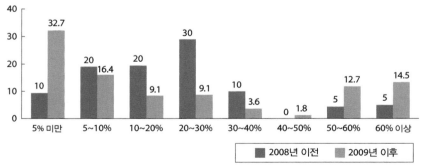

출처: 임강택, 〈북한경제의 비공식(시장)부문 실태 분석: 기업활동을 중심으로〉, 통일연구원, 2014, 106쪽

관리하지 않는 기업에 대해서는 통제가 완화돼 8·3 노동자를 전체 노동자의 50% 이상으로 운용하는 기업의 비율이 늘었다는 것을 추론할 수 있다.

북한의 고위 장교들마저 장사에 뛰어들었다는 이야기도 나온다. 자유아시아방송에 따르면 한 현역 대좌(대령)급 군관 가족이 평양 중구역에 작은 식당을 열었는데, 군관의 아내는 주방장을 한 명 고용하고 자기는 접대를 하면서 장사를 하고 있다. 이 고위 군관의 부인은 부대에서 쌀과 기름은 받을 수 있지만 달러를 좀처럼 만져볼 수 없어 장사를 시작했다고 한다. 현역에서 30년 이상 근무한 경력을 자랑하는 고위 군관들이지만 달러가 필요하다는 것이다. 북한군은 대좌에서 장령(장성)으로 출세하려 해도 돈이 필요하고, 제대 후에도 국가의 지원이 없기 때문에 미리 돈을 벌어야 한다는 게 탈북자들의 증언이다.

김정은 위원장의 별장과 시설물의 경비를 맡은 호위사령부 가족들도 장사에 뛰어들고 있는 것으로 알려졌으며 그의 경호를 밀착 수행하는 친위대 가족들 역시 외화가 없어 쌀이나 기름, 휘발유 같은 것을 몰래 빼돌려 현금화시킨 뒤 장사에 뛰어들고 있다.

이들은 과거 국가기관이 운영하던 식당이나 상점들을 빌려 경영에 뛰어든다. 북한은 기본적으로 개인이 직접 임대를 하지 못한다. 하지만 김정은 체제에 들어서는 시장이나 개인 창업을 방치하는 듯한 정책이 계속 도입되면서 평양시 급양봉사기관에서는 과거 국가자금으로 운영하다가 자금난으로 문을 닫은 식당들을 개인들에게 빌려주고 돈을 받고 있다.

주목할 만한 것은 평양 시내에 있는 대규모 상점들도 일부 수매상점으로 전환되고 있다는 사실이다. 일부 탈북자는 동평양백화점의 경우 절반을 개인 돈주에게 넘겨줬으며, 평양 제2백화점 역시 1층 전 매장에 수매상점이 들어섰고, 적십자병원 앞에 있는 속칭 '100m 상점'도 절반씩 개인들에게 임대해 수매상점을 만들었다고 전하고 있다.[29]

다른 한편에서는 중소기업의 활동과 개인 창업도 활발해지고 있는 것으로 알려졌다. 싱가포르에 기반을 둔 대북 민간단체인 '조선익스체인지(Chosun Exchange)'의 안드레이 아브라미안(Andrey Abrahamian) 이사는 2015년 7월 국제방송 미국의 소리(VOA) 인터뷰에서 "북한에 과자나 라면을 만드는 업체들도 있고, (스마트폰) 애플리케이션을 만드는 작은 소프트웨어 회사도 있다. 최근 북한에 개설된 인터넷 상점에 물건을 대는 곳도 작은 규모의 기업들"이라고 말했다. 북한에서는 원칙적으로 모든 활동을 국가가 주도하지만 큰 기업에 소속된 작은 회사를 세우는 방식으로 창업이 이뤄지고 있다는 것이다.

하지만 북한에서 고도 경제성장에 필요한 적극적 투자와 혁신활동

---

29) 양문수, 《북한경제의 시장화: 양태·성격·메커니즘·함의》, 한울아카데미, 2010 참조.

이 일어나기에는 한계가 있다. 최근 북한 당국이 추진하고 있는 '우리식 경제관리방법'이 시장경제 활성화에 도움이 될 수 있겠지만 시장경제의 전면적 발전을 위해서는 그보다 훨씬 더 과감하고 공개적인 개혁이 필요하다.

돈주와 부의
세습

북한에서 사적으로 자본을 축적한 사람들을 일컫는 '돈
주'는 중국이나 일본 등 해외 가족들의 도움을 통해 장사를 시작하면
서 형성된 것으로 보인다. 중국이나 일본 혹은 남한과 네트워크를 형성
해 친척들에게 송금을 받아 제품과 차를 구입한 뒤 이른바 '차판 장사'
를 통해 사업을 시작한 것이다.

1980~1990년 북한에서는 물물교역을 통해 돈을 번 이른바 '변경 부
자'가 나타나기 시작했다. 이들은 중국과 철조망을 사이에 두고 이편에
서 수산물이 든 가방 하나를 던지고 저편에서 밀가루 가방 하나를 받은
뒤 쏜살같이 사라진다. 이들의 교역 상품은 점차 다양해져 북한의 광산
물과 목재를 중국의 식량, 잡화 등과 교환하면서 부를 축적했다.

중국 국적으로 북한에 살고 있는 화교, 조선족들도 북한과 중국을 자

유롭게 왕래할 수 있는 점을 활용해 자연스럽게 부를 축적했다. 북한이 국제사회로부터 고립될수록 역설적이게도 중국과의 거래는 더욱 활발해졌고 화교, 조선족들의 영향력도 확대됐다.

이들이 1990년대에는 보따리 장사로 초기 재산을 쌓았다면 2000년대 들어서는 식당과 상점 등을 통해 북한 상권을 잠식해 나갔다. 신의주와 룡연, 정주 등지의 웬만큼 큰 식당들은 화교, 조선족들과 북한 당국 간의 합자형태로 설립한 식당이다.

북중 접경의 화교, 조선족들이 본격적으로 재산을 형성하기 전인 1980~1990년대에는 재일동포들이 부의 상징이자 북한 돈의 원천이었다. 이들은 도요타, 닛산 등 일제 차를 타고 화려한 옷을 입는 등 북한 주민들의 선망의 대상이었다. 북한과 일본을 오가는 만경봉 92호에는 가난한 조국에서 고생하는 형제자매, 친척들을 위해 일본에 있는 교포들이 보내는 돈과 온갖 생필품이 실려 있었다. 수많은 물자가 이 배를 통해 원산항으로 들어와 북한 전역으로 퍼져나갔다. 당시 만경봉 92호가 정박하는 원산에 거주한 재일동포들은 일본에서 보내온 물자들을 팔아 생계를 꾸려갔다.

1970~1980년대 일본 내 도쿄, 오사카 지역에서 돈을 번 재일조선인 중 일부가 북한에 있는 가족과 합작사업을 하면서 점차 북한에도 부자들이 생겨났다. 그러나 일본이 2006년 북한 인권법을 시작으로 독자

대북제재에 나서면서 일본과 북한을 왕래하던 만경봉 92호는 더 이상 운행되지 않았다. 일본과 연계된 사업을 하던 북한의 자산가들 역시 자연스럽게 몰락할 수밖에 없었다.

　최근에는 중국에 거주하면서 북중무역을 담당하는 북한 주재원들이 가장 많은 돈을 벌어들이고 있는 것으로 보인다. 이들은 주로 베이징, 선양, 단둥, 다롄(大連), 웨이하이(威海), 상하이 등지에 거주하면서 중국은 물론 마카오, 대만 등과도 적극적으로 무역 거래를 하고 있다.

　주재원의 상당수는 국영기업 소속이지만 정부의 이익과 함께 개인의 이익도 취하고 있는 것으로 보인다. 이들은 공식적으로 당과 국가를 위해 일하지만 사실상 자신의 사업을 하면서 일부를 국가에 돌려주고 있다. 이 때문에 최근 북한에서의 1등 신랑감도 과거 군인에서 무역업 종사자들로 바뀌고 있다.

　러시아에 벌목공이나 동남아, 아프리카에 건설근로자로 파견돼 초기 자본을 마련한 뒤 부를 축적하거나, 기존 자산 없이도 돈 있는 사람에게 투자금을 받아 돈주가 된 경우도 있다. 투자자는 주로 장마당을 통해 돈을 모은 여성들이다. 북한에서 여성은 돈주로 성공하기 어렵기 때문에 다른 사람에게 돈을 투자하는 방식으로 자산을 굴리고 있다.

돈주와 북한 사금융시장의 형성

시장경제가 확대되고 있다는 것은 많은 북한 주민이 개인 사업가로 활동하고 있다는 의미다. 물론 개인 사업가라 해도 대부분의 주민은 영세한 장사꾼에 불과하며 그들이 얻는 소득은 간신히 생계를 유지할 수 있는 정도에 지나지 않는 것으로 보인다.

하지만 일부 유능한 사람은 꽤 많은 돈을 벌어 상당한 부를 축적한 것으로 알려져 있다. 이런 사업형 기업가인 돈주들은 투자 분야에 따라 다양하게 불리기도 한다. 어선에 투자하면 선주(船主), 광산에 투자하면 광주(鑛主), 운송업에 투자하면 차주(車主), 땅에 투자하면 지주(地主) 등

| 탈북자들의 장사 경험 여부 |

(단위: 명, %)

연도	있다	없다	전체
2012	88	38	126
	69.8	30.2	100
2013	99	34	133
	74.4	25.6	100
2014	104	45	149
	69.8	30.2	100
2015	112	34	146
	76.7	23.3	100
전체	403	151	554
	72.7	27.3	100

출처: 서울대학교 통일평화연구원, 〈2015 북한사회변동〉

으로 불린다.

돈을 많이 번 사업가 중 일부는 고리대 사채업을 하고 있는 것으로 알려져 있다. 자유아시아방송은 여러 소식을 종합해 "김정은 체제가 내건 새로운 경제관리조치에 힘입어 북한 돈주들의 사회적 지위와 역할은 상당히 제고된 것으로 알려졌다"고 보도했다.

북한 내륙지방에서 무역업에 종사하는 한 40대 남성은 "신의주시에 주재하고 있는 무역회사와 유통회사들은 수십에서 수백만 달러의 미화(美貨)를 가진 돈주들이 대부분 장악하고 있다"고 말했다. 이런 돈주들은 노동당과 군부 산하의 무역회사에 소속돼 북한의 원자재를 수출하고 중국으로부터 완제품을 수입하면서 도매와 유통을 장악해 돈을 벌고 있다.

돈주들은 북한의 사금융시장도 만들어 나가고 있다. 과거 무담보였던 대출이 월급이나 주택입사증(집문서)을 담보로 잡는 대출로 바뀌고, 대출 이자도 2천 달러 미만은 월 10%, 그 이상은 4~7%로 금액에 따라 차등 적용하고 있다는 분석이 나오고 있다. 돈주가 다른 돈주에게 시중보다 싼 이자로 급전을 빌리는 등 자본주의 국가들의 은행 간 '콜금리(call rate)'와 유사한 돈주 간 거래도 이뤄지고 있다고 한다.

지역별로 보면 2013년 기준으로 인구 약 70만 명의 청진에는 100명 이상, 평양시의 한 개 구역(인구 20~30만 명)에는 100여 명이 전문 돈 장사꾼으로 활동 중인 것으로 알려졌다. 돈주와 기업을 연결하는 돈 장사꾼 가운데 규모가 큰 사람은 '왕초'로 불리며 이들은 개별 네트워크를 통해 전문가를 두고 대출 심사와 대출금 회수까지 하고 있다.

커지는 빈부 격차

돈주의 성장으로 북한의 빈부 격차 역시 점점 확대되고 있다. 가령 결혼식 때 일반 주민들은 장마당에서 산 (한복) 저고리를 입고 기념촬영을 하지만 간부나 돈주들은 150달러짜리 저고리나 양복을 입고 비싸게 빌린 벤츠 승용차로 이동하면서 녹화, 촬영을 한다. 일반 주민들이 촛불을 켜놓은 어두운 방에서 손님을 접대할 때 간부와 돈주들은 변전소에서 달러를 주고 전기를 받아 환한 집에서 가라오케(노래방) 반주에 맞춰 노래하며 즐긴다고 한다.[30]

북한의 도(都)와 시(市)의 전기공급을 담당하는 전력감독원들은 돈주들에게 돈을 받고 전기를 공급하고 있는 것으로 알려졌다. 국가에서 비교적 싼값에 전기를 공급하지만 제대로 이뤄지지 않아 돈주들이 고액의 돈을 지불하고 전기를 사용하고 있다는 것이다. 이는 공장이나 기업소 중 정상 가공되는 곳에 공급하는 전기를 개인들에게 주는 것으로

---

30) "北 결혼식 양극화 심화⋯ 주민 '촛불잔치' 돈주 '달러잔치'", 〈데일리NK〉, 2015년 3월 27일 자.

지역 송배전부 간부들의 돈벌이 수단이 되고 있다.

사채업과 부동산, 도소매 등을 통해 돈을 번 북한의 부유층들은 대체로 수십만에서 수백만 달러의 자산을 보유하고 있는 것으로 전해진다. 평양의 부유층 여성들은 한 벌에 2천 달러인 세인트존 원피스, 남성들은 1만 달러의 롤렉스 시계를 집중적으로 사들이고 있다. 이들은 부를 과시하는 것을 좋아해 고급 자동차나 요트를 구입하는 것도 주저하지 않는다. 또 대부분 가정부를 고용하고 있다. 북한에 돈을 쓸 만한 곳이 없다고 하지만 고급 사교장과 술집, 명품 숍도 많아 고위 간부들의 소비 수준은 웬만한 외국인 못지않다.[31]

간부나 돈주들은 자녀의 고액 과외에도 열심이다. 특히 지방에 사는 부유층들은 평양의 유명 대학에 다니는 대학생을 지방까지 불러 자녀들을 과외시키고 있다. 북한은 사교육을 금지하고 있어 이전에도 불법으로 과외를 하는 경우는 있었지만 평양의 대학생이 지방까지 내려가는 것은 매우 드문 일이다. 북한 내 과외시장이 점점 확산될 것으로 보인다.[32]

한국교육방송공사(EBS)가 제작한 영어 프로그램이 북한 청소년들 사이에서 인기를 끌고 있다는 소식도 있다. 평양의 고위층 자녀들은 영어

---

31) "北 3040 '돈주'들, 세인트존 원피스·롤렉스 시계로 富 과시", 〈한국경제〉, 2014년 12월 3일 자.

32) "북한 과외시장, 간부·돈주들 중심으로 점차 확산", 〈데일리NK〉, 2014년 9월 24일 자.

와 중국어 공부에 몰입하고 있는데, 북한의 교육 내용이 변변치 않아 한국에서 제작된 외국어 동영상을 선호한다는 것이다.

돈주들을 중심으로 한 사금융의 확산도 북한의 경제적인 불평등을 확대시키는 것으로 보인다. 북한의 한 무역업자는 "아무리 장사가 잘 되는 버스사업도 매달 350~400달러 정도 버는데, 이자 500달러를 내고 나면 남는 게 없다"고 털어났다. 북한에서 45인승 대형버스의 가격은 현재 1만 5천 달러 수준이다. 장거리 버스를 계속 운행해도 한 달 이자를 벌기 어렵다는 사례는 고리대로 돈을 빌리는 주민들이 이자 빚을 갚기 위해 고군분투하지만 여전히 적자 인생을 살고 있다는 사실을 보여준다.[33]

시장을 통해 부를 축적하는 북한 주민들이 늘면서 지역별·개인별 소득 격차도 커지고 있는 것으로 보인다. 최하층의 월평균 가구소득은 1만 원 미만인 반면 최상층의 월평균 가구소득은 55만 원 이상으로 무려 55배 차이가 난다.[34]

서울대학교 통일평화연구원이 내놓은 〈2015 북한사회변동〉 자료를 보면 북한에서 최하위 20%의 월평균 가구소득이 2만 원 미만인 반면

33) "북 사채업자, 연 60% 고리대 돈 장사", 자유아시아방송, 2014년 11월 20일 자.
34) 임을출,《김정은 시대의 북한 경제》, 한울아카데미, 2016.

최상위 20%는 90만 원 이상인 것으로 나타났다. 소득 5분의 배율로 보면 45가 넘는다. 소득 상위 20%가 버는 돈이 하위 20%에 비해 45배나 많다는 것이다.

북한의 소득 격차에 대한 정부 추정치나 서울대학교 통일평화연구원의 연구 내용이 제각각이라 100% 신뢰할 수 없다고 하더라도 북한의 소득 격차는 한국을 훨씬 뛰어넘는 것으로 보인다. 참고로 통계청이 발표한 2016년 3분기 가계동향에서 한국의 전국 2인 이상 가구의 소득 5분위 배율은 4.81로 나타났다. 평등을 강조하는 북한의 사회주의 시스템이 사실상 붕괴되고 있다는 것이 정확하다.

돈주의 대물림 현상

돈주들 사이에서는 부의 대물림 현상도 나타나고 있다. 대북 소식통들에 따르면 평성과 순천 돈주들의 나이는 이미 50~60대에 접어들어 쌓아둔 재산을 자녀들에게 물려주면서 벌써부터 돈 굴리는 방법을 가르치고 있다. 2세들에게 북한식 시장경영 방법을 가르쳐주면서 앞으로 북한 사회가 변해도 빠르게 자본주의 시장경제에 합류할 수 있는 이른바 '부동의 재벌'로 키우고 있다는 것이다.

자유아시아방송에 따르면 한 소식통은 "북한에서 열심히 일해서 돈을 벌던 시대는 이미 다 지나갔다"며 "돈 없는 사람들은 하루하루 힘겹

게 사는 부익부 빈익빈의 골 깊은 구조가 형성됐다"고 지적했다. 정도의 차이는 있겠지만 한국에서의 현상과 별반 다르지 않은 셈이다.

국영 무역회사들이 개인 사업가들과 동업하는 현상은 점차 일반화되고 있다. 과거 김정일 시대부터 음성적으로 행해지던 이 같은 국영 업체들과 개인 사업가들 간의 유착은 김정은 정권이 들어선 이후 대폭 증가했다. 북한 당국은 이를 방치하고 있는 것으로 보인다.

물류사업차 국경지방을 자주 왕래하는 남포시의 한 50대 사업가는 "몇십만 달러씩 가진 사람들이 화물 운송과 버스업도 운영하고 있으며, 일부 사람은 돈을 꿔주고 높은 이자를 받거나 송금을 해주고 이득금(수수료)을 벌고 있다"고 언론 인터뷰를 통해 전했다.

북한은 2012년 김정은 정권이 들어선 이후 공장 기업소마다 독립채산제에 기초한 경영자율권을 부여해 공장 스스로가 원료를 구하고 생산물 제조와 판매를 하도록 하고 있다. 심지어 대외무역 권한까지 부여했다. 이에 따라 북한 내부에서는 돈 있는 사람들이 기업소 곳곳에 편입돼 중역을 담당하면서 사실상 경제를 주도하는 주인공이 됐다.

건설업에 종사하는 평양시의 한 50대 남성은 "돈주들이 없으면 국가 건설 과제를 수행하는 것은 상상도 하지 못한다"면서 "최근까지 공화국(북한)에서 건설된 대규모 전시성 사업도 돈주들이 뒤에서 시멘트와 강재를 대고, 중국에서 건축자재를 들여다 장식한 것"이라고 증언했다.

최근 3년 동안 평양 일대에 집중 건설된 김정은 우상화를 위한 창전

동 아파트, 문수 물놀이장도 이런 돈주의 자본으로 지어졌고, 결국 그 것이 김정은의 업적으로 포장됐다는 주장이다. 북한 당국이 김정은 우 상화를 위한 건설 과제를 평양시 중앙기관과 내각, 군대에 맡기면 각 책임자는 돈주들을 찾아가 그들에게 특혜를 약속하고 공사를 맡기 는 방식이다. 돈주들은 공사가 끝나면 건물사용권을 넘겨받아 투자금 을 회수할 수 있도록 계약을 맺고 있으며, 노력영웅 칭호와 훈장, 김정 일·김정은 표창장을 받는 식으로 사회적 명예도 획득하고 있다.

시장과 돈주의
미래

북한의 시장경제는 대체로 아직 영세한 생계형 활동으로 이뤄지고 있다고 보는 게 맞을 것이다. 수익률이 높은 사업은 국영기업이 맡고, 외화벌이 사업은 당과 군부를 포함한 충성계층의 기관이 독점하고 있어 그 이익이 일반 주민에게까지 배분되지 않고 있다.

중소기업의 운영이나 조금 더 규모가 있는 일부 기업형 사경제는 국영기업 혹은 기관과 연계해 이른바 '붉은 모자'를 쓴 상태에서만 가능하다. 이들 붉은 모자는 사회주의 국가인 북한에서 사실상 자본주의 활동을 하고 있는 북한의 자본주의 경제계층을 의미하기도 한다.

붉은 모자들은 정치권력과 결탁해 경제활동을 하고 있지만 북한에서 금융업이 새롭게 싹트는 것은 건전한 자본가 계층이 성장할 수 있는 신호로 해석할 수 있다. 돈주들이 공급하는 소액자본이 다양한 방식의 창업으로 나타나면서 북한이 시장경제로 한발 더 진전하는 마중물이 될 가능성이 높기 때문이다. 이는 북한 당국으로부터 사실상 부패를 용인받고 비정상적인 방법으로 돈을 축적해온 북한 사회의 일그러진 특권층과는 다른 형태로 봐야 한다. 결국 붉은 모자들은 향후 북한의 시장경제를 움직이고 변화를 가져올 새로운 계층이 될 것이라는 점에서 주목할 필요가 있다.

북한 경제는 태생부터 사회주의 경제권에서 이뤄졌던 중앙계획경제와는 성격이 달랐다. 체계적이고 과학적으로 경제를 계획하기에는 자료가 부족하고 분석 능력이 크게 뒤떨어졌기 때문이다. 1953년 스탈린의 사망과 이후 중국과 소련의 노선 및 국경분쟁의 여파로 북한은 소련식의 과학적 사회주의를 도입하지도 못했다. 이에 북한은 나름대로의 사회주의, 즉 '주체식 사회주의' 경제를 도입했다. 핵심은 경제의 정치화다. 소련식 사회주의가 중앙계획에 의해 경제의 과학화를 추구했다면 북한의 사회주의는 정치적 목적을 위해 경제를 이용하려 했다. 가령 현지지도와 주석펀드(주석의 결정대로 임의로 자원을 배분하는 펀드)가 대표적이다. 북한의 최고 권력자가 어떤 기업을 방문하면 그곳으로 자원을 몰아준 다음 그 기업의 개선된 경제성과를 최고 권력자의 능력 때문인 것으로 선전하는 방식이다.

이런 방식으로 버텨왔던 북한의 경제체제는 1990년에 대위기를 맞게 되면서 주민들이 생존을 위해 자발적으로 시장경제 요소를 도입하기 시작했다. 북한 당국은 2002년 7·1조치를 통해 자생적으로 생겨난 시장활동을 부분적으로 인정하는 정책을 시행했으나 2005년 이후에는 다시 시장화를 억제하기 시작했다. 2009년에는 가장 강력한 억제정책으로 화폐개혁을 시행했지만 결국 실패로 끝이 났다.

북한 당국은 현재로써는 시장을 강력히 억압하지 않고 대체로 묵인하는 애매한 정책을 펴고 있다. 기본적으로 전통적 사회주의 체제, 즉 국영 계획경제를 복원하기가 현실적으로 쉽지 않은 게 가장 큰 이유다.

북한 당국은 2000년대 초부터 국영산업 부문을 재건하기 위한 노력을 기울였다. 하지만 북한의 전통적 자력갱생형 제조업은 기술과 설비가 낙후하고 에너지 낭비가 심하다는 근본적인 문제점을 안고 있다. 오랜 체제 위기를 거치면서 일반 주민뿐만 아니라 엘리트 집단의 사회정치적 기강마저 해이해진 점도 국영 계획경제의 재건과 운영을 어렵게 하는 요인이다.

많은 주민이 시장활동을 통해 생계를 이어가고 있는 상황에서 국영경제를 복원해 주민들의 최소한의 생계를 해결해 줄 수 있어야 시장을 단속하는 것도 명분이 생긴다. 40대의 한 탈북 여성은 "김정일이 우리를 일깨웠다"라는 말을 하기도 했다. 과거에는 가장 가난했던 북중 국경 마을이 지금은 시장이 성장하면서 내륙보다 오히려 살기가 좋아졌다는 말도 나오고 있다. 결국 장마당 확산이 김정은 정권에 대한 주민

불만을 누그러뜨리는 역할을 하고 있다는 분석도 나온다.

시장에 대한 정책은 북한 정권의 경제적 통치기반인 국가재정 문제와도 밀접한 관련이 있다. 본래 사회주의 국가의 재정수입은 주로 국영기업을 통해 (북한의 경우 '국가기업 이익금' 및 '거래수입금'이라는 이름으로) 들어온다. 따라서 국영경제의 위기는 곧 국가재정의 위기다.

지난 10여 년간 북한 당국과 국영기업 등 국가기관은 시장을 활용함으로써 재정 사정이 조금씩 개선된 것으로 보인다. 사경제로부터 공식적·비공식적으로 재정수입을 징수할 수 있는 여러 가지 채널을 만든 덕분이다.

먼저 장세가 있다. 북한 당국은 2003년에 '종합시장'이라는 이름으로 시장허용정책을 실시한 이후 시장에 고정된 매점과 매대를 가지고 장사하는 상인들로부터 세금을 거두고 있다. 8·3 노동자도 중요한 수입원이다. 국영기업이나 국가기관이 이들 노동자로부터 상납받은 8·3 돈 중 일부는 국가재정으로 들어갈 것이다. 또 개인 사업가 중 상당수가 국영기업이나 국가기관의 명의와 건물 등을 빌려 사업하고 있다. 그 대가로 해당 기업, 기관에 상납하고 있는데 이 중 상당 부분이 국가재정으로 들어가고 있다. 최근에 활발해진 휴대전화 사업도 중요한 재정 수입원일 것으로 추측된다.

지난 10여 년 동안 북한의 시장경제는 대체로 성장세를 유지한 것으로 보인다. 이는 국가재정의 시장경제 의존도 역시 상당히 높아졌음을 의미한다. 북한 당국의 입장에서는 시장경제를 억압하기보다는 적정 수준에서 허용하고 활용하는 게 자신들의 경제적 통치기반을 다지는 데 보다 도움을 주는 정책이 되는 셈이다. 이 때문에 일부 북한전문가는 시장경제의 발전이 북한을 긍정적인 방향으로 변화시키기보다는 북한의 권위주의 체제의 생존력만을 높이는 방향으로 악용될 가능성을 우려하고 있다. 가령 김정은 정권 출범 이후 10만 호의 아파트 건설계획을 내세우고 이를 가능하게 했던 것은 시장경제에서 돈을 번 돈주들이 돈을 댐으로써 자금을 마련할 수 있었기 때문이다. 결국 돈주라는 시장권력과 정치권력이 북한 시스템을 이끌고 있다는 해석도 가능하다. 김정은 정권은 시장을 최대한 권력 유지를 위해 이용하되 이것이 정치적 통제력에 미치는 영향을 극소화하는 방식으로, 즉 정치적 이해관계와 경제적 이익을 결합하려 할 가능성이 높다.

그러나 전반적으로는 시장이 북한 체제의 안정성을 위협할 가능성이 크다고 본다. 북한에서 시장의 성장은 주민들의 생계를 해결하고 국가 경제에도 기여하고 있지만 사회주의가 지향한 이념과 공동체 의식이 약해지고 빈부 격차가 발생하는 등 부작용도 야기하고 있다.

시장의 원활한 운영을 위한 지원체계가 전무해 시장에서의 혼란과 부정부패가 일상화되는 것도 골칫거리다. 북한의 시장경제 내에서의 사기업 활동은 신변 위협, 재산권 박탈, 부패 관료 및 정권의 수탈 등과 같은 여러 가지 위험에 노출돼 있다.

특히 뇌물은 북한 관료의 인센티브를 변화시킨다. 국가에서 주는 공식 소득만으로 생계를 유지하기 어려운 관료들은 정치적으로는 북한 정권에 충성하면서도 경제적으로는 시장에 의지할 가능성이 크다. 이들의 정치적인 이해관계는 경제적 이해관계와 충돌하면서 최고 권력자의 시장화 억제정책을 사보타주할 가능성도 배제할 수 없다. 현재 북한에서 4인 가족의 월평균 월급은 30만 원가량인데 비해 공식 기업이나 정부 관료의 월급은 3천 원 수준에 불과하다. 배급을 받는다면 생존은 가능할지 모르나 다른 소비재의 구입이 불가능하다. 시간이 지나고 최고 권력자의 통제력이 약해질수록 관료들은 경제적 이해관계를 정치적 충성보다 앞에 둘 가능성이 높아질 수밖에 없다. 서울대학교 김병연 교수의 조사에 따르면 조사대상 탈북자 227명 중 112명이 한 번 이상 뇌물을 준 적이 있으며 이들의 총가계비용에서 뇌물이 차지하는 비율은 15.3%에 달했다. 상당수의 북한 관료는 정치적으로는 최고 권력자에게 충성해야 하나 경제적 생존을 위해서는 직간접적으로 시장과 무역에 의지해야 한다. 시장이 지배하기 시작한 북한 사회에서 북한 정권의 안정성은 과거 1990년대 중반의 상황과는 크게 다르다.

2013년 4월 북한이 개성공단의 근로자를 철수시키면서 야기된 개성공단의 폐쇄 위기가 같은 해 8월 북한의 개성공단 사업 재개 제의를 기점으로 남북이 합의에 도달한 것도 북한 정권이 일방적으로 경제적 이익을 무시하는 정책을 펴기에는 한계가 있음을 보여주는 사례로 볼 수 있다.

결국 북한의 시장은 북한 당국은 물론 북한이 문을 열고 긍정적인 변화의 길로 나오길 바라는 이들에게도 딜레마인 것은 분명하다. 시장은 분명 북한의 사상이나 이념보다는 실용적·현실적 측면을 이끌면서 정보 교류의 장이자 여론 형성의 공간이 될 것이다. 북한 당국의 시장 통제가 현실적으로 어려운 데다 자칫 시장의 성장이 북한 권력층 간의 싸움으로 번질 가능성도 배제할 수 없다. 북한 사회의 내부 분열을 초래할 수 있다는 의미다. 그러나 다른 한편으로는 시장이 북한 지배층의 지배력을 더욱 공고히 하고 있다는 것도 분명한 사실이다.

4장

북한 경제의
현주소

북한의 재벌과
대동강맥주

　　북한은 1950~1970년대 초반까지는 아시아에서 가장 빠르게 성장하는 국가 중 하나였다. 북한의 경제성장률과 1인당 소득은 과거 오랫동안 한국보다 앞서 나갔다. 기존 산업시설이 한국보다 체계적으로 구축돼 있었고 다른 사회주의 국가들의 지원도 적지 않았기 때문이다.

　북한의 기업은 대체로 기업소나 공장을 말한다. 주식회사의 개념은 없다. 독자적인 기업 단위로 운영되기도 하지만 연합기업소 형태를 띠는 게 특징이다. 연합기업소란 개별 공장과 기업소의 생산적 연계와 분업 생산을 보장하기 위한 기업연합 형태로 1973년부터 조직됐다.

　김일성은 일본 식민지배 때부터 일본에 거주하고 있던 조선인들의 지원을 받아 북한에서 가장 큰 기업집단인 '조선대성무역그룹(대성그룹)'

| 북한 1인당 명목 GDP 추정 결과 |

(단위: 달러)

연도	남한	북한				
		HRI	한국은행	UN	김병연[35]	북한 공식발표
1970	275	636	–	384	587	–
1971	298	661	–	413	598	–
1972	318	686	–	443	606	–
1973	397	704	–	477	617	–
1974	543	724	–	515	639	–
1975	599	747	–	558	641	–
1976	807	772	–	571	653	–
1977	1,018	802	–	587	626	–
1978	1,354	819	–	604	700	–
1979	1,708	837	–	622	654	–
1980	1,711	856	–	639	721	–
1981	1,870	878	–	653	760	–
1982	1,978	897	–	808	744	–
1983	2,181	912	–	794	768	–
1984	2,391	929	–	745	738	–
1985	2,458	946	–	722	738	–
1986	2,803	965	–	805	732	–
1987	3,511	986	–	836	744	–
1988	4,686	920	–	764	765	–
1989	5,736	863	–	811	786	–
1990	6,513	815	1,139	735	720	–
1991	7,523	757	1,115	663	683	–
1992	8,002	710	1,013	593	599	990

1993	8,741	687	970	503	554	991
1994	10,207	670	989	384	562	722
1995	12,340	662	1,026	222	549	587
1996	13,137	656	975	479	489	482
1997	12,133	650	794	462	472	464
1998	8,083	645	564	456	412	458
1999	10,410	641	701	452	426	454
2000	11,947	638	739	462	466	464
2001	11,259	634	686	476	433	478
2002	12,789	630	739	468	465	490
2003	14,220	633	792	471	476	524
2004	15,922	637	887	473	478	546
2005	18,658	640	1,027	548	497	–
2006	20,922	644	1,078	575	496	–
2007	23,102	647	1,120	597	471	–
2008	20,475	761	1,036	551	–	–
2009	18,339	728	932	494	–	–
2010	22,151	724	1,074	570	–	–
2011	24,156	770	1,204	638	–	–
2012	24,454	815	1,217	643	–	–
2013	25,998	854	1,259	666	–	–
2014	27,970	930	1,318	696	–	–
2015	27,195	1,013	1,231	–	–	–

출처: 〈2015년 북한 1인당 명목 GDP 추정〉, 현대경제연구원, 2016

---

35) 서울대학교 경제학과 김병연 교수의 연구결과를 인용.

을 설립했다. 당의 지시에 따라 운영되는 대성그룹은 북한 기업들이 배워야 할 모델이었다. 대성그룹은 광업·경공업공장 운영부터 인삼 재배, 판매매장 관리, 심지어 타조농장 운영까지 여러 사업 부문에 관여하고 있었는데 여기에 금융기관도 가지고 있어 한국의 재벌기업과도 비슷한 형태였다.

북한의 삼성그룹 '부강그룹'

북한은 과거 200여 개 정도의 기업을 관리했다. 수산물을 수출하고 음식자재를 수입했던 '조선선봉수출입회사', 주문에 맞춰 만화영화를 제작·수출하고 영화 및 미술재료를 수입했던 '조선SEK회사'와 같은 회사들은 몇 가지 핵심적인 사업에 초점을 맞췄다.

'릉라도종합무역회사', '광명성무역회사'와 같은 일부 대기업은 핵심 분야를 정하지 않고 광범위하게 사업을 전개하기도 했다. 릉라도종합무역회사는 생수, 수산물, 니트웨어, 의류, 금속 및 비금속 광물, 천연조개단추를 취급했으며 광명성무역회사는 농산물, 수산물, 선박 부품, 비금속 광물, 의류, 정유, 가공된 보석류를 거래했다.

국영기업 중 하나인 '조선부강회사(부강그룹)'도 주목할 만한 기업으로 손꼽힌다. 1979년에 설립된 이 회사의 자본금은 2천만 달러 이상으로 연간 매출이 1억 5천만 달러를 훌쩍 넘는 것으로 알려졌다. 주요 시

장은 독일, 불가리아, 이집트, 에티오피아, 말레이시아 등이며 중국에서
는 생수 '황치령 샘물'로 잘 알려져 있다. 황치령 샘물은 북한의 깨끗한
자연환경을 마케팅 포인트로 삼으면서 중국에서 인기를 끌었다. 부강
그룹은 '혈궁불로정'이라는 이름의 건강기능식품을 개발해 160알을 한
병에 담아 약 40달러에 판매하기도 했다.[36]

부강그룹의 전승훈 사장은 북한의 신흥부자 중 한 명으로 꼽힌다. 전
명수 전 중국 주재 북한대사의 아들인 전승훈 사장은 사업가로 나서기
전에 김일성종합대학에서 영어 교수로 재직했다. 그의 아버지가 주중
대사로 근무할 때 베이징에서 자라면서 중국어와 영어를 배울 수 있던
것으로 보인다. 전승훈 사장의 형은 원유사업에서 활약하면서 북한에
서는 '평양의 록펠러(Rockefeller)'로 통한다.

하지만 2000년대 들어 기존에 활발했던 북한 기업의 활동 대부분이
크게 위축됐다는 게 일반적인 분석이다. 2015년 초 한국자산관리공사

---

36) 2013년 3월 세계적인 투자가 짐 로저스(Jim Rogers)가 싱가포르의 국제동전전시회에서 개
당 2,500싱가포르달러(약 225만 원)짜리 북한산 금화 13개와 개당 70싱가포르달러(약 6만
4천 원)짜리 은화 수백 개를 싹쓸이한 적이 있다. 기념주화 형태로 제작된 이 동전들은 모두
북한의 부강주화회사가 출품한 것이다. 부강주화회사는 북한의 대기업인 조선부강회사의
계열사로 오토바이 수입·생산을 주력으로 하면서 금속, 기계, 화학 등 계열사 8개를 거느리
고 있다. 조선부강회사는 한국으로 치면 삼성그룹에 해당하는 대기업 집단으로 김정은 집권
후에도 권력과 우호적인 관계를 유지하면서 성장하고 있는 것으로 보인다.

는 북한의 국영기업은 554개에 이르지만 상당수 기업이 보유한 기술 대부분과 설비가 낙후돼 이익이 나지 않아 50여 개만이 경영이 가능한 수준이라고 분석했다. 2010~2012년까지 북한 관련 각종 자료와 언론에 공개된 기업 정보를 토대로 북한 기업에 대한 데이터를 분석한 결과다. 북한 전체 기업의 10%가량만이 정상적으로 운영된다는 점은 향후 통일 과정에서 북한의 자생력을 키우기 위한 투자가 예상보다 더욱 클 수 있다는 점에서 중요한 의미를 준다.

북한의 국영기업은 지역별로 보면 평양에는 141개가 있었고, 평안남도에는 81개, 평안북도에는 63개 기업이 집중됐다. 이 밖에 함경남북도에 133개, 황해남북도 52개, 강원도 39개, 자강·양강도 38개였다. 업종별로는 355개가 중화학, 126개는 경공업, 30개는 서비스업이었고, 정보기술산업은 15개 정도였다.

북한의 투자환경은 전반적으로 열악하다. 영국의 기업자문기관인 메이플크로프트(Maplecroft)가 공개한 〈2015년 법과 제도적 환경 위험〉 보고서에 따르면 기업활동을 위한 법과 제도 부문에서 북한이 평가대상 173개국 중 꼴찌로 나타났다. 북한은 총 21개 평가항목 중 공정한 법적용, 정부의 지원, 제도 정비, 재산권 존중, 근무환경 등 17개 항목에서 최저인 0점을 받았다. 북한의 종합평가 점수는 2010년 0.6점이었다가 2012년 0.36점으로 떨어졌고 이후 0.3점대 수준에 머무르고 있다.

보고서 작성을 주도한 크리스 딕슨(Christ Dixon) 연구원은 "북한의 법·제도 환경 위험지수가 김정은 국방위원회 제1위원장이 최고 지도자 자리에 오르고 나서 계속 나빠지고 있다"고 평가했다. 김정은 위원장이 해외 투자자를 유치하기 위해 이례적인 조치를 취했지만 기업들이 체감하는 환경은 개선되지 않고 있는 셈이다.

북한 바로 위인 172위는 소말리아, 171위는 투르크메니스탄이 차지했다. 북한은 미국의 싱크탱크 헤리티지재단(The Heritage Foundation)이 최근 발표한 기업·개인의 경제활동 자유도 평가인 '2015 세계경제자유지수'에서도 조사대상 178개국 중 최하위를 차지했다.

북한의 경쟁력 있는 제품 '대동강맥주'

북한에서 제대로 운영되는 기업이 전체의 10% 수준이다 보니 국제시장에서 경쟁력 있는 북한 상품을 찾기는 쉽지 않다. 특히 자원이 아닌 소비재 중에서 높은 평가를 받는 것을 찾기란 더더욱 어렵다. 그나마 한국인들에게도 친숙하고 잘 알려진 제품은 대동강맥주다. 천안함 폭침으로 5·24조치가 이뤄지기 전에 한국에서도 애호가들이 생겨날 정도로 팔려나갔기 때문이다.

"어, 시원하다! 대동강맥주~"

2009년 7월 2일 북한의 저녁 8시 뉴스가 끝나자 조선중앙TV는 이 같은 내용의 광고를 하나 내보냈다. 2분 47초에 달하는 대동강맥주 TV 광고는 북한 주민들에게 신선한 충격을 안겨줬다. 하얀 거품을 머금은 맥주잔이 클로즈업되면서 '평양의 자랑, 대동강맥주'라는 자막이 올라온다. 이어 시민들이 술집에서 맥주를 마시는 떠들썩한 모습이 나오면서 "수도에 새로운 풍경이 연출된다"라는 내레이션이 흘러나온다.

조선중앙통신은 대동강맥주공장이 과학적인 품질관리를 비롯한 우수한 경영전략으로 세계적 경쟁력을 갖춘 제품을 만든다며 대동강맥주를 '자본주의 세계에 던져진 맥주 폭탄'이라고 치켜세우기도 했다.

대동강맥주는 평양 사동구역 송신동에 있는 대동강맥주공장에서 2002년 4월부터 생산한 북한의 대표적인 맥주 가운데 하나다. 북한에는 대동강맥주 외에도 용성맥주, 봉학맥주, 평양맥주 등이 있다.

대동강맥주공장은 2000년에 180년 전통의 영국 맥주회사 어셔 트로브리지(Ushers of Trowbridge)의 양조장 설비를 인수해 건설됐다. 건조실은 독일 회사 라우스만(Lausmann)에서 별도로 도입했다. 당시 양조장 설비는 컨테이너 30대 분량이었으며 인수비용은 약 2,500만 마르크(현재 가치로 약 174억 원), 시설 해체·재조립 비용은 약 800만 파운드에 달했다고 한다.

대동강맥주는 연간 7만 kℓ가 생산되는데 월평균 20만 병이 넘는 양이다. 흰쌀과 보리의 혼합 비율에 따라 번호를 붙인 7가지 종류가 있으며 알코올 비율은 5.5%다. 평양 시내 맥줏집에서 2009년 기준으로

500cc 한 잔에 북한 돈으로 180원 정도에 판매한다.

대동강맥주의 맛은 여러 언론매체를 통해 높은 평가를 받았다. 한국산 맥주의 맛이 형편없다는 논란이 일던 2012년 당시 영국의 경제주간지 《이코노미스트(The Economist)》가 한국 맥주가 북한의 대동강맥주보다 맛이 없다고 보도하면서 화제가 되기도 했다.

앞서 2008년 3월 9일 로이터(Reuters) 통신은 평양에서 대동강맥주를 맛본 일부 맥주전문가들이 "(국제대회에서) 수상한 적은 없지만 아주 훌륭한 맥주"라고 입을 모았고, 서울에서 대동강맥주를 맛본 외국인들도 "대동강맥주가 시중에 판매되는 남한 맥주보다 훨씬 우수하다"고 말했다고 보도했다. 또 "달콤하면서도 중후한 무게감이 느껴진 뒤 입안에서 살짝 감도는 쓴맛의 여운… 남한에서 대량생산되는 맥주들보다 훨씬 낫다는 것이 시음해 본 외국인들의 평가"라고 전했다.

2013년 3월 30일부터 8일간 평양의 맥주 양조장들을 방문한 미국인 맥주애호가 조시 토머스(Josh Thomas)는 9월 19일 미국의 소리 방송과의 인터뷰에서 "한국의 OB맥주, 일본의 아사히맥주, 중국의 칭다오(青島) 맥주 등 각국에서 가장 많이 팔리는 맥주 맛을 비교하면 북한의 대동강맥주 맛에 한참 못 미친다"고 주장했다. 그는 소량생산은 다르지만 대량생산에 있어서는 대동강맥주 맛이 가장 좋다면서 대동강맥주는 햄버거로 치면 고급 수제 햄버거, 다른 아시아 맥주들은 맥도날드 햄버거와 같다고 비교했다.

미국의 북한 전문 여행사 우리투어스(Uri Tours)의 안드레아 리(Andrea Lee) 대표도 2014년 1월 2일 미국의 소리 방송과의 인터뷰에서 "관광객들이 낙원백화점 생맥주 양조장과 대동강맥주 양조장을 이미 다녀왔습니다. 관광객들 사이에서 아주 인기가 높은 곳들이죠. 무엇보다 맥주 맛이 일품이고, 또 북한의 술집을 방문하는 것도 특별한 경험이기 때문입니다. 낙원백화점 생맥주 양조장은 한 가지 생맥주를 제조하고, 대동강맥주 양조장은 8개 혹은 9개의 다른 생맥주를 만듭니다. 외국인 관광객들은 북한 맥주 맛이 상당히 좋아서 많이들 놀랍니다. 너무 순하지도 세지도 않은 아주 적당한 도수라고 할까요?"라고 전했다.

외신들의 보도를 어느 정도 신뢰한다면 대동강맥주 맛의 비결이 궁금할 수밖에 없다. 탈북자들에 따르면 일단 좋은 재료를 가장 큰 비결로 꼽는다. 대동강맥주의 주재료는 대동강 지하수, 황해도 재령 보리, 양강도 홉(hop)이다. 일부 외신들은 "오염되지 않은 물과 좋은 재료로 만든 대동강맥주가 외국인 평론가들 사이에서 호평받고 있다"고 전했다. 특히 양강도 혜산시의 특산물인 홉은 유럽에 수출까지 한다.

재료를 아끼지 않는다는 점도 대동강맥주의 경쟁력에 한몫하는 것으로 알려져 있다. 대동강맥주를 수입하던 한 업자는 국내 언론과의 인터뷰에서 "일단 재료를 아끼지 않는다. 김정일 전 국방위원장이 최고의 맥주를 만들라고 지시했다는 말도 있다. 실제로 대동강맥주의 원가는 상당히 높은 편이었다. 그러나 20년 이상 주류업계에 있었던 경험에 비춰봤을 때 대동강맥주가 싼 재료로 만들어 비싼 값을 받는 엉터리가 아니라는 것 정도는 알 수 있겠더라"고 평가했다.

심지어 북한은 맥주 맛을 보장하기 위해 운반차량의 통행우선권을 보장하고 있다. 2013년 2월 통일뉴스 "운반차들이 누리는 통행우선권"에 따르면 콩우유, 닭고기 등 식품들과 함께 대동강맥주 운송차도 통행우선권을 부여받았다고 한다. 이들 차량이 지나갈 때는 교통안전원이 다른 차량을 모두 멈춰 세운다. 북한은 개인 용무보다 대중적 목적을 우선시하기 때문이라는 설명이다.

평양 거리의 자동차 종류도 과거보다 다양해졌다는 게 방북자들의 일관된 증언이다. 과거에는 1950년대 구소련이 생산했던 가즈, 1990년대 중국이 생산한 둥펑(東風), 제팡(解放) 등이 거리에 많았다. 이후 독일의 구식 벤츠나 일본 도요타(Toyota)의 크라운이 등장하더니 미국의 지프도 나타나기 시작했다.

홍콩 투자회사 퀸스웨이(Queensway)그룹이 북한의 택시산업에 진출한 것은 2006년경으로 당시 평양에 초고층 빌딩들을 건립하기 위한 'KKG 애버뉴' 프로젝트를 추진하면서부터다. 이 회사는 북한과 합작해 설립한 KKG라는 기업명으로 평양에 적극적으로 택시를 도입하면서 북한에 새로운 변화를 이끌어냈다. 평양에서는 2011년 김정일 사망 직후부터 중국제 택시가 등장해 2014년 초에는 약 500대까지 늘었다. 같은 해 5월 KKG가 택시 500대를 추가로 투입해 현재는 1천 대 규모에 이른다. 이 택시에는 KKG라는 로고가 붙어 있어《파이낸셜타임스(Financial Times)》의 보도 이전(《파이낸셜타임스》는 2015년 6월 KKG를 북한이 전 세계에서 벌이는 글로벌 사업의 핵심 조직이라고 보도한 바 있다)에도 국내외에서 주목을 받아왔다.

북한식 편의점 '황금벌 상점'의 등장

북한의 전통적인 국영기업들이 쇠락하는 가운데 민간기업 및 새로운 유통망의 등장은 눈여겨볼 만한 현상이다.

평양에는 '북한식 편의점'이라고 할 수 있는 새로운 형태의 국영상점인 황금벌상점이 2014년 말경 문을 열었다. 일본의 친북단체인 조총련 기관지 〈조선신보〉에 따르면 황금벌상점은 현재 평양의 중구역과 보통강 구역 등 3곳에서 영업되고 있다.

황금벌상점은 다른 국영상점과 몇 가지 차이가 있다. 우선 가격이 다른 상점에 비해 싸다. 상점을 운영하는 국영기업 황금벌무역회사는 현지에서 제품을 대량으로 수매하는 것은 물론 외국에서 물건을 들여올 때 관세 특혜를 받고 있어 싼 가격에 판매할 수 있다고 한다. 그리고 다른 국영상점과 달리 오전 6시~자정까지 문을 연다.

북한 당국은 황금벌상점을 사회주의 기업책임제의 성공사례로 꼽고 있다. 김정은 국방위원회 제1위원장이 내놓은 이른바 '우리식 경제관리방법'의 우수사례라는 것이다.

하지만 황금벌상점에 대한 평가는 엇갈린다. 일부에서는 북한 당국이 시장 기능을 제한하기 위해 상점을 만든 것으로 추정한다. 백화점과 시장, 국영상점 외에 새로운 할인마트 형태의 제3의 유통망을 만들어서 기존의 시장활동을 관리하고 있다는 시각이다. 반면 황금벌상점이 북한의 시장화 물결의 연장선에 있다는 관측도 있다.

북한에 투자한
외국 기업들

        북한은 겉으로는 '자력갱생'을 내세우고 있지만 외국 기업과 합작하는 사례도 적지 않다. 자원과 재원, 기술이 턱없이 부족한 상황에서 외부의 도움 없이는 성과를 낼 수 없다는 것을 북한도 너무나 잘 알고 있기 때문이다.

  1980년대 들어 조총련은 서방측의 선진기술과 자본 도입을 서두르는 북한의 합작투자에 적극 협력하고 있다. 1985년 문을 연 평양의 창광여관 커피점, 낙원백화점 등이 합작투자의 결과다. 1986년 8월 북한의 합영사업추진위원회와 조총련 합영사업연구회가 각각 60만 달러씩 공동출자해 조선국제합영총회사를 설립하고, 매년 1회씩 이사회를 개최해 합영사업의 확대방향을 협의해오고 있다.

  미국 정보 블로그 '시크릿 오브 코리아(Secret of Korea)'는 2012년 7월 9

일 미국 '오픈소스센터(Open Source Center)' 자료를 인용해 2011년 말 기준 북한에 진출한 외국 기업을 모두 351개로 집계했다. 이 중 중국 기업이 205개로 가장 많았고, 일본 기업이 15개, 한국 기업이 10개 등이었다.

업종별로 보면 광산업 분야가 89개로 가장 많았고, 소비재와 중공업·건설 분야는 40여 개로 나타났다. 북한이 유치한 최대 규모의 외국 투자기업은 50년 채굴권을 얻은 중국의 '옌벤천지산업무역주식회사'로 나타났다. 이 회사는 약 8억 6300만 달러를 투자했다.

김정일 위원장은 2011년 1월 방북 중인 이집트 통신회사 오라스콤의 회장 나기브 사위리스(Naguib Sawiris)를 만났다. 당시 김 위원장이 한국 외의 외국 기업인을 면담한 사실이 조선중앙통신을 통해 보도된 것은 처음이라는 게 알려지면서 직접 외자 유치에 나선 것이 아니냐는 분석이 나왔다.

오라스콤은 2008년 75%의 지분(북한 체신성 25%)을 투자해 북한 내에 통신서비스 고려링크를 설립한 이동통신사다. 오라스콤은 소위 '위험국가'에 통신서비스를 제공하는 데 탁월한 노하우를 보유하고 있다. 사위리스 회장은 북한에 대규모 투자를 단행한 공로를 인정받아 북한 당국으로부터 훈장도 받았다.

오라스콤은 2008년 4월경, 1992년 이후 미완공 상태로 방치되고 있던 류경호텔에 2억 1500만 달러를 투입해 중단됐던 류경호텔의 공사를 재개했다. 오라스콤에 이어 프랑스의 시멘트 제조업체 라파즈가 투자자로 나서기도 했다. 또 아랍에미리트의 에마르 프로퍼티 디벨롭트 (Emma property developed)가 호텔을 정밀 분석한 결과 아무 이상이 없는 것으로 밝혀져 호텔 외벽에 유리를 붙이는 시공을 진행해 2011년 7월에 외부 공사가 마무리됐다. 2013년 4월에 완공할 계획이었으나 무기한 연기됐다.

| 류경호텔 전경 |

출처: 위키백과

오라스콤이 북한에서 벌어들인 돈을 자국으로 송금하지 못해 어려움을 겪은 일은 북한의 예측불허한 투자환경을 설명해주는 사례다. 오라스콤은 2008년에 북한 측과의 합병으로 고려링크를 설립해 휴대전화 서비스를 개시한 뒤 2013년 5월 기준 200만 명 이상의 가입자를 유치하는 성과를 냈다.

그러나 고려링크의 현금잔고는 가입자 수가 늘어나면서 꾸준히 증가했음에도 북한 당국의 규제 때문에 외화로 환전하지 못하고 북한 원화로 계속 쌓이고 있다. 오라스콤이 내놓은 보고서에 따르면 고려링크의 현금잔고는 이집트 파운드화로 표시돼 있는데, 2015년 상반기 환율로 환산하면 2014년 말에 5억 4800만 달러까지 늘었다고 한다. 그러나 이는 북한의 공식 환율을 적용한 추산치다. 북한 돈의 실제 가치가 반영되는 암시장 환율을 적용하면 고려링크의 현금잔고가 가지는 외화 가치는 크게 떨어진다. 북한에 자유로운 외환시장이 존재하지 않아 리스크를 안고 있는 셈이다. 게다가 북한 당국의 감시와 국제사회의 대북제재가 계속되면서 고려링크의 수익금을 이집트 본사로 보내기도 어려운 실정이다.[37]

북한은 휴대전화 서비스 시장이 계속 성장하자 2011년에 고려링크와는 별도로 강성네트라는 새로운 회사를 설립하기도 했다. 고려링크는 새로운 경쟁자를 만나게 된 것이다. 현재 오라스콤은 고려링크의 수익을 이집트로 보내고 북한 내 경쟁을 완화할 목적으로 강성네트와의 합병을 추진하고 있다. 그러나 합병으로 새로운 회사가 설립되면 오라스콤의 지분이 대폭 줄어 지금까지 벌어들인 휴대전화 사업의 수익을 북한 측에 뺏길 것이란 우려 섞인 해석도 나오고 있다. 오라스콤은

---

37) 2015년 3월 컨설팅회사 딜로이트(Deloitte)는 오라스콤 재무제표를 분석한 회계감사보고서에서 고려링크의 자산 8억 3200만 달러 중 6억 5300만 달러가 북한의 현금자산으로 남아 있고, 북한 당국이 현금잔고를 특정한 영업과 자본 비용에만 사용하도록 규제하고 있어 고려링크의 현금잔고는 비유동성 금융자산으로 처리됐다.

2015년 11월 고려링크를 계열사에서 분리해 협력업체로 전환했고 사업 철수를 검토 중이다.

외국 기업들이 열악한 인프라와 전력 사정으로 투자를 꺼리는 가운데 북한의 불확실한 정책 등으로 피해를 보는 기업이 적지 않은 것으로 보인다. 중국의 인터넷뉴스 포털인 '다허왕(大河網)'을 비롯한 언론 매체들은 북한에 2억 4천만 위안(약 406억 원)을 투자했다가 북한 당국의 일방적인 계약 파기로 한 푼도 건지지 못한 채 쫓겨난 시양(西洋)그룹의 투자 실패 사례를 기사화하기도 했다. 중국 언론매체들은 이 사례를 소개하면서 외국의 투자 보호를 위한 북한의 법과 제도가 제대로 갖춰져 있지 않으며 정책 위험도 매우 크다고 지적했다.

북한 내의 외국인 투자환경이 열악한 것은 사실이지만, 경우에 따라 북한 당국과 좋은 관계를 맺고 사업을 펼친 사례도 있다. 2002~2009년까지 평양에서 북한과 스위스의 합작회사인 '평스제약합영회사' 사장으로 근무한 펠릭스 아브트는 비판 일색이던 북한의 투자환경에 대해 상대적으로 우호적인 평가를 내리기도 했다.

그는 북한 생활을 기록한 저서 《평양 자본주의》에서 본인이 북한 정부의 도움으로 현지 사업가 및 고객들을 정기적으로 만날 수 있었다고 회고한다. 제약회사 대표로서 평양에 있는 대부분의 병원장을 만났고, 주요 도매상들과도 접촉했으며, 수십 명의 약국관리자와도 직접 만날 수 있었다고 덧붙였다. 아브트는 그가 북한 내에서 사업을 성공적으로 펼칠 수 있었던 것은 정치인들과 좋은 관계를 맺기보다는 지역 주민들과 협력했기 때문이라고 말한다. 그의 전임자가 북한 당국을 회사와 연결해주던 당 비서가 누구인지조차 몰랐다면 아브트는 자신의 회사에서 근무하는 북한 직원들의 가족사항까지 줄줄이 말할 정도로 북한 사람들과 친밀한 관계를 유지한 것이 큰 도움이 됐다는 것이다.

하지만 외국 기업이 북한에 장기적인 투자를 하는 것이 쉽지 않다는 게 대체적인 평가다. 2007년 유럽 기업 중 최초로 북한 개성공단에 진출했던 독일의 자동차 부품업체 프레틀(Prettl)은 북한 사업의 불확실성을 이유로 대북사업을 접기로 결정한 뒤 베트남으로 공장을 이전했다. 2008년 북한에 진출했던 독일 의류업체인 게리 베버(Gerry Weber)도 결국 3년 만에 북한 내 의류 생산시설을 모두 철수했다.

외국 기업들은 전기와 물 등 기반시설이 부족한 데다 투자자 보호를 위한 법규도 충분치 않아 대북투자를 지속하기 어렵다고 보고 있다. 특히 국제사회의 경제제재가 이어지면서 북한을 매력적인 투자처로 보지 못하는 외국 기업들이 대다수다.

다만 상대적으로 중국 국적의 기업들은 북한에서 일정 부분 수익을 내면서 사업을 이어가고 있는 것으로 보인다. 2007년에 미국 경제학자인 스테판 해거드(Stephan Haggard)와 마커스 놀런드(Marcus Noland)가 수행한 연구에 따르면 북한에서 사업을 하는 중국 기업은 모두 250개이며 이 중 88% 정도가 수익을 창출하고 있었다. 물론 이들 대다수 기업은 북한 관리 등에게 뇌물을 제공한 적이 있다고 답했지만 장기적으로 북한에서의 사업을 긍정적으로 전망했다.

북한에서의 사업은 리스크를 지닐 수밖에 없지만 일단 사업이 진행되면 이익을 내는 구조로 봐야 할 것이다. 결국 어떻게 리스크를 해결하느냐가 관건이다. 향후 한국 기업이 북한과 사업을 시작할 때는 중국이나 러시아 기업까지 끌어들여 정치적 안정성을 확보하고, 북중 혹은 북러 국경지대에 사업장을 마련해 전기 등의 인프라를 안정적으로 확보하는 것을 검토할 수 있다.

북한산 자동차 '휘파람'의 등장

북한은 통일교와의 협력으로 자동차를 조립해 판매하고 있다. 북한의 국영기업인 조선민흥총회사는 한국에 본사를 둔 통일교 소유의 평화자동차와 합작해 1994년에 '평화자동차총회사'를 설립했다. 남측의 평화자동차가 70%, 북측의 조선민흥총회사가 30%를 출자했다.

평양에서 남서쪽으로 약 50km 떨어진 산업도시 남포에 위치한 이 회사는 이탈리아의 자동차회사 피아트(FIAT)의 자동차를 수입, 해체한 뒤 설계도를 복원하고 부품을 제작해 재조립하는 방식으로 2002년에 공장을 준공해 1,580cc급의 자동차 '휘파람'을 선보였다. 당시 북한 기업체로서는 처음으로 상업광고판을 북한 시내에 설치하기도 했다.

2004년부터 남포공장에서는 스포츠유틸리티차량(SUV, 뻐꾸기Ⅱ)과 픽업트럭(뻐꾸기Ⅲ)이 조립·생산되기도 했다. 부품들은 중국 자동차 제조업체인 '단동 슈광(曙光)'에서 제공됐다. 2007년에는 중국 회사 '브릴리언스 차이나 오토모티브 홀딩스(Brilliance China Automotive Holdings)'의 '준지에'가 '휘파람Ⅱ'라는 이름으로 생산되기 시작했다.

2008~2009년에 평화자동차총회사 총사장을 지낸 조영서는 2013년 5월 자유아시아방송과의 인터뷰에서 총사장을 맡았을 당시의 어려움을 토로하기도 했다. 당시 평화자동차총회사의 직원들은 판매 실적을 올리기 위해 노력하지 않았고 그로 인해 생산이 줄고 근로자들이 떠나면서 회사는 계속 위축됐다고 한다. 이를 해결하고자 판매 독려에 애썼고 그 결과 점차 주문과 생산이 늘면서 회사가 성장해 직원들의 월급과 복지 또한 향상됐다고 말했다.

하지만 북한의 자동차산업이 지속적으로 발전했다고 보기는 어렵다. 무엇보다 재조립이나 생산 과정에서 전략문제로 차질이 빚어졌기 때문이다. 가령 자동차에 도색을 하기 위해 스프레이를 차에 뿌리자 페인트가 일정하지 않게 분출됐다. 전압의 불안정으로 발생하는 이른바 '플리커(flicker) 현상' 때문이다. 이 밖에도 중국에서 생산되는 차량이 북한으로 들어오면서 국내 조립산 제품들이 큰 인기를 끌지는 못한 것으로 보인다. 결국 통일교의 문선명 일가는 평화자동차총회사의 지분 70%

를 2013년에 북한 측에 양도했다.

북한의 KKG기업은 전 세계적으로 큰 주목을 받았다.《파이낸셜타임스》가 2015년 6월 KKG를 북한이 전 세계에서 벌이는 글로벌 사업의 핵심 조직이라고 보도하면서다. 대북 분석가들은 이 회사를 김정은 일가의 비자금 창구인 노동당 39호실의 지원을 받아 세계 곳곳에서 외화벌이를 하는 핵심적인 기업으로 보고 있다.

북한의 KKG는 39호실뿐만 아니라 홍콩에 주소를 둔 퀸스웨이그룹의 지원도 받는 것으로 알려졌다. 퀸스웨이는 앙골라의 유전과 짐바브웨의 다이아몬드 기업 지분을 갖고 있으며 미국 맨해튼과 싱가포르에도 부동산을 보유 중이다. 퀸스웨이 고위 인사들과 앙골라 국영 석유회사의 합작 벤처기업인 중국 소나골(China Sonangol)은 북한에서 지속적으로 석유 탐사 작업을 벌이고 있지만 아직 성공을 거두지는 못했다. 퀸스웨이는 중국 정보기관과 끈이 닿아 있고 아프리카에서 활발히 활동하고 있는 중국인 재벌 '샘 파(Sam Pa)'라는 인물이 이끌고 있다.

일반적인 믿음과 달리 북한에서 다양한 방식으로 민간기업이 운영되고 있다는 것은 이미 잘 알려진 사실이다. 북한이 자생적으로 생겨나는 민간의 기업활동을 사실상 방치하고 있기 때문이다.

기존 기업소들에서 최고 실력자인 당 비서와 실질적인 역할을 맡은 지배인과의 관계도 점차 변하고 있다. 당 비서의 역할은 정치적 지도로 제한됐고 지배인의 기업경영 의사결정권이 점점 커지고 있다. 지배인은 생산계획을 수립하고 임금을 결정하면서 노무관리 등을 수행한다. 또한 기업의 유휴노동력을 탄광이나 농장 등에 파견하는 것도 허용할 수 있다.

은금도 가득한
삼천리 내 조국

 "은금(銀金)에 자원도 가득한 삼천리 아름다운 내 조국~"

북한 국가(國歌)에는 위와 같은 가사가 있다. 북한 땅에 지하자원이 많아 발전 가능성이 크다는 북한 나름대로의 자신감의 표현이다. 하지만 실제 북한에 얼마만큼의 지하자원이 매장돼 있는지는 분명치 않다. 2014년 서울대학교 통일평화연구원은 북한에 매장된 지하자원의 가치가 5조 7500여 억 달러(약 6089조 원)로 남한(2397억 달러≒253조 원)의 25배에 달할 것으로 추정한 바 있다.

 이 밖에 2010년 말 한국광물자원공사는 2008년 시세 기준 약 7천조 원으로 추정했고, 북한자원연구소 최경수 소장은 2012년 8월 〈북한 지하자원 잠재가치 및 생산액 추정〉 보고서에서 2012년 상반기 시세 기준 약 1경 1026조 원으로 평가했다. 2013년 9월 국회입법조사처가 김

을동 새누리당 의원에게 제출한 자료에 따르면 개발경쟁력 있는 지하광물자원 20여 종의 가치가 6986조 원에 달해 한국의 22배에 이른다는 분석도 있다.

전문가들은 공통적으로 북한에는 약 500종류의 지하자원이 있으며 이 가운데 경제적 가치가 높은 유용광물이 200여 종에 이를 것으로 보고 있다. 특히 무연탄, 마그네사이트, 아연, 텅스텐, 우라늄, 희토류 등의 매장량은 상당할 것으로 추정한다.

북한 광물의 경제가치는 국제적으로도 인정받고 있다. 2016년 5월 《이코노미스트》는 북한 지하자원의 경제가치는 10조 달러(약 1경 1700조 원)로 남한 지하자원의 20배에 이른다고 보도하기도 했다.

북한의 석유를 둘러싼 갑론을박

무엇보다 큰 관심은 북한의 석유 매장량이다. 1998년 정주영 현대그룹 명예회장은 방북 후에 "평양이 기름 더미 위에 떠 있다"고 발언해 주목을 받았다. 북한에 석유가 있다는 것은 어느 정도 사실로 받아들여진다. 하지만 중요한 것은 매장량과 경제성이다.

북한 측은 원유 매장량이 600~900억bbl(배럴)(1bbl=약 159ℓ) 정도로 추정된다고 밝힌 바 있다. 과장된 수치일 가능성이 높지만 이것이 사실이라면 북한의 원유 매장량은 세계 8위 수준이다.

북한의 석유 탐사와 관련해 독특한 이력을 가진 인물은 중국 환구석유심탐유한공사 사장인 재미교포 박부섭 박사다. 미국에서 물리학 박사학위를 받은 박 박사는 마이크로렙톤(microleptons) 탐사라는 자신만의 방식으로 석유 매장량을 탐사했다. 이 방식은 기존 탐사 방식인 탄성파 탐사보다 10배 가까이 정확하다고 하지만 아직은 국제적인 공인을 얻지 못했다.

박 박사는 이 방식으로 1994년부터 북한 석유 탐사를 시작해 황해도, 강원도, 두만강 지역, 서한만 등 북한 전역을 탐사했다. 그 결과 서한만 5개 구역에 모두 42억bbl의 석유가 매장돼 있다고 추정했다. 한국해양과학기술원 유해수 박사는 2000년 5월 4일 《뉴스메이커(Newsmaker)》와의 인터뷰에서 "박 박사는 세계 석유전문가들 사이에서도 이름이 알려진 분이기 때문에 터무니없는 주장을 펼칠 사람은 아니라고 생각한다"고 견해를 밝혔다.

2011년 5월 말 미래희망연대 송연선 의원이 주최한 '남북경제협력 활성화 방안' 정책토론회에서 김영일 무역협회 남북교역투자협의회 고문(효원물산 회장)은 서한만과 연결된 중국 보하이(渤海)만 대륙붕 유전지대에 약 1470억bbl의 석유가 매장돼 있다고 주장하기도 했다. 물론 김 고문이 언급한 수치는 중국 보하이만 유전지대 매장량을 말하는 것으로 보하이만과 서한만이 연결돼 있으므로 북한에도 석유가 풍부하다는 점을 암시할 뿐 북한에 그만큼의 양이 매장돼 있다는 의미는 아니다.

북한의 석유 매장량이 불분명한 이유는 북한이 석유 관련 자료를 공개하지 않기 때문이다. 영국 액세스아시아(Access Asia)의 폴 프렌치(Paul French) 소장은 2008년 1월 31일 자유아시아방송과의 인터뷰에서 "영국의 투자자들이 과학적 자료를 보고 투자 여부를 결정해야 하는데, 정작 북한 당국은 지질 탐사자료 자체가 외부로 나가는 것을 원하지 않는다. 탐사자료가 국가기밀이라고 우기는 것이다. 결국, 사업이 중단됐다"라고 말했다. 이는 북한이 석유 자원을 국가적 차원에서 매우 엄격히 관리하고 있거나 매장량 추정치가 과장됐다는 점을 숨기려는 의도일 수 있다.

북한에 상당량의 석유가 매장됐다고 하더라도 얼마나 경제적으로 시추할 수 있는지도 관건이다. 가령 캐나다의 오일샌드는 채굴 비용이 많이 들어 경제성이 떨어지는데, 석유 가격이 오르면 주목을 받지만 가격이 떨어지면 다시 관심이 뚝 떨어진다.

《시사저널》은 1997년 10월 7일 일본 도쿄 제1차 북한 유전 설명회에서 페트릭스(Petrics)의 기술자문위원인 최동룡 박사가 북한 원유공업부 1차 자료를 토대로 작성한 보고서 내용을 보도하면서 경제성이 상당히 우수하다고 평가한 바 있다. 보고서 내용을 검토한 당시 석유개발공사 최병구 국내 개발부장은 "보고서에서 적시한 지질 구조대로라면 생산성 측면에서도 대단히 우수하다고 할 수 있다"고 언급했다.

| 북한의 석유매장 가능 지역 |

중국

경성만 분지

길주 분지

안주 분지

북한

온천 분지

동한만 분지

서한만 분지

평양 분지

출처: 한국지구과학회, 〈2005 추계학술발표회 논문집〉, 32~39쪽

북한은 오래전부터 석유 개발에 뛰어들었다. 1950년부터 경흥, 길주, 명천 등 육상지역에 15개의 시추공 작업을 했으나 실패해 탐사를 중단했다. 이후 1968년 숙천 지역에서 유전을 발견해 다시 탐사를 시도했으나 역시 실패한 것으로 알려졌다.

육지 석유 탐사에 실패한 북한은 해상 석유 탐사로 눈을 돌려 서한만부터 탐사를 시작했다. 북한은 1965~1980년 중국과 합작으로 서조선만(서한만)에 있는 초도 북부 지역에 대한 공중 자력탐사 작업을 벌였고, 같은 기간 단독으로도 탐사를 진행했다. 1976~1980년에는 탄성파 탐사를 벌였다. 1980년부터는 노르웨이의 지코(Geco), 영국 리워드 페트롤리엄(Leeward Petroleum), 스웨덴의 타우루스 페트롤리엄 AB(Taurus

Petroleum AB)가 탐사 작업을 이어갔다.

북한은 탐사 결과를 토대로 1977년부터 시추 작업을 시작했다. 안주 분지에 2개, 온천 분지에 1개, 서한만 분지에 7개의 시추공을 굴착, 두 유정(油井)에서 석유가 나왔고 나머지에서도 석유와 가스 징후가 나타났다.

동한만 원산 앞바다의 탐사는 1990년에 구소련과 함께 진행했다. 1992~1996년에 탐사 정(井) 2개를 뚫었는데 석유와 가스 징후를 발견했다. 1997년에는 호주의 비치 페트롤리엄(Beach Petroleum)이 탄성파 탐사를 벌였다.

북한이 1990년대 후반부터 본격적인 석유 생산에 들어갔다는 주장도 있다. 1998년 평안남도 숙천 유전에서 생산을 시작했다는 설이 있으며, 2002년 7월에는 글로벌 오일 서베이 차이나(Global Oil Survey China) 탐사팀이 평안남도 안주시 숙천군 장동리에서 4대의 장비로 원유를 하루 최대 400bbl 생산하는 장면을 촬영하기도 했다. 또한 서한만의 7개 시추공 중 하나에서 원유를 하루 450bbl씩 생산했다는 소식도 전해졌다.

이들 지역 외에 함경북도 명천군에 3억bbl, 함경북도 온성군에 1~3억bbl 등이 매장됐다는 얘기도 나오고 있다. 매장량은 파악되지 않았지만 평안남도 안주군과 개천군에도 원유가 매장돼 있다는 말들이 많다.

하지만 비용과 장비 문제로 북한의 독자적인 석유개발사업은 한계에 부딪힌 것으로 보인다. 원유 탐사를 위해선 광구 하나를 개발하는 데 시추선 등 1천만 달러 이상이 필요한데, 북한은 이 비용을 감당하기가 어렵다. 채굴 장비가 거의 없다는 점도 문제다. 북한은 중국산 채굴 장비를 수입하려고 온갖 노력을 기울였지만 실패했다. 채굴 장비가 금수품목인 데다 중국이 북한의 독자적인 원유 탐사에 부정적인 것으로 보인다. 중국으로서는 북한이 원유를 채굴하면 통제력이 약해질 것으로 생각할 수밖에 없다.

외국 기업들도 북한 원유 탐사에 뛰어든 바 있다. 몽골의 에이치비오일(HBOil JSC)은 2013년 6월 북한의 국영 정유회사 승리화학연합기업소의 지분 20%를 1천만 달러에 인수했다. 북한 나선특별시 등에서 내륙 유전과 가스전 탐사에 나서기 위해서다. 에이치비오일은 평양 양각도 호텔에 사업 이행을 위한 사무실을 마련하기도 했다.

앞서 영국의 아미넥스(Aminex)는 2004년 북한 동해 동한만 분지에 원유가 매장됐을 가능성이 높다고 판단하고 북한 전 지역에서 20년간 원유 탐사와 개발을 하기로 북한 조선원유개발총회사와 계약했다. 하지만 2012년 급변하는 북한의 정치 상황을 이유로 사업을 포기했다.

중국도 북한 원유에 관심이 많다. 중국해양석유총공사(CNOOC)는 2005년 서한만 분지에 약 600억bbl의 원유가 매장돼 있다고 발표했다. 노두철 북한 부총리는 중국과 서한만 분지의 원유 개발을 위한 양해각서(MOU)까지 체결했다.

한동안 지지부진했던 것으로 보이던 중국의 북한 내 석유개발사업

은 미국의 북한전문 인터넷매체인 'NK뉴스'가 중국석유천연가스집단
(중국석유, CNPC) 소유의 시추선 종요우하이(中油海) 17호가 북한 서해 배
타적경제수역(EEZ)에 2016년 5월 이후 6개월째 머무는 것으로 확인
됐다고 보도하면서 새롭게 관심을 받기 시작했다. 해당 선박의 위치가
1980~1990년대 발견된 탐사 정과 매우 가까워 중국이 북한의 원유 매
장과 관련해 2005년 서명한 MOU에 새롭게 관심을 보이고 있다는 징
후가 될 수 있다고 분석한다. 그러나 이 같은 움직임은 국제사회가 북
한에 대한 경제제재를 압박하는 가운데 나온 것으로 주한미군의 고고
도미사일방어체계(사드) 문제에서 중국이 한국을 압박하기 위한 카드
라는 분석도 나왔다.

석유로 북한을 통제하는 중국

과거 북한은 구소련과 중국으로부터 원유를 수입하다가 소련 붕괴 이
후에는 원유 수급을 전적으로 중국에 의존하는 형편이다. 나머지는 리
비아를 포함해 아프리카와 중남미, 중동 지역에서 수입해왔다.

북한은 1990년대 이전에는 5년마다 체결되는 석유공급협정을 통해
연간 약 100만t 이상의 원유를 시장가격보다 50% 정도 싸게 중국으로
부터 공급받은 적도 있다. 북한이 원유를 싸게 받고 중국에 무연탄과
시멘트 등을 공급하는 식이다.

하지만 중국이 1990년대 이후 원유 수출 거래에서 북한에 국제가격을 적용하면서 북한의 원유 수급 상황은 점점 어려워졌다. 물론 항상 국제 시세가 적용된 것은 아니다. 김일성, 김정일이 중국을 방문하면 중국 정부가 통 큰 선물로 원유를 아주 싸게 공급하기도 했다는 게 대북전문가들의 분석이다.

북한은 중국으로부터 통상 연간 60만t의 원유를 수입해왔다. 중국은 다칭 유전(大慶油田)의 원유를 파이프라인을 통해 단둥을 거쳐 신의주로 건넨 뒤 평안북도 피현군 소재의 봉화화학연합기업소로 보낸다. 총연장 1천km에 이른다. 봉화화학연합기업소는 중국에서 들여온 원유를 가공해 휘발유, 등유, 경유, 윤활유, 항공정유 등을 생산 공급하고 있다.

중국과 북한 경제의 핵심고리 역할을 한 장성택의 숙청 이후에 한동안 북중 관계가 불편해지면서 중국으로부터의 원유공급이 줄었다는 분석도 나왔다.

한국무역협회가 내놓은 통계자료를 보면 북한의 중국산 원유 수입액은 2015년 1월까지 '제로(0)'를 기록하면서 13개월째 '0'에 머물렀다. 이 때문에 중국이 북한 길들이기를 하기 위해 석유와 같은 에너지 공급에 제재를 가하는 게 아니냐는 관측이 나왔던 것이다.

하지만 이런 시각은 절반은 맞고 절반은 틀린 이야기로 보인다. 중국은 이번뿐 아니라 과거에도 돌연 월간 기준으로 원유 수출을 전혀 하지 않은 것으로 집계된 적이 있다. 중국 해관총서의 통계에 따르면

2014년 6월과 7월에도 원유 수출이 전혀 집계되지 않았다. 대략 5만t 정도를 수출하던 중국이 갑자기 특정 달에는 아예 수출물량이 없다는 식으로 나오는 것이다.

실제 중국 외교부 대변인은 2015년 1월 말 북한과 중국 양국이 "정상적인 무역협력 관계를 유지하고 있다"고 밝혀 대북 원유공급이 일부 이뤄지고 있다는 점을 시사하기도 했다.

중국 정부가 대북 원유 지원에 대한 국제사회의 주목을 우려해 일부러 수출 실적을 누락시키고 있다는 관측도 있다. 하지만 분명한 것은 중국이 석유를 가지고 북한 길들이기를 하고 있다는 점이다.

2002년 10월 북한의 고농축우라늄 프로그램이 새롭게 알려지고, 다음 해 1월 북한이 핵확산금지조약을 탈퇴하자 미국과 중국은 북한에 3자 회담에 나오라고 촉구했다. 처음에는 '절대로' 응하지 않겠다던 북한이 갑자기 태도를 바꿔 4월 23일 회담이 열렸다. 중국이 아무런 통보 없이 대북 송유관을 며칠 동안 잠갔기 때문이라는 게 외교가의 정설이다.

2016년도에 북한이 잇달아 핵실험을 감행했지만 중국 정부는 아직 원유공급 중단이라는 초강수를 두지는 않고 있다. 이 때문에 북한에 대한 국제사회의 제재가 허점을 가진다는 목소리가 나오고 있다.[38]

---

38) 2017년 북한의 핵 도발 상황에서도 중국이 북한으로 원유를 보내는 송유관을 잠가야 한다는 국제사회의 요구가 적지 않았다. 그러나 중국이 북한에 보내는 다칭산 석유에는 파라핀 성분이 많아 기름이 흐르지 않으면 굳어버린 파라핀 입자들이 송유관에 달라붙는다. 이를

장성택 처형 이후 북중 관계가 불편해져 한동안 북한은 러시아에 의존하는 모습도 보였다. 러시아는 파이프라인이 없어 선박으로 원유를 보내는데 선박은 블라디보스토크 등 극동 지역 항구에서 출발해 나진항, 청진항 등으로 들어간다. 중국보다 절대적으로 적은 양이지만 북러 관계를 개선해 조금씩 중국을 대체하겠다는 게 북한의 전략으로 보인다.

북한은 나진항 근처에 있는 승리화학연합기업소에 들어오는 러시아산 원유에 무관세를 적용하는 특혜를 제공하고 있다. 그 영향으로 러시아산 원유가 중국산보다 싸졌다. 최근 북러 간의 훈풍을 반영하는 현상이기도 하다. 북한은 최근 유가가 급락하자 원유 탐사보다 수입하는 게 낫다고 판단하는 것으로 보인다.

북한으로서는 석유의 공급 다변화가 절실할 수밖에 없다. 이런 상황에서 2014년 3월 북한의 인공기를 단 3만 5천t급의 유조선 '모닝글로리호'가 반군이 있는 리비아 동부 해안에서 원유를 싣고 나가는 데 성공했다는 외신 보도가 있었다. 리비아 정부군이 유조선을 나포했지만 폭풍우를 틈타 달아났다. 북한은 즉시 인공기를 단 모닝글로리호가 자신들과 무관하다고 주장했다.

북한의 주장처럼 인공기를 단 유조선이 북한과 무관할 수 있다. 북한

다시 쓰려면 파라핀 입자들을 녹여야 하므로 시간이 걸린다. 북한을 움직이기 위해 중국이 잠깐 송유관을 잠갔다가 다시 원유를 보내는 게 쉽지 않다는 의미다. 결국 중국으로서도 북한을 움직일 수 있는 마지막 카드를 쉽게 쓰기는 어렵다.

과 상관없는 해외 선박들이 세금을 피하고자 인공기를 다는 경우가 종종 있기 때문이다. 국제사회의 기본적인 규정을 지키지 않는 북한으로 위장해 국경을 이동하면 세금을 피하는 탈법을 일삼기가 쉽다.

다른 가능성은 모닝글로리호가 실제 북한과 계약을 맺었을 수도 있다는 것이다. 이 유조선에 북한 사람들이 탔을 가능성은 낮지만 북한이 유조선과 계약을 맺고 기름을 북한 내로 들여오려 했을 수는 있다. 하지만 리비아 정부가 강경하게 대응하면서 국제사회의 관심을 받게 되자 관련성을 극구 부인했을 가능성도 배제할 수 없다. 실제 북한은 통상적으로 외국 기업들과의 합작사업에서 자신들에게 불리하다고 생각되면 상대방의 의사와 관계없이 계약 파기를 강행하는 경우가 흔하다.

원유는 대북제재 대상이 아닌 만큼 리비아에서 사 온 원유는 나진 · 선봉지역의 승리화학공장에서 정제 과정을 거칠 가능성이 높다. 하지만 모닝글로리호의 원유가 실제 북한 소유라고 하더라도 국제사회의 감시망을 뚫고 북한으로 들어가는 게 쉽지만은 않을 것이다.

어쨌든 만성적인 전력난에 시달리는 북한으로서는 어떤 식으로든지 석유공급 루트를 다양화할 필요가 있다. 이 때문에《블룸버그 비즈니스위크(Bloomberg Businessweek)》등 외신들은 최근 북한이 '글로벌 오일 블랙마켓'의 최대 수요자가 될 것이라고 전망하기도 했다.

저유가는 북한 경제에도 호재

광물자원 수출에 의존해온 북한에 국제 원자재의 가격 하락은 악재다. 특히 주요 수출품목인 무연탄과 철광석의 가격 하락은 직격탄이 될 수밖에 없다. 북한 석탄의 주요 수입국인 중국은 2011년 국제 석탄 가격이 t당 210달러까지 급등했을 때에도 그 반값에도 못 미치는 100달러 수준으로 북한의 무연탄을 수입했다. 북한은 오랫동안 지속된 국제제재로 국제 자원시장에 진입하지 못하고 있어 중국 시장만 바라보고 있다. 중국에서 무리한 요구를 해도 별다른 대안이 없다는 의미다. 중국의 석탄 소비 감소와 환경규제 강화도 북한의 원자재 수출에 부정적인 영향을 줄 수밖에 없다. 2015년 초에 중국의 공업정보화부는 2015~2020년 석탄소비계획을 발표했다. 이에 따르면 중국의 석탄 소비량은 2017년까지 8천만t, 2020년까지 1억 6천만t 이상 줄어들 예정이다. 전 세계적으로 이뤄지는 온실가스 배출 감소 노력에 동참하기 위해 중국이 연도별로 석탄 감출 목표를 구체적으로 밝힌 것이다.

중국의 변화된 환경규제는 북한에 악재로 작용한다. 중국 공업정보화부는 2020년까지 석탄 분진 배출량을 100만t, 아황산가스 배출량을 120만t 줄이겠다고 발표했다. 이로 인해 중국 기업들이 과거처럼 오염물질이 많은 저질 무연탄을 사용하기 힘들게 돼 중국으로 수입되는 무연탄 중 오염물질 함유량이 기준치를 초과하는 경우 전량 반송되고 있다. 실제로 2015년 2월 북한산 무연탄을 적재한 화물선이 중국 산둥(山

東)성 르자오(日照)항에 도착했다가 수은 함량 기준치 초과로 검역을 통과하지 못해 북한으로 되돌아간 적도 있다.

한동안 국제적인 원자재 가격 급등으로 외화벌이에 자신감을 얻었던 북한은 천안함 도발을 포함해 강경한 대북 노선을 고수했다. 하지만 원자재 가격 폭락으로 주요 수출국인 중국으로의 수출이 제한되면서 비상이 걸릴 수밖에 없었다. 이로 인해 북한 당국은 근로자들의 주머니를 쥐어짜 외화를 충당하는 데 적극 나섰다. 해외에 파견하는 북한 근로자 수를 늘리는 것을 넘어 북한 내에서 외국 기업에 다니는 근로자들의 충성자금을 기존보다 20%p 높은 80%로 올렸다. 월급의 대부분을 뜯기게 된 북한 내 중산층들의 불만이 커질 수밖에 없는 이유다.

그러나 수년간 지속되고 있는 국제 유가 하락이 북한 경제에 나쁜 영향만 미치고 있지는 않다. 외부와 차단된 북한 경제지만 수입 원유는 국제 시세에 영향을 받을 수밖에 없기 때문이다.

2015년 1월 중순 혜산시 장마당에서 휘발유는 kg당 중국 인민폐 11.50위안(북한 돈 1만 5천 원)이었지만 2월 초부터 가격이 내리기 시작해 3월 초순에는 kg당 9위안(북한 돈 1만 1천 원)이라고 북한 소식통은 전했다. 북한은 휘발유를 ℓ 단위가 아닌 kg 단위로 판매한다.

북한은 이렇게 공급받은 원유를 가공해 섬유, 염화비닐, 합성고무, 비료원료, 도로포장용 피치 등을 생산하고 있다. 비싼 값을 주고 많은 휘발유를 장만해 놨던 장사꾼들이 회복하기 힘든 타격을 입게 됐다는 분석도 나온다. 하지만 앞으로 값이 오를 것에 대비해 일부 장사꾼들이 휘발유를 사들이고 있다는 소식도 나왔다.

북한의 대중 무역 관계에서 무연탄과 철광석 일색의 수출품목이 점차 임가공 제품으로 바뀌고 있는 점도 주목할 만하다. 중국인 사업가들이 북한 내에 공장을 짓고 싼 인건비를 활용해 생산한 의류 등을 중국 내로 들여와 수출하는 것이다. 북한의 입장에서는 원자재 수출보다 더 안정적인 외화벌이 수단이 될 수 있다. 국제사회가 북한에 대한 대북제재를 강화하려고 해도 중국 정부로서는 자국 내 사업가들의 이익 때문에 쉽게 북한과의 경제교류를 끊지 못하는 상황이 올 수도 있다

경제성 있는 희토류 매장

북한에는 석유 외에 금과 희토류 등의 지하자원도 상당한 것으로 추정된다.

한국의 국가과학기술연구회 산하 '한반도 광물자원개발 융합연구단(DMR 연구단)'은 북한에서 지하자원 가치가 가장 높은 지역은 금과 희토류가 대량으로 묻혀 있는 평안북도 정주시 일대라는 내용 등이 담긴 '북한 광물지도'를 제작하기도 했다. 국가과학기술연구회의 조사는 민간이 아닌 정부 차원에서 북한 광물 개발의 가치와 경제성을 처음으로 평가한 작업이다.

연구진은 북한 자원 정보를 비교 분석한 결과 특별히 개발 잠재성

이 높은 7개 지역군과 자원을 정리했다. DMR 연구단은 북한에서 우선 개발해야 할 지역으로 평안북도 정주~운산 일대를 꼽았다. 이 지역은 금은 광상(鑛床, 유용한 광물이 땅속에 많이 묻혀 있는 부분)이 혼재해 있는데 '산업의 비타민'이라 불리는 희토류 광상도 있다. 22개 희토류 광상 중엔 평안북도 정주시 일대가 가장 경제성이 높았다. DMR 연구단은 정주 지역의 희토류 매장량만 20억 t에 달한다고 추정했다.

한국광물자원공사(광물공사)는 2011년 9월과 12월에 북한의 개성공단에서 민족경제협력연합회(민경련) 관계자와 만나 북한 희토류 공동개발을 위한 실무협의를 진행하기도 했다. 당시 민경련 측은 희토류 광석 샘플 4개를 광물공사에 전달했고 광물공사 측은 샘플 분석 결과를 북한 측에 설명하려 했으나, 2011년 12월 17일 김정일의 갑작스러운 사망으로 인한 북한의 정세 변화로 추가 협의는 중단됐다. 광물공사는 2012년 2월 비상경제대책회의에서 이명박 당시 대통령에게 "북한의 희토류가 경제성이 있다"고 보고했고 이에 대통령은 "잘해 보라"며 격려의 말을 전했다. 당시 5 · 24조치 이후 개성공단을 제외하고는 북한과의 경제교류가 전면적으로 끊긴 상태에서 남북 간의 접촉이 알려져 큰 관심을 받기도 했다.[39]

---

39) 이명박 정부 시절 내려진 5 · 24조치 이후 남북 간의 공식적인 교류는 겉으로는 전면 중단된 것처럼 보였지만 물밑 접촉은 계속 이뤄졌던 것으로 보인다. 광물공사와 민경련의 접촉 사실이 〈동아일보〉에 보도(2012년 7월 23일)된 이후 통일부는 애매한 입장을 밝혔지만 접

당시 광물공사는 남북에 중국을 포함시켜 3자가 북한 희토류를 공동 생산하는 방안을 검토했다. 북한 내 돌발 변수가 생겨도 중국을 사업에 포함시키면 안정적으로 원료를 공급받아 정제작업을 할 수 있다고 본 것이다.

이 밖에 '산업의 쌀'이라고 불리는 철은 함경북도 무산군 일대가 가장 경제성이 높은 것으로 나타났다. 매장량만 43억t으로 경제성 2위인 평안북도 의주군 덕현노동지구의 40배에 이르렀다. 철 함량이 높은 '퇴적변성암' 지형 덕분이다.

비철금속은 양강도부터 이어지는 함경남도 북부에 많다. 동(銅)은 양강도 혜산시 인근에 많이 분포하는 '관계화성암'이란 광물에서 주로 난다. 상농, 운흥 등의 광상이 잠재성이 높게 나왔다. 배터리 원료로 주로 쓰이는 연(鉛)과 아연은 함경남도 단천시 검덕광업연합 일대와 인근 낙연, 성천 지역의 개발 가능성이 높았다. 시멘트나 유리섬유 등의 재료로 쓰이는 마그네사이트는 함경남도 단천의 대흥청년영웅공단과 용량 지역이 경제성이 우수한 것으로 조사됐다. 텅스텐은 황해북도 신평군 만년공업지대 인근, 몰리브덴은 황해북도 신계군 가무리광산 일대가 개발 잠재성이 높은 것으로 나타났다.

___

촉을 사실상 인정했다. 2016년 불거진 '최순실 게이트'의 보도 과정에서는 이명박 정부가 북측과 군사 분야에서 접촉한 사실이 드러나기도 했다.

북한에는 경제성은 높지 않지만 핵무기의 원료가 되는 우라늄 광상도 5개 이상 있다. 이 가운데 황해북도 평산군 평화노동지구는 흙을 처리해 우라늄 원광을 골라내는 선광(選鑛) 처리 능력이 1년에 20~40만t에 이른다. 여기에서 나온 우라늄은 실제로 영변 핵시설로 공급되고 있다. 북한의 우라늄 원광 매장량은 2600만t 정도로 알려졌다.

자본 기술력 부족에 중국만 이익

북한 당국은 막대한 광물자원을 제대로 이용하지 못하고 있다. 전기 등의 인프라는 물론 자본력이 부족한 데다 외국 기업들도 투자를 회피하고 있는 탓이다. 겨우 채굴한 자원도 고품질 소재로 가공하지 못하고 원광 형태로 중국 등에 헐값에 넘어가고 있는 실정이다.

북한의 풍부한 지하자원의 무분별한 외부 유출과 고갈을 막기 위해 한국 정부가 북한 지하자원개발 전문회사를 설립하고 관련 법률을 제정해야 한다는 주장이 있다. 북한자원연구소는 2015년에 내놓은 〈북한 자원개발 법제 연구〉 보고서를 통해 "정부는 북한 지하자원개발을 전문으로 하는 회사를 설립 운영하고, 회사는 통일부 소속 기관으로 해야 한다"고 제안했다.

북한의 지하자원은 한민족 공동의 재산이자 향후 북한 재건의 토대가 되는 자산이다. 현재는 북한 자원이 중국에 헐값에 넘겨지고 있지만 향후 국제사회의 제재가 풀리고 북한 내에 가공기술이 도입되면 큰 부가가치를 낼 수 있는 분야다. 특히 북한에 매장된 희토류는 향후 2차전지 등을 비롯해 산업 분야 곳곳에서 유용하게 활용될 수 있다. 북한 자원을 체계적으로 연구해 상생 발전의 토대를 마련하기 위한 구체적인 정부의 계획이 필요한 이유다.

세계 최대의
인력수출국

북한이 지닌 경제적 측면에서의 가장 큰 장점은 값싼 노동력이다. 한국 기업의 북한 투자를 유인할 수 있는 주된 요인도 지리적 근접성과 함께 임금경쟁력이다. 개성공단의 가동 초기인 2005년 북한의 임금 수준은 중국의 임금 수준보다 30%가량 높았으나 중국의 임금이 상승하면서 최근에는 중국 대비 40%까지 하락했다. 2015년 기준 개성공단의 월평균 임금이 약 70달러 수준인데 비해 중국의 칭다오 공단은 194달러, 베트남의 딴뚜언 공단은 약 96달러로 지속적으로 오르고 있다. 중국과 동남아 국가들의 임금이 최근 몇 년 사이에 가파르게 상승하면서 북한의 임금경쟁력은 상대적으로 더욱 높아진 셈이다.

북한이 세계 최빈국에 속하지만 사회주의 국가라는 특징 때문에 상대적으로 교육 수준은 높다. 정확한 통계는 확인이 어렵지만 간접적으로 측정되는 국내총생산 규모를 감안하면 북한의 1인당 연간 소득 규모는 800~1,800달러 수준이다. 하지만 문맹률이 제로에 가깝고 대학에 입학한 인구수는 전체 인구의 약 15%를 차지한다. 도시 지역의 인구수는 전체 인구의 약 65%를 차지할 만큼 도시화가 높다. 즉 북한은 인구 전체가 글을 읽고 쓸 수 있으며 상당수는 대학 교육을 받은 도시국가라고 할 수 있다.

다만 탈북자들을 대상으로 한 최근 국내 연구에 따르면 한국과의 평균 지적 수준의 차이는 큰 것으로 조사됐다. 유치원 1년, 소학교 5년, 초급중학교 3년, 고급중학교 3년 등 12년에 이르는 의무교육 기간만을 고려해 북한의 인적자원 수준이 한국과 비슷하다고 보기는 어렵다는 것이다. 개성공단과 같은 단순 작업이 많은 산업에서는 절대적인 임금이 싼 북한 근로자의 임금경쟁력이 높게 평가받을 수 있다. 하지만 난이도가 있는 산업에 북한 근로자를 투입하기 위해서는 보다 체계적인 교육이 필요하다.

임금경쟁력 뛰어나지만 보이지 않는 비용도 존재

현재(2017년 3월) 개성공단은 폐쇄된 상태지만 운영 당시에는 임금 인상을 놓고 남북 간의 줄다리기가 이어지기도 했다.

북한은 2015년 2월 70.35달러인 최저임금을 3월분부터 5.18% 인상한 74달러로 올리겠다고 통보했다. 하지만 한국 측 정부는 북한의 통보가 연 5% 이내에서 최저임금을 올리기로 한 남북 간 합의를 위반한 것으로 받아들일 수 없다며 팽팽히 맞섰다.

북한이 일방적으로 5.18% 인상을 요구한 것은 한국 정부와의 기 싸움 등 정치적인 이유도 있지만 사실상 경제적인 이유가 크다는 분석이 많았다. 북한이 인력송출로 벌어들이는 임금을 보면 중국에서 한 달 평균 300달러 정도를 벌어들이는 것으로 알려져 있다. 이 밖에 러시아나 중동 등에 나가 있는 근로자들의 임금도 개성공단에서 일하는 근로자들보다 많다.

2013년 기준 북한이 러시아와 중국, 중동 등 세계 16개국에서 5만여 명의 북한 근로자가 벌어들이는 수익은 한 해에 12~23억 달러에 달하는 것으로 알려져 있다. 북한이 해외 인력송출로 벌어들이는 5만 명의 수입이 개성공단 근로자 5만 4천여 명이 벌어들이는 수입보다 2배, 3배 정도 많다는 분석도 있다.

개성공단에서 기업을 운영했던 사업가들은 "북측이 개성공단을 열면서 한국 측과 연 임금 상승률을 5%로 제한한 것을 놓고 속았다는 생각을 하는 것 같다"고 말한다. 북한이 한국 기업들이 벌어들이는 돈에 비해 근로자들의 임금 상승분이 적다고 본다는 의미다. 이 때문에 북측 요구를 수용할 수 없다는 정부에 비해 개성공단 입주기업들은 북한 근로자들의 임금 인상에 대해 상대적으로 우호적이었다.

개성공단 폐쇄라는 한국 정부의 초강수를 경험한 북한 당국은 임금 인상률을 놓고 결과적으로 한발 양보했다. 개성공단뿐만 아니라 나선 지구 등 중국과 인접한 지역에서 해외투자를 유치하는 상황에서 국제적으로 신뢰도를 갉아먹는 행동을 자제한 것으로 보인다.

2004년 개성공단이 문을 연 이후 북한은 매년 개성공단 입주업체와 근로자들의 임금을 놓고 협상을 벌였다. 그 결과 2007년 이후부터는 해마다 5%씩 인상해 2004년 당시 50달러였던 최저임금은 10년 사이 20달러 이상 오른 상황이었다.

남북 간에 합의된 최저임금이 70달러 안팎이라고 해도 실제로 개성공단 근로자 한 명에게 추가로 들어가는 비용은 이보다 크다. 북한 당국은 기본임금 외에도 사회보장금 등을 추가해 근로자 한 명당 약 155달러 정도의 임금을 받아간다. 개성공단 입주업체 관계자는 "단순한 임금 이외에도 주말수당과 초과수당 그 밖에 휴지, 비누와 같은 생필품과 근로자들에게 지급하는 간식 등을 고려하면 1인당 150달러에서 200달러 정도의 비용이 든다"고 설명했다.

하지만 한국 기업들이 개성공단에서 지불한 임금 가운데 실제 북한 근로자들에게 돌아가는 몫은 크지 않다. 상당수를 북한 정부가 가져가고 약 30%만이 근로자에게 돌아가는 것으로 알려져 있다. 근로자들에게 현금 대신 배급소를 정해놓고 그곳에서 생필품이나 식료품을 국정

가격으로 공급해주는 것이 일반적이다. 이런 가운데 개성공단 폐쇄 당시 홍용표 통일부 장관이 "개성공단에서 받아간 돈이 북한의 핵 개발에 사용됐다"고 발언해 물의를 일으키기도 했다.

일부에서는 북한의 노동력이 경쟁력이 있다는 해석에 부정적인 시각을 보내기도 한다. 특히 북한을 드나들며 사업을 하는 중국인들은 북한에서 노동력 자체를 구하는 일이 생각보다 쉽지 않다고 지적한다.

자유아시아방송에 따르면 나선시와 청진시를 수시로 드나드는 한 중국인 사업가는 북한에서 사업하는 데 있어 가장 어려운 점은 "사람을 구하는 일"이라고 토로했다. 북한에는 원칙적으로 자유노동자가 없는 데다 만 17~30세까지의 청년들은 모두 군대에 가야 하기 때문이다.

또 북한에서 인력을 구하려면 노동력을 관리하는 기관에 신청을 하고 기다려야 하는데 이런 기관의 간부들은 터무니없이 많은 뇌물부터 요구한다는 불만도 나온다. 가령 재봉과 같이 간단한 일도 각종 세금과 유지비를 부과해 노동자들의 월급으로 월 40달러 이상을 요구한다. 이 때문에 북한을 드나드는 중국인 사업가들은 북한의 노동당 간부들에게 바치는 뇌물까지 모두 포함하면 북한 노동자 한 명을 채용하는 데 드는 비용을 한 달에 100~120달러 정도로 보고 있다. 북한 근로자는 임금경쟁력이 있지만 보이지 않는 비용이 적지 않게 든다는 것이다.

인력송출사업은 달러의 원천

북한은 전 세계로 노동력을 수출해 외화를 벌어들이고 있다. 국제연합 (UN) 등에 따르면 5만 명 이상의 북한 노동자가 40~50여 개국에서 외화벌이를 하고 있다.[40] 토니 블링컨(Tony Blinken) 미 국무부 부장관은 북한 해외 노동자의 송금액을 연간 2~3억 달러로 추산했다. 김정일 시대엔 2~3만 명이 1~2억 달러를 벌었으나 김정은 집권 이후 거의 2배가 됐다는 것이다.

북한 근로자들의 월급은 지역 및 업종에 따라 200~1,000달러지만 실제 노동자가 손에 쥐는 건 10~20% 정도로 알려져 있다. 나머지 80~90%는 충성자금, 세금, 보험료, 숙식비 명목으로 노동당 39호실에 송금된다. 국제사회는 이 돈이 결국 북한의 핵·미사일 개발 자금으로 쓰인다고 보고 있다.

북한의 인력송출사업 모델은 1990년대 중후반 북한이 고립과 자연재해 등으로 극도의 경제적 어려움을 겪던 고난의 행군 시기에 급속도로 확산됐다. 경제 위기로 기관별 독립채산제를 확대하면서 국내 수익사업이 고갈된 당정군의 핵심 기관들은 자본이나 경험이 크게 필요하지 않고 비교적 손쉽게 외화를 획득할 수 있는 노동력 수출에 앞다퉈

---

40) 북한이 전 세계에 얼마나 근로자들을 파견했는지에 대한 추정치는 제각각이다. 미국 의회 산하의 미중(美中)경제안보검토위원회는 중국에만 7~8만 명의 북한 근로자들이 일하고 있을 것으로 추정한다. 그러나 통상적으로는 대략 5만 명 정도일 것이라는 견해가 많다.

진출했다.

현재 북한의 외화벌이 사업은 해외송출 노동자의 임금과 무기 수출, 금 수출, 위폐 제작, 마약 밀매, 개성공단 등이다. 그중에서도 해외로 수출한 노동자의 임금 비중이 가장 높은 것으로 알려져 있다. 이 때문에 인력송출사업은 북한 정권이 국제사회의 각종 경제제재에도 불구하고 요트와 고급승용차, 코냑, 궐련 담배 등 사치품을 꾸준히 사들일 수 있는 자금의 원천이 되기도 한다.

북한의 인력송출 모델은 제3국의 중개인이 북한 노동자를 고용해 해외로 송출하면, 북한 기관들은 중개인이 고용한 노동자의 신분을 보장해주고 중개인에게 기관 명의를 빌려주는 대가로 수수료를 받는 방식이 일반적이다.

해외로 송출되는 북한 노동자의 사회적 지위는 보통 중산층으로 북한에 잔류한 가족이 두 명 이상이며 사상적으로는 북한 정권에 대한 충성심이 평가 기준이 되는 것으로 보인다. 주로 파견되는 업종은 아파트 및 도로 등 인프라 건설, 동상 제작, 벌목, 농업 및 어업 등이다. 최근에는 북한식당으로 대변되는 요식업과 의사, 태권도 사범, 군 조교 파견 등으로도 범위가 확대되는 추세다.

2013년 기준 세계 16개국에 5만여 명의 북한 노동자가 파견됐으며 가장 많이 파견된 곳은 러시아(2만 명)와 중국(1만 9,000명)이며 이 밖에도 몽골(1,300명 이상) 쿠웨이트(5,000명), 아랍에미리트(2,000명), 카타르

(1,800명), 앙골라(1,000명) 등에도 인원을 늘리고 있다.

중국의 고임금, 북한 인력 빨아들여

최근에는 특히 중국의 최저임금이 급속히 상승하면서 중국의 주요 공단지대에서 노동력을 구하는 게 과거보다 어려워지자 북한 인력에 대한 수요가 급증했다. 2014년도 베이징시의 최저임금은 전년보다 12%가 오른 1,560위안으로 2009년의 800위안에 비하면 2배 정도가 늘었다. 한국 기업들이 가장 많이 진출한 산둥성에서도 5년 전에 760위안이던 최저임금은 2014년에 1,500위안으로 껑충 뛰었다.

중국 기업들로서는 외화를 벌기 위해 적극적으로 해외진출을 꾀하는 북한의 노동력에 군침을 흘리지 않을 수 없다. 북한 당국에서도 이동 거리가 짧고 근로자 관리가 상대적으로 쉽다는 이유로 중국으로의 인력파견을 선호하고 있다. 이로 인해 2014년 중국 내 북한 근로자 수는 필리핀에 이어 가장 많은 수준으로 급증했다.

북한 인력의 중국 내 입국자 수 증가는 2012년에 북한이 중국 접경 도시와 대규모 인력파견 협의서를 체결한 것이 중요한 계기가 됐다는 분석이다. 2012년에 북한은 랴오닝성 단둥, 지린(吉林)성 투먼(圖們)과 훈춘(琿春) 등에 각각 2만 명의 노동자를 공급하겠다는 협정을 체결했다.

당시 북한 인력의 1인당 인건비는 월 170달러 정도였는데 40~50%

는 북한 당국이 사회보장금 명목으로 공제하는 것으로 알려져 있다. 단둥과 투먼 등지에서 일하는 소프트웨어 인력은 기술자로 인정받아 월 300달러라는 비교적 높은 임금을 받고 있다.

전력난 등을 이유로 평양에서 단둥으로 공장을 이전한 싱가포르의 한 신사복 업체는 수백여 명의 20~30대 북한 여성 인력을 고용해 중국 언론에 보도되기도 했다.

지린성 옌볜(延邊)조선족자치주는 인력부족 문제를 해결하기 위해 북한 인력 활용을 적극적으로 모색하고 있다. 현재 기업들은 옌지(延吉, 연길)시에서만 1천 명, 도문에서는 3천 명 정도의 인력을 각각 채용하고 있는데 향후 지속적으로 수요가 증가할 전망이다. 중국 인력이 제조업체에 종사하는 경우 인건비는 월 2,500~3,000위안이지만 북한 인력은 1,500~1,600위안 정도면 채용할 수 있다. 옌볜식당 등 서비스 분야에서도 북한 인력 상당수가 들어와 있다. 이들은 서빙만 하면 월 2,000위안, 노래를 하거나 춤을 추면 4,000위안을 받는다고 한다.

이 밖에도 저장(浙江)성이 투자한 훈춘시의 국경무역단지와 같은 공단에서 북한 인력을 끌어들이고 있으며, 국경을 따라 위치한 위탁가공단지에도 북한 인력들이 대거 들어가 있다. 투먼에는 북한이 직접 운영하는 봉제공장도 등장했다. 북중 접경지역이 북한 노동력을 중심으로 노동집약형 산업의 국제도시로 변하고 있는 셈이다.

북한의 인력공급 증가, 중국만 수혜

중국의 주요 지역에 북한의 인력공급이 늘면서 중국 기업만이 이득을 보고 있다는 분석도 나오고 있다. 북한이 정책적으로 한국인이 운영하는 공장이나 기업에는 인력을 파견하지 않고 중국 기업에만 인력을 보내는 원칙을 고수하고 있기 때문이다. 일부 한국 기업은 조선족 등을 형식적으로 사장으로 앉히고 싼 임금을 주는 식으로 북한 인력을 고용하고 있다.

현지 기업인들은 북한 인력은 상대적으로 임금이 쌀 뿐만 아니라 중국인 근로자에 비해 높은 생산성과 적극성을 보이며 성실하다고 평가한다.

KOTRA(대한무역투자진흥공사) 다롄무역관에 따르면 다롄 지역의 공장은 북한 인력 한 명의 한 달 임금(한 달 총비용)으로 약 2,500위안 정도를 쓰고 있다. 다롄 지역에서 초급 제조업 인력의 사회보험료 등 모든 비용을 포함한 금액은 최소 4,000위안으로 북한 인력비용은 현지, 즉 중국 인력비용의 60% 수준인 셈이다.

북한 인력의 계약 기간은 3년이나 이후에도 계속해서 일할 의사가 있으면 계약 연장이 가능하다. 이들의 숙소 및 식사 등 관리는 북한 측에서 전담하며 중국 기업이 관여할 수 없다. 중국 기업들은 중국의 인건비가 급격히 상승하고 젊은 인력들이 3D 업종을 꺼려 저임금을 기반으로 한 제조업이 어려움을 겪는 상황에서 동북3성 일대에서 북한 인력을 활용하면 기업 운영에 돌파구가 되리라 기대하고 있다.

중국 단둥 등에서 봉제공장 등을 운영하는 한국 기업들이 북한 인력을 고용해 제품을 생산하는 경우도 흔하다. 2010년 5·24조치로 남북의 공식적인 교류가 끊겼지만 단둥과 같은 북중 접경지역에서는 이를 우회하는 다양한 생산방식이 이뤄지고 있다. 가령 조선족이나 재미교포가 사장을 맡으면서 한국제품을 생산하는 방식 등이다. 5·24조치와 상관없이 북중 접경지대는 기회를 찾는 한국과 중국, 북한, 그리고 조선족들의 이해관계가 맞아떨어지면서 자연스럽게 산업지대로 발전하고 있다.

중국을 넘어 세계 각지로

북한은 러시아 극동 지역에 대한 노동력 파견을 농업 분야 등으로 확대하는 것에도 관심을 보이고 있다. 러시아의 극동개발부 홈페이지에 따르면 막심 쉐레이킨(Maxim Shereikin) 극동개발부 차관은 현지 리아노보스티(RIA Novosti) 통신과의 인터뷰에서 "북한은 러시아에 노동력을 무제한으로 제공할 준비가 돼 있다"고 밝히기도 했다. 지금까지 주로 임업 분야에 노동력을 파견해온 북한이 농업 분야에도 관심을 보이며 향후 인력을 확대할 것이란 뜻이다. 북한이 러시아 측과의 경제협력 논의 과정에서 조건만 맞는다면 지금보다 훨씬 많은 노동력을 농업 분야 등으로 확대 파견하겠다는 의사를 밝힌 것으로 해석된다.

북한은 건설 붐이 일고 있는 쿠웨이트, 아랍에미리트, 카타르 등 중동 국가에도 과거 노동당 39호실 산하기관인 대외건설총국의 직원들을 파견해 인력송출을 적극 추진하고 있다. 쿠웨이트에는 북한 고려항공의 유일한 직항 노선이 개설돼 있다. 그러나 중동 지역으로 송출되는 인력은 중국 베이징에 있는 북한의 중국대사관을 경유하는 것이 일반적이다.

중동 지역에 송출된 북한 근로자의 평균 노동시간은 하루 12~16시간에 이르고 휴가는 없으며 휴무는 월 1, 2일 정도 수준인 것으로 알려져 있다. 대부분 노동계약도 없이 현지인이 기피하는 힘든 일에 투입되며 파견국의 근로기준법, 상해보험에 대한 혜택 등을 받지 못하고 있다.

북한 근로자 인권침해 논란도 불러

인력송출사업이 북한 경제를 유지하기 위한 주요 수단으로 활용되면서 북한 근로자에 대한 북한 당국의 착취 구조는 앞으로 더욱 심해질 것이란 우려도 나온다. 해외로 송출된 북한 근로자는 20~30명당 국가안전보위부 소속 감시원이 한 명씩 배치돼 현지에서도 외출의 자유가 없고 외부와 단절된 채 공동숙소에서 단체생활을 하는 게 일반적이다.

또 열악한 환경에 놓인 근로자들은 과로 누적에 따른 안전사고의 위험성이 매우 높다. 2014년 9월 아랍에미리트 알 아인 지역의 이슬람사원 건설현장에서 시멘트벽 붕괴로 사망한 5명의 북한 근로자가 북한 수도건설관리국 소속이었다.

북한 당국이 대부분의 임금을 충성자금과 납부금 등의 명목으로 가로채고 있어 해외송출 근로자들은 감시원에게 뒷돈을 주고 여가시간을 활용해 부업을 하는 경우도 있다. 국내 가족에게 송금할 돈을 마련하기 위한 절도와 밀거래, 밀주 제조 등 불법 행위도 성행한다. 착취에 대한 보상 심리로 청부, 밀주, 마약거래 등 범죄와 일탈 행위에 가담할 가능성이 높아 해당국의 사회문제로 떠오를 수밖에 없다.

아랍에미리트에서는 건설현장에서 구리를 절도한 사건이, 쿠웨이트와 카타르 등에서는 밀주를 지속적으로 제조해 중개상을 통해 인도와 방글라데시 등 동남아 근로자에게 판매하다 적발된 사례도 있다.

북한 당국이 현역 군인을 중동 지역 근로자로 파견하는 사례도 적지 않다. 북한은 군인들을 중동 지역으로 보낼 때 민간인 신분으로 위장하기 위해 파견 전 머리를 기르게 한다. 북한이 현역 군인을 해외 근로자로 보내는 것은 당장 월급을 주지 않아도 되고, 현지에서도 군 명령 체계를 따라 통제가 쉽기 때문인 것으로 보인다. 하지만 상대적으로 어린 나이의 현역 군인들은 과격한 데다 일감까지 뺏어가 일반 근로자들에게 피해를 주는 경우가 많은 것으로 알려졌다. 이 때문에 북한의 일반 근로자들은 현역 군인 출신들을 '무식한 깡패'라는 뜻의 러시아어 '마흐노'로 부르면서 접촉을 피한다.

현지 보도 등에 따르면 중동 지역에 진출해 있는 북한 건설회사인 남강건설과 철현건설을 통해 들어오는 북한 군인의 숫자가 최근 2~3년 사이 부쩍 늘고 있다.

남강건설은 쿠웨이트에 800여 명, 카타르에 750여 명의 북한 근로자를 파견했는데 이들은 모두 공병대 소속의 20대 현역 군인이라는 것이다. 철현건설도 2010년 쿠웨이트에 현역 군인 70여 명을 파견한 이후 그 수를 계속 늘리고 있다.

북한 정권은 대규모 해외 인력송출이 결국 북한 내부의 체제 안정성을 위협할 것을 우려하고 있다. 이 때문에 인력송출 시 사상 점검은 물론 현지에서도 교육을 강화하고 TV 시청 등도 금지하고 있다. 그러나 해외 곳곳에 문을 연 북한식당 등에서 한국인과의 접촉이 끊임없이 일어나 주기적으로 인력들을 교체하고 있는 실정이다.

북한의 4차 핵실험 이후 국제사회가 제재의 일환으로 북한 노동 인력수입을 중단하고 있어 북한 당국의 주요 외화벌이 수단이 흔들릴 가능성도 있다. 2016년 6월 미국의 소리 방송에 따르면 같은 해 폴란드 정부는 북한 노동 인력의 수입을 중단했다. 일부 국가가 북한 인사에 대한 신규 비자 발급을 중단한 경우는 있지만, 노동자에 대한 비자 발급 중단을 공식 확인한 나라는 폴란드가 처음이다.

폴란드의 조치는 최근 자국 조선소에서 일하는 북한 노동자의 열악한 인권 상황과 조선소들에 지원된 유럽연합(EU) 기금의 북한 유입 의혹 등이 언론에 보도된 데 따른 것으로 보인다. 앞서 국제 언론매체인 바이스 뉴스(VICE News)는 폴란드 조선소 내 북한 노동자 강제 노역 실태를 고발하면서 "해당 기업들이 EU로부터 경제개발 기여 명목으로 지원받은 7천만 유로 중 일부가 간접적으로 북한으로 흘러갔을 가능성이 있다"고 보도했다.

관광상품된
'은둔의 왕국'

　　　　　　2015년 1월 중순 스위스 베른 엑스포에서는 이례적인 행사가 열렸다. 이곳에서 개최된 관광상품 전시회에 총 400개의 기업이 참가한 가운데 북한도 자국의 관광상품 설명회를 연 것이다. 전 세계에 '은둔의 국가'로 알려진 북한이 관광객 유치에 나선 것은 다소 이례적으로 받아들여졌다. 북한 측은 서툰 독일어로 제작한 브로슈어 등을 전시해 주목을 끌었다.

　　당시 국제사회에서는 북한이 스위스에서 열린 관광상품 전시회에 참가한 것이 김정은의 남다른 인연과도 무관치 않은 것으로 해석했다. 스위스는 김정은이 청소년 시절 거주한 경험이 있는 데다 수십 년 전부터 북한 개발을 원조해왔다.

　　북한 전시부스 담당자인 리용범은 방문객으로부터 받은 북한 내의 수용소 존재 여부와 고문이 실제로 행해지는지, 여행 중 감시를 당하는지 등 여러 질문에 답변했다. 현지 언론 등에 따르면 리 씨는 "북한의 문화적인 차이를 언급하면서 북한 문화에서는 나이에 대한 공경이 중요한데 관광객이 다른 행동을 취하면 간혹 북한 사람들이 화를 낼 수 있다"며 에둘러 표현했다. 리 씨는 "북한의 관광부는 약 2년 전 연간 100만 명의 관광객을 유치하자는 목표를 수립했다"고도 덧붙였다. 북한 당국은 2017년까지 연간 100만 명, 2020년에는 200만 명의 외국인 관광객을 유치하겠다고 발표했다.

북한 여행을 중개하는 현지 업체 측에서는 북한에서도 저녁이면 맥주를 마시는 중산층 주민들을 술집 등에서 만날 수 있고 이들과 대화도 할 수 있다고 강조했다. 중산층이 적고 모든 접촉이 통역원을 통해 이뤄진다는 게 사실이 아니라는 것이다. 하지만 전시회 한편에서는 인권단체 관계자들이 북한의 인권문제를 지적한 전단지를 배포하며 냉소적인 반응을 보이기도 했다.

김정은 정권이 들어선 이후 북한은 과거 어느 때보다 관광산업 육성에 의욕을 불태우고 있다. 경제개발의 주요 수단으로써 관광을 외화벌이용 사업으로 육성하겠다는 것이다.

외국인 관광을 국가관광총국이 관할한다는 점에서 관광 수익이 북한 당국으로 직접 흘러들어 가고 있다고 북한전문가들은 지적한다. 북한 조선국제여행사가 미국 우리투어스, 중국 고려투어스(Koryo Tours) 등 외국 관광사와 계약을 맺고 국가관광총국에 승인을 받는 방식이기 때문이다.

윤인주 한국해양수산개발원 연구위원은 〈김정은 시대 북한 관광사업 평가 및 전망〉이란 논문에서 2014년 기준 북한이 관광 대가로 최소 3069만 달러(약 350억 원)에서 최대 4362만 달러(약 497억 원)의 수입을 거뒀을 것으로 예측했다. 북한이 2008년 금강산 관광을 중단하기 전까지 매년 1억 달러가량의 수익을 올린 것에는 미치지 못한다. 윤 연구위원은 북한의 외국인 관광객 유치를 연간 10만 명 정도로 추산하고 있다. 북한 정부가 2017년까지 내건 100만 명에는 한참 못 미치는 수준이다.

그러나 북한 여행에 호기심을 갖고 있는 이들도 적지 않다. 북한의 폐쇄된 이미지가 오히려 관광객들의 호기심을 불러일으키고 있는 것이다.

한때 160개국이 넘는 국가와 국교를 맺은 북한의 관광객 수는 2005년 이후 증가하면서, 특히 유럽 지역에서의 방문이 많은 것으로 추정된다. 조선국제여행사에 의하면 2014년 상반기 관광객 수는 2013년 대비 50% 증가했다. 국적도 중국뿐 아니라 영국, 독일, 프랑스, 스위스, 네덜란드, 호주, 미국, 브라질, 남아프리카 등 다양한 국가의 관광객이 방문하고 있다.

북한은 외화벌이 수단으로 관광객 유치에 적극 나서면서 다양한 관광상품과 정보도 제공하고 있다. 2015년 5월 영국 여행사 등이 주축이 돼 북한 관광을 위한 스마트폰용 애플리케이션을 내놓은 것도 눈길을 끌었다. 애플스토어에서 'North Korea'로 검색하면 무료로 다운로드 받을 수 있으며 총 12개 지역에 대한 관광과 2개의 호텔, 5개의 공장시설 등의 정보를 제공한다.

북한 당국은 해외전문가를 고용해 평양의 모습을 담은 광고홍보 영상을 제작하기도 했다. 세계적인 동영상 플랫폼 비메오(Vimeo)에 도시 브랜딩 전문가 등이 올린 3분 14초짜리 동영상('Enter Pyongyang')에는 평양의 모습을 도시적이고 빠르게 묘사해 젊은 세대의 호기심을 자극하고 있다.

과거 북한 관광은 이벤트형 투어가 주류를 이뤘다. 한국에서 열린 88 올림픽에 대한 견제 심리에서 적극 유치한 1989년 '제13회 세계청년학생페스티벌(평양)'을 계기로 북한은 자국의 상황을 관광상품으로 알리기 시작했다. 당시 북한~일본 간의 전세비행기편 항공협정이 체결돼 직항편이 운항되는 계기도 됐다. 1995년 '평화를 위한 평양 국제스포츠문화제'에는 일본에서 3,600명, 세계 각국에서 1만 명 이상의 관광객이 북한을 방문하면서 전세비행기가 26편이나 운항되기도 했다. 2002년에는 예술 공연 '아리랑' 관람을 위해 세계 각국에서 1만 명의 관광객이 북한을 방문했다.

북한의 잇따른 핵실험 이후 국제사회의 제재가 이어지던 2016년 8월 평양에서는 '평양 대동강맥주 축전'이 열리기도 했다. 이 행사는 매일 오후 7시부터 자정까지 진행됐다. 조선중앙방송은 평양 대동강맥주 축전에 대해 "성·중앙기관 일꾼들과 근로자들, 맥주 애호가들, 조선(북한)에 체류하고 있는 외국 손님들과 사회주의 조국을 방문하고 있는 해외동포들이 개막식에 참가했다"고 보도했다.

당시 국제사회의 제재에도 불구하고 북한이 대외적으로 건재함을 과시하려는 의도도 있었을 것이다. 하지만 단적인 측면에서는 북한이 다양한 관광사업에 얼마나 공을 들이고 있는지를 보여주는 것으로도 이해할 수 있다.

다양해지는 북한의 관광상품

북한의 대표적인 관광도시는 수도인 평양 외에 북부지역의 백두산, 두만강, 중강, 서부지역의 남포, 묘향산, 개성, 해주, 신의주, 동부지역의 함흥, 금강산, 칠보산 등이 있다. 2013년 1월에는 군용으로 사용되던 삼지연공항(백두산 부근), 어랑공항(칠보산 근처), 갈마공항(원산)을 민간용 공항으로 전환했다. 이러한 결정은 북한의 관광산업 육성에 대한 의지를 보여주는 사례다. 북한은 평양의 순안국제공항을 포함해서 4대 공항을 관광산업과 연계하겠다는 뜻을 밝히기도 했다.

| 북한의 주요 관광지 |

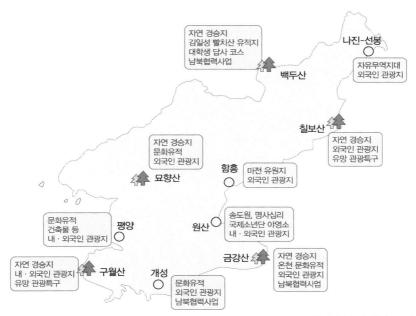

자연 경승지
김일성 빨치산 유적지
대학생 답사 코스
남북협력사업

백두산

나진-선봉

자유무역지대
외국인 관광지

칠보산

자연 경승지
외국인 관광지
유망 관광특구

자연 경승지
문화유적
외국인 관광지

묘향산

함흥

마전 유원지
외국인 관광지

문화유적
건축물 등
내·외국인 관광지

평양

원산

송도원, 명사십리
국제소년단 야영소
내·외국인 관광지

자연 경승지
내·외국인 관광지
유망 관광특구

구월산

개성

금강산

자연 경승지
온천 문화유적
외국인 관광지
남북협력사업

문화유적
외국인 관광지
남북협력사업

출처: 통일부 북한정보포털

이런 영향으로 관광특구를 잇달아 지정하면서 관광 방식에도 변화를 주고 있다. 북한은 단체 명승지 관광 위주에서 개별적인 방문을 통해 체험을 얻고 테마를 즐길 수 있는 다양한 방식의 관광상품 개발에도 적극 나섰다.

평양에 관광대학을 신설하는 등 관광학부를 대학에서 운영하면서 해외전문가들을 초청해 자문도 받고 있다. 국가적 차원에서 관광업을 육성하면서 관광안내원을 꿈꾸는 여성들 사이에서 대학 관광학부는 단연 인기다. 상류층의 자녀들이 관광안내원을 지망하는 사례도 늘고 있다고 한다. 자유아시아방송은 북한 주민의 말을 인용해 "장철구평양 상업대학 관광학부에 입학하는 학생들은 키 165cm에 준수한 용모를 갖춰야 한다. 기타 인물심사 기준도 한층 강화됐다"면서 "관광대학 지 망생이 늘자 경쟁률이 높아져 인맥이 있어도 최소한 미화 1천 달러는 써야 입학할 수 있다"고 보도했다.

북한은 중국인들을 대상으로 점차 관광지역을 확대하는 추세다. 중 국 관영 언론매체인 신화왕(新華網)에 따르면 북한에 인접한 지린성 옌 변에서 북한으로 떠나는 관광객은 연간 1만 명에 이른다. 옌변은 북측 과 협의해 최근 몇 년간 항공, 자체 운전, 철도, 버스, 자전거 등을 이용 한 다양한 북한 관광상품을 개발하고 있다. 투먼시는 북한 관광의 편의 를 제공하기 위해 지린성이 아닌 타지의 중국 관광객이라도 투먼시 도 착 당일에 북한 여행 허가증을 획득할 수 있도록 했다.

훈춘시는 2012년 중국 최초로 북한에 승용차로 가는 관광상품을 개 발했다. 2일짜리 코스는 북한 호텔에서 하룻밤을 투숙한 뒤 귀국하며, 3일짜리 코스는 나선에서 이틀 투숙한 뒤 귀국하는 상품이다. 이 상품 은 운전 중에 수시로 차를 세우고 현지 주민들과 접촉할 수 있어 기차, 비행기 관광에 비해 자유로워 관광객들의 관심을 모았다.

그러나 차량마다 중국어가 가능한 북한 가이드가 있고 북한 군대, 민감 지역 사진촬영은 금지돼 있다. 여행 도중 만난 북한 주민에게 식품을 주면 안 된다는 규칙도 있다.

2014년 4월 말경에는 중국에서 유일한 북한 관광 열차인 투먼과 북한을 잇는 칠보산 관광전용 열차가 운행을 재개하기도 했다. 2011년 10월 8일 처음 운행된 이 열차는 한동안 운행이 중단됐다가 2014년 다시 운행을 시작했다. 칠보산 관광전용 열차는 투먼에서 출발해 북한의 회령, 청진, 경성을 경유하며 최종적으로는 칠보산 풍경구에 도착하는 총 16시간 30분짜리 코스다. 열차는 총 5개의 차량으로 구성돼 있는데 3개 칸은 침대 차량, 1개 칸은 식당 차량, 나머지 1개 칸은 짐 보관 차량이다. 관광객은 칠보산을 비롯한 야외 관광과 함께 북한 전통요리 및 민속문화 등을 체험할 수 있다.

이 밖에도 자전거나 버스를 이용한 코스도 운행되고 있다. 중국 관광객들은 오전 8시에 투먼시 공안국 출입국관리청에서 북한 관광 통행 수속을 밟은 후 투먼통상구를 거쳐 자전거를 타고 북한 남양시로 출발한다. 총 6시간 정도의 코스로 남양기차역, 영생탑, 남양국제여관, 소형 농산물시장 등을 둘러볼 수 있다. 중국의 룽진(龍井)과 북한 회령을 직행으로 잇는 국제관광버스 코스도 있다.

북한 관광상품은 옌볜 지역 이외에 단둥, 지안(集安) 등 북한 인접 도시는 물론 상하이, 베이징 등지의 여행사에서도 적극 개발하고 있다. 북한 관광에 대한 관심이 높아지면서 중국의 온라인 여행사이트들도 북한 관광상품을 적극적으로 취급하기 시작했다. 이런 영향으로 관광 관련 사이트에는 북한 관광 정보가 상세히 나와 있으며, 북한 관광 후기가 게재되면 댓글이 수천 개씩 달릴 정도로 중국인들의 관심은 높다.

적극적인 인프라 투자 나서

북한은 2013년부터 관광산업을 육성하기 위한 시설 투자를 확대하고 있다. 중국 옌지(연길)로부터 북한의 나진~선봉 구간을 개통하는 등 국제관광 인프라를 확충하면서 마식령 스키장, 문수 물놀이장, 미림 승마구락부, 조국해방전쟁승리기념관, 송도원 국제소년단 여름캠프 등 국제 수준의 문화관광시설을 설립했다. 2013년 6월에는 원산과 금강산 지역을 국제 관광지대로 지정하고 각국 투자자들의 호텔 건립 등 숙박설비 투자를 유치하기 위해 노력하고 있다.

김정은은 정권 강화와 경제강국 건설의 일환으로 1400만m² 부지에 14억 5천만 원을 투자해 마식령 스키장을 만들기도 했다. 강원도 원산시 마식령에 위치한 이 스키장은 원산시에서 약 25km 떨어진 곳에 있어 자연지리적 요건이 뛰어나다는 평가를 받고 있다. 인근에는 송도원 국제야영소, 명사십리(천연 백사장)가 있으며 금강산 역시 가까이 있어 연계 가능한 관광자원도 풍부하다.

북한 언론보도에 따르면 마식령 스키장은 국제경기를 치를 수 있는 총길이 49.6km의 슬로프와 야외스케이트장, 야외수영장이 등이 갖춰져 있다. 또한 수백km에 달하는 10여 개의 정상이 있으며 케이블카를 이용해 이동할 수 있다.

스키장에 위치한 호텔은 북한 내 가장 최상급 호텔이다. 8층에 이르는 건물 내부에는 120여 개의 방이 자리 잡고 있으며 별관에는 부엌이 딸린 150여 개의 방이 가족, 그룹 단위의 손님들을 위해 마련돼 있다. 숙박 가능 인원은 약 360명이며 호텔 내부에 수영장, 사우나, 당구장, 바, 식당, 응급실 등의 시설도 갖췄다.

당초 국제사회는 북한의 스키장 관련한 장비 수입 요청을 대북제재를 위반하는 것으로 봤다. 이 때문에 프랑스와 스위스의 일부 기업은 북한의 시설장비 구매 의사를 거절한 것으로 알려졌다. 그러나 북한은 독일, 캐나다, 이탈리아, 스웨덴, 스위스 기업 등에서 리프트, 스키 스쿠터, 스키 등의 장비들을 제3국인 중국을 통해 수입했다. 이 같은 사실은 마식령 스키장의 홍보자료에서도 드러난다. 스키장 내에는 캐나다와 스웨덴, 이탈리아 기업의 스키 스쿠터와 제설기, 기타 중장비가 마련돼 있다.

북한 당국이 관광산업 육성을 위해 막대한 돈을 인프라에 투자하고 있지만 이에 대한 북한 내외부의 비판도 적지 않다. 북한 주민 전체가 3개월 동안 먹을 수 있는 식량인 옥수수 75~120만t에 달하는 비용을 들여가며 마식령 스키장 건설에 나섰다는 비판을 포함해, 9개월이라는 짧은 기간에 공사를 완공하기 위해 북한군으로 이뤄진 노동인력이 혹사당했다는 것이다.

더욱이 중국인들을 제외하면 막대한 외화를 투자해 고급 자재로 세운 스키장과 호텔을 찾는 관광객은 예상보다 많지 않다. 이 때문에 마식령 스키장을 포함한 북한의 화려한 관광시설은 김정은 정권 수립 이후 대내외 선전용에 불과하다는 지적도 나온다. 북한이 스키장에 의미 있는 규모의 외국인 관광객을 유치해 수익을 올리기보다는 북한 내의 상류층 일부가 즐기는 장소가 될 것이라는 전망도 나오고 있다.

한편에서는 북한 당국이 관광산업 육성을 위해 다양한 프로그램을 개발하고 일부 지역을 개방할수록 일반 북한 주민들은 더욱 고통받게 될 것이라고 우려하고 있다. 외국인들에게 일부 지역을 개방하면 일반 주민들은 해당 지역에 들어가지 못하게 될 가능성이 높다. 외국인들에게 보여주기 위한 공간을 꾸미기 위해 아예 지역을 통제할 수도 있기 때문이다.

잘 알려진 것처럼 이동의 자유가 없는 북한에서는 통행증이 있어야 이동할 수 있다. 현재 북한의 평양과 분계선 지역은 빨간색, 국경지역은 파란색으로 표시돼 있다. 빨간색 지역은 평양시와 영변 핵기지, 미사일기지, 김정은 관련 시설이 있는 곳으로 이 지역은 출입이 통제돼 있다. 파란색 지역인 신의주부터 함경북도 온성까지 1,400km 구간의 국경지대는 파란 줄이 표시된 국경통행증이 있어야 이동이 가능하다. 통행증을 받기 위해서는 암암리에 뇌물을 줘야 한다는 것이 탈북자들의 증언이다. 결국 외국인들에게 특정 지역이 관광용으로 공개된다면 이 지역은 북한 당국으로부터 통제를 받고 일반인의 출입은 제한될 수밖에 없다.

1998년부터 금강산 관광이 시작되면서 해당 지역 일대가 철조망으로 둘러싸여졌다. 당시 북한 주민들은 "김정일이 땅을 팔아서 정권을 유지한다"고 비난했다. 김정은 정권에서도 외국인 관광객을 불러들이기 위해 북한 주민들이 가지 못하는 지역을 설정한다면 주민들의 불만이 커지게 될 것으로 보는 시각이 있다.

2016년 북한의 5차 핵실험이 이뤄진 뒤에도 북한 관광은 국제사회의 직접적인 제재대상이 되지는 않았다. 현재 김정은 정권은 외화벌이 수단으로 관광산업을 적극 육성하려는 움직임을 이어가고 있다. 북한에 핵 개발 물자를 제공한 혐의로 최근 미국의 제재대상이 된 홍샹(鴻祥)그룹도 산하에 '랴오닝홍샹 국제여행사'를 두고 평양, 개성, 남포, 신의주 등과 관련한 중국인의 관광을 주선해왔다.

5장

북한 경제의
미래

북한의
인구 패러독스

        북한의 인구구조는 체제 전환 및 남한과의 통합 전후의 모든 과정에서 경제성장이나 통일비용 등에 영향을 미치는 매우 중요한 변수다. 통상 동아시아 개발도상국에서 나타난 유례없는 인구구조의 변화는 이들 국가의 1인당 소득을 단기간에 늘리는 데 기여했다. 즉 아시아 국가들은 출산율이 단기간에 급격히 낮아지면서 생산가능인구가 부양인구에 비해 빠르게 증가했고, 이로 인해 1인당 소득수준이 증가하는 이른바 '1차 인구배당효과'가 나타나면서 경제가 빠르게 성장할 수 있었다.

    상대적으로 질이 높은 북한의 노동력[41]은 매력적이지만 일반적인 개

---

41) 북한의 인적자본 수준에 대해서는 논란이 적지 않다. 개성공단에서 사업을 한 기업들은 개

발도상국들과 달리 출산율이 낮고 고령화가 이미 진행되고 있어 향후 노동력의 질이 떨어질 것이라는 부정적인 의견도 적지 않다. 북한에서 부양인구가 급격히 적어지는 인구학적 이행은 1990년 이전에 이미 완료돼 다른 동아시아 개발도상국과 같은 높은 인구배당효과를 기대하기 어렵다. 특히 현재와 같이 1인당 소득수준이 낮은 상황에서 고령화가 가속되면 빈곤 상태에서 빠져나오기 어려운 인구학적 덫에 걸릴 수도 있다.

유네스코(UNESCO) 자료에 따르면 2040년도까지 북한의 취학 연령대 인구는 줄어들 것이라고 한다. 전체 인구수가 감소하면서 취학 연령층도 자연스럽게 줄어들 것이란 전망이다. 선진국에서 나타나는, 고령화와 출생률 저하로 인구가 줄어들면서 비롯되는 일반적인 문제를 저소득 국가인 북한도 비슷하게 겪게 될 가능성이 높다.

성공단의 북한 인력이 동남아 등 해외 사업장 인력에 비해 우수하다고 평가하지만 이는 단순 제조업에 근거한 것으로 받아들여야 한다. 북한은 사회주의 국가답게 유치원 1년, 소학교 5년, 초급중학교 3년, 고급중학교 3년의 교육을 제공한다. 하지만 탈북자들을 대상으로 다양한 인적자본 실험을 진행한 서울대학교 김병연 교수는 "의무교육 기간만으로 보면 북한의 인적 자본을 과대평가할 수 있지만 중국의 개혁·개방 이전 단계 수준으로 (인적자본 수준을) 봐야 한다"고 지적했다. 베트남 등 주요 동남아 국가보다 못하다는 것이다.

저출산 불러온 북한의 인구정책

북한의 인구정책은 세 단계를 거쳐 왔다. 우선 국가가 설립된 1948~1960년대 중반까지 출산율을 올리기 위해 노력했다. 이후 1990년대 말까지인 두 번째 단계에서는 출산율을 제한하면서 인구 증가도 억제했다. 이후 2000년대 이후에는 다시 출산을 늘리기 위한 정책을 내놓았다.

전쟁이 일어난 1950~1953년까지 북한 인구는 110만 명이 줄었다. 사라진 인구의 약 절반은 전쟁에서 사망했고, 나머지 절반은 한국으로 이주했다. 전쟁 이후 이 같은 상황에서 북한 정부는 출산을 장려했다. 당시 여성은 평균 6~7명의 아이를 낳았고 그 결과 인구는 급속히 늘어났다.

그러나 1965년경부터 북한 정부는 정책을 바꾸기 시작했다. 경제성장 속도가 떨어지기 시작한 데다 경쟁자인 한국의 박정희 정부가 출산율을 낮추기 위한 캠페인을 시작하자 영향을 받았던 것으로 보인다. 남과 북이 비슷한 인구 패턴을 보인 것 역시 이런 정책적인 모방 때문으로 보인다.

북한 정부는 의사에게 피임약 보급에 적극 나서라고 요구하고, 북한 주민들에게 아이가 많아지면 국가와 가족 경제에 문제가 생길 것이라고 경고했다. 1970년대 초반 당시 북한의 부모들은 자칫 아이를 많이 낳았다가는 비판의 대상이 될 수 있었다. 북한 정부의 출산율을 낮추기 위한 일련의 정책들은 성공을 거뒀다.

하지만 1990년대에 들어 급격한 인구변동이 발생하면서 북한 정부는 정책을 변경해야 했다. 무엇보다 1996~1999년에 최소 수십만 명에서 최대 수백만 명이 사망했다.[42] 이 같은 분위기에서 북한 주민들이 출산을 꺼리면서 출산율은 더욱 낮아졌다. 이에 북한 당국은 1996년에 '산아제한규정'을 변경해 출산을 장려하고 있으며 다산 여성들과 유아들을 대상으로 국가적 혜택을 제공하고 낙태수술을 금지하고 있다. 1998년에는 37년 만에 '제2차 전국어머니대회'를 개최해 다산운동을 독려하기도 했다. 또 "여성들이 사회주의 건설에서 한쪽 수레바퀴를 떠맡고 있다"며 강성대국 건설에서 여성들의 적극적 참여와 출산을 장려하기도 했다. 북한은 매년 남녀평등권법령발표일(7월 30일)을 즈음해 여성의 역할과 다산을 강조하기도 한다. 북한 정부는 지속적으로 아이를 많이 낳으라고 요구하고 있지만 경제가 개선되지 않는 상황에서 정책적으로 이를 지원하는 데는 한계가 있다.

---

42) 이른바 '고난의 행군' 시절에 얼마나 많은 사람이 죽었는지는 통계나 증언에 따라 차이가 크다. 황장엽의 《황장엽 회고록》을 근거로 한국 언론에서는 300만 명이 아사한 것으로 알려졌으나 북한 외무성은 22만 명이 사망했다고 주장했다.

남북통합 이후 고령인구 대책 마련해야

| 북한의 인구 현황 |

(단위: 명, %)

연도	총인구	남자	여자	성비	인구성장률
1993	21,103,477	10,268,079	10,835,398	94.8	-
1994	21,411,559	10,423,297	10,988,262	94.9	1.5
1995	21,715,484	10,576,188	11,139,296	94.9	1.4
1996	21,991,223	10,712,591	11,278,632	95	1.3
1997	22,208,300	10,814,261	11,394,039	94.9	1
1998	22,355,471	10,877,766	11,477,705	94.8	0.7
1999	22,506,638	10,946,434	11,560,204	94.7	0.7
2000	22,702,184	11,044,585	11,657,599	94.7	0.9
2001	22,902,249	11,144,348	11,757,901	94.8	0.9
2002	23,087,788	11,234,909	11,852,879	94.8	0.8
2003	23,254,303	11,315,664	11,938,639	94.8	0.7
2004	23,410,962	11,391,674	12,019,288	94.8	0.7
2005	23,561,192	11,465,080	12,096,112	94.8	0.6
2006	23,706,535	11,536,822	12,169,713	94.8	0.6
2007	23,848,615	11,608,093	12,240,522	94.8	0.6
2008	23,934,132	11,662,160	12,271,972	95	0.4
2009	24,062,306	11,726,741	12,335,565	95.1	0.5
2010	24,186,621	11,789,532	12,397,089	95.1	0.5
2011	24,308,004	11,851,034	12,456,970	95.1	0.5
2012	24,427,381	11,911,751	12,515,630	95.2	0.5
2013	24,545,342	11,972,015	12,573,327	95.2	0.5
2014	24,662,482	12,032,166	12,630,316	95.3	0.5
2015	24,779,375	12,092,541	12,686,834	95.3	0.5

출처: 통일부, 통계청

| 북한 인구 통계* 비교 |

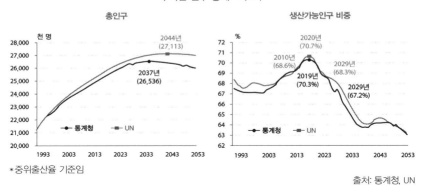

*중위출산율 기준임

출처: 통계청, UN

북한은 대표적인 저출산 국가다. 출산율이 2.0 미만으로 현재의 인구를 유지하기가 쉽지 않으며 고령화와 출산 기피 현상에 따른 인구 감소 문제 또한 심각하다. 통계청과 UN 자료에서도 북한의 총인구는 2040년 안팎을 기점으로 줄어들고, 생산가능인구 역시 2020년경부터 줄어들 것으로 보인다.

가난한 나라인 북한이 선진국형 사회구조를 보임과 동시에 인구 감소라는 문제에 직면했다는 점은 아이러니하다. 향후 남북 경제협력이 이뤄지고 북한 주민들에게 새로운 서비스를 제공해야 하는 시점이 오면 인구구조 변화에 따른 사회적인 구조를 충분히 파악해야 할 것으로 보인다. 한국이 고령화가 되면서 노인들을 위한 다양한 복지 서비스와 상품이 등장한 것처럼 북한도 소득수준에 맞는 서비스가 필요하다.

남북이 통일된 이후 인구구조가 성장잠재력에 미치는 영향은 어떨까.

현재 북한은 한국에 비해 유소년 인구의 비중과 합계출산율이 높기 때문에 남북 인구통합 시 인구구조는 현재 한국 수준보다 젊어져 중위연령이 약 2세 감소하는 효과가 있다는 분석이다. 생산가능인구 비중은 2065년에 최대 4.5%p 증가하는 효과도 있다.[43]

하지만 남북의 노동생산성 격차를 고려할 때 전체 생산가능인구에서 북한 인구의 비중 증대가 생산성 향상을 제약할 수도 있다. 따라서 남북 인구통합을 바탕으로 성장잠재력을 높이기 위해서는 북한의 노동생산성을 최대한 빨리 남한 수준으로 끌어올리는 방안이 나와야 한다.

남북 인구가 통합되면 고령사회 진입 시점은 2022년으로 예상된다. 이는 한국 인구만을 고려한 경우보다 고령사회 진입 시점을 4년 정도 지연시키는 효과가 있다. 그러나 한국 인구는 북한의 2배에 이르고 북한 또한 저출산과 고령화라는 인구학적 이행 단계에 이미 진입했기 때문에 남북 인구가 통합되더라도 생산가능인구 비중이 정점에 이르는 시기는 연기되지 않을 것으로 보인다.

더 큰 문제는 남북통일 이후 북한의 고령인구에 대한 연금 지급 등으로 경제적 부담이 증가할 가능성이다. 또 통일 과정에서 나타나는 사회경제적 혼란으로 남북 출산율이 급락하거나 북한 지역의 인구 공동화

---

43) 남북통합 시에 따른 인구 전망은 한국은행의 최지영 전문연구원이 작성한 보고서 〈북한 인구구조의 변화 추이와 시사점〉(2015)을 참조했다.

현상이 발생할 가능성도 염두에 둬야 한다.

결론적으로 남북의 통합경제권이 형성되면 내수시장의 확대라는 장점이 나타날 것은 분명하지만, 고령화와 저출산이라는 현상은 남북이 공통으로 겪고 있는 문제로 한반도 인구가 점차 고령화되면서 생산가능인구가 줄어드는 현상은 긴 흐름에서 피하기 어려울 것으로 보인다. 다만 남북의 경제통합이 단기간에 안정되면서 경제성장률이 올라가고 출산 흐름을 바꿀 수 있는 정책이 나온다면 기존의 부정적인 전망은 다소 완화될 수 있을 것으로 기대할 수 있다.

북한과의 본격적인 경제교류 과정에서 개성공단과 같은 저임금 인력을 활용하는 것은 여전히 한국 기업들에 매력적이다. 그러나 싼 인건비의 장점은 지속되기 어렵다. 결국 남북의 경제협력 및 장기적인 경제통합 과정에서 출산율을 높여 생산인구를 늘리는 것뿐 아니라 북한의 인적자본 향상에 대해서도 함께 고민해야 한다.

미완의
경제특구

한국의 어린이들이 자라면서 한 번쯤 좋아하는 캐릭터인 뽀로로. 이 캐릭터가 북한의 애니메이션 제작팀과 협업해 만들어졌다는 사실을 아는 이들은 많지 않다. 하나로텔레콤(현 SK브로드밴드)은 2000년 8월 초고속인터넷 장비의 임가공 및 바둑 프로그램 등을 북한의 삼천리총회사로부터 수입했다. 뽀로로는 이렇게 인연을 맺은 삼천리총회사와 협업해 만들어진 것이다.

남북의 첫 합작 만화영화인 〈게으른 고양이 딩가〉는 인형과 장난감 캐릭터로 인기를 끌었고 이후 만들어진 〈뽀롱뽀롱 뽀로로〉는 한국 유아만화의 전설적인 존재가 됐다. 특히 '뽀로로'는 한국의 자본과 북한의 기술이 결합된 남북경협 모델로서 개성공단에서 이뤄진 단순 임가공업을 뛰어넘는 상징적인 모델로 평가받기도 했다.

당시 한국 기업과 합작했던 북한의 삼천리총회사는 대남 교역 부문을 주도하는 민족경제협력연합회의 산하 기업이다. 대우그룹 남포공단 사업을 비롯해 전자, 중공업, 화학 분야에서의 무역 및 투자사업을 전문으로 맡고 있는 국영기업이다.

남북 관계가 상대적으로 양호했던 김대중, 노무현 정부 시절에는 개성공단마저 폐쇄된 지금은 상상도 하지 못할 다양한 남북경협 모델이 진행됐다. 한국에서 상대적으로 경쟁력이 떨어지던 모니터 생산업체는 평양에서 직접 제품을 생산해 북한 내수시장에 공급했다. 한반도에서 새로운 틈새시장을 찾아낸 것이다.

또 정보기술(IT) 공동제품 개발협력 사업을 위한 고려정보기술센터를 북한에 설립하는가 하면 북한특허기술을 이용해 의료기기를 생산하는 시도도 이뤄졌다. 북한의 핵실험과 개성공단 폐쇄로 현재로써는 이 같은 시도가 언제 다시 이뤄질지 미지수다. 하지만 새로운 남북 관계를 준비해야 하는 숙명을 지닌 우리에게 소중한 경험인 것은 분명하다.

북한의 경제특구 개발은 크게 3단계로 볼 수 있다. 우선 1984년에 외국인 투자를 장려할 목적으로 합영법을 도입했다. 1991년에는 북한 최초의 경제특구인 나진·선봉 자유무역지대를 설치했다. 두 번째 단계는 1998년 이후 남북 관계 개선을 계기로 금강산 관광 등 남북경협이 본격화된 이후다. 북한은 남한과 금강산 관광 및 개성공단 개발 등 경협사업을 적극 추진했다. 2002년에는 신의주특구 사업을 추진했으나 초대 행정장관인 양빈이 중국 당국에 체포되면서 추동력이 상실됐다. 중국의 동북3성 개발계획에 부응해 북한은 2010년 나선시를 특별시로 승격시키고 나진항과 부두를 개발하는 것에 합의했으며 2010년 12월에는 황금평과 위화도 경제지대에 대한 북중 공동개발 및 공동관리에 합의하기도 했다.

| 북한의 중앙급 경제특구와 지방급 개발구 |

출처: 〈중앙일보〉, 2015년 5월 19일 자

김정은 정권이 들어선 이후에도 북한의 경제특구 개발에 대한 노력은 이어졌다. 세 번째 단계는 2013년 5월 29일 북한 전역에 걸쳐 경제특구를 확대하는 경제개발구법이 제정된 것으로 볼 수 있다. 기존의 5대 경제특구(나선, 개성, 금강산, 신의주, 황금평·위화도) 외에도 김정은 정권 출범 이후 21개의 중앙급 경제특구(4개)와 지방급 개발구(17개)가 신설됐다.

중국식 개혁·개방 성공할까

북한의 현 경제체제가 수립된 것은 1950년대 중후반으로 1990년대 중반에 이미 40년이 됐다. 1970년대 후반에 개혁·개방에 나선 중국보다 과거 구소련이 붕괴되기 직전의 경제 형태에 가깝다는 의미다. 산업화의 정도에서도 북한은 1994년에 농업 부문이 29.5%를 보이면서 1978년 중국의 73.2%보다 오히려 1985년 소련의 19.5%에 가까웠다.

악화된 경제 상황도 중국보다 소련에 가깝고 관료화의 정도도 소련과 유사하다. 군사비 부문 역시 소련과 거의 같은 상황이며 국제적 환경에서도 서방에 적대적이다. 다만 문화적으로는 소련보다는 중국과 가깝다고 판단된다.

이런 환경적 요인을 고려했을 때 북한이 중국식 개혁 모델을 따라 개혁을 시도하더라도 성공할 수 있는 확률은 낮다고 보는 시각이 적지 않다. 북한이 처한 객관적 환경은 구소련, 즉 러시아 방식의 이중전환이 필요하다는 것이다. 다시 말해 경제개혁과 함께 정치적 개혁이 뒤따라야 한다. 그러나 이중전환 모델은 북한의 정치 상황을 고려할 때 자살행위나 다름없다. 결국 김정은 위원장이 경제문제 해결에 적극 나서는 것에는 한계가 있을 수밖에 없다.

북한은 중국보다 개혁 시작 자체가 더 어렵다. 중국과 달리 분단국이라는 특수성이 가진 어려움 때문이다. 이는 북한이 극복해야 할 가장 중요하고도 핵심적인 정치 부담으로 1989년 베를린 장벽 붕괴에서 교훈과 시사점을 얻을 수 있다. 즉 북한이 하나의 국가로 존속하려면 남한과의 체제 차별성을 유지해야 한다. 차별성이 없어지면서 북한 사회가 개방된다면 북한 주민은 동요할 것이고 이는 곧 대량 탈북으로 이어져 체제 붕괴로 나갈 가능성을 배제할 수 없기 때문이다.

반면 중국은 비록 대만과 분리돼 있지만 정치적으로 대만을 거의 의식하지 않을 수 있었다. 중국은 덩샤오핑이라는 혁명 1세대를 중심으로 개혁세력이 확고하게 권력을 장악했다. 그러나 북한은 김정일에 이어 김정은 역시 군부를 의식해야 했고 이는 선군정치, 강성대국 정책으로 나타났다. 1980년대부터 실질적인 권력을 장악해온 김정일의 경제개혁은 스스로의 정책을 부정해야 한다. 김정은이 경제개혁에 나서도 과거를 부정하기는 마찬가지다.

북한이 중국식 경제개혁을 그대로 모방하기에 어려움을 겪을 수밖에 없는 또 다른 이유는 지리적 제약 탓이다. 북한은 좁은 지리적 여건으로 중국의 경우처럼 지역별로 단계적이고 순차적인 개혁·개방을 하기가 쉽지 않다. 북한이 나진·선봉 경제무역지대(나선특구)부터 꼭짓점 개방을 시도했지만 그 지역마저 철조망을 쳤던 이유다. 정치적으로 극히 통제된 중국의 개혁도 톈안먼(天安門) 사태를 겪었다. 만일 북한에 톈안먼 사태와 같은 사건이 일어난다면 걷잡을 수 없는 상황이 전개될 것이다.

이는 북한이 남한에 비해 경제적으로 엄청나게 뒤떨어졌다는 것을 직접적으로 확인하는 계기가 된다. 물론 지금도 북한 주민들은 남쪽이 경제적으로 훨씬 여유가 있다는 사실을 알고 있다. 그러나 개방을 통해 접촉면이 넓어지면 북한 주민들이 남한의 실상을 직접 눈으로 확인하게 될 수밖에 없다. 이는 북이 주장해온 '남한 해방'의 논리를 정면으로 부정하는 것이자 웃음거리가 되는 일이다. 이로 인해 3대 세습 정통성의 핵심적인 바탕이 되는 김일성의 민족 영도자로서의 존재 이유도 와해될 수 있다.

중국은 경제특구를 통해 개혁·개방의 경험을 쌓고 이를 전국으로 확대하려고 했다. 그러나 북한의 경우 경제특구를 지정하면서 경제개발에 대한 경험보다는 일부분 외화벌이 수준으로 생각했던 것으로 보인다. 고위급 탈북자인 황장엽은 일찍이 김정일에게 나선특구에 관심을 갖도록 건의했다. 하지만 김정일은 "그곳이 언제쯤 실효를 거둘 수 있겠는가. 그저 외화벌이 정도 하는 수준만 유지하면 된다"고 답했다고 한다. 김정일이 개성공단을 세운 목적도 개혁·개방이 아니라 달러 확보를 위한 것이라고 황장엽은 주장했다.

그럼에도 북한은 중국의 경제개발 과정을 지켜보면서 자본주의 방식을 통해 경제를 개발하려는 시도를 여러 차례 시도했다. 김정일 국방위원장은 2006년 1월 중국에 9일간 체류하며 중국 남부의 하이테크 기업을 시찰했다. 김정일의 시찰 코스는 덩샤오핑의 '남순(南巡) 코스' 와 유사했다. 남순 코스는 덩샤오핑이 시장경제 노선을 호소하면서 중국 남부를 순방한 경로로 당시 북한이 중국식 경제개혁을 본격적으로 도입하는 것이 아니냐는 추측을 낳았다.

김정일의 시찰 직후 장성택이 중국을 방문했을 때는 경제 관료 30여 명을 동반했다. 장성택은 김정일 국방위원장과 거의 같은 시찰 경로를 밟았다. 중국과 접한 신의주를 개발하는 일은 김일성 주석의 염원이기도 했다. 하지만 결국 북한은 과감한 경제개혁의 정책을 내놓지는 못했다.

실패한 북한의 경제특구

중국식 경제개방 모델의 한계를 느낀 북한은 대안으로 싱가포르의 경제개방 모델을 검토하기도 했다. 소규모 국가인 싱가포르가 정치체제를 유지하면서도 개방경제를 통해 경제를 발전시켰다는 점이 매력적으로 보였기 때문이다.

북한은 1991년 12월 나선특구를 시작하면서 싱가포르와 인연을 맺었다. 나선특구의 롤모델은 사실상 싱가포르다. 북한은 싱가포르의 철도나 도로, 항만, 공항 등의 인프라를 열심히 모방했지만 결과적으로 별다른 성공을 거두지는 못했다. 특구 건설에 가장 핵심적인 외국자본을 유치하는 데 사실상 실패했기 때문이다. 겨우 조총련 기업 몇 곳만 나선특구 투자에 나섰다. 중국 기업마저 반신반의했다.

싱가포르가 경제개발을 이룰 수 있었던 이유는 무엇보다 외국자본 유치에 성공했기 때문이다. 싱가포르는 다국적 기업 유치를 위해 과감하게 관세와 법인세를 면제했다. 서구 기업들이 자유롭게 비즈니스를 할 수 있는 산업생태계를 만든 것이다.

지금도 나진특구 내 법인세는 14%다. 북한은 자국 내 다른 지역의 25%에 비해 11%를 낮춘 것으로 특혜라고 선전하지만 법인세를 면제한 싱가포르와는 비교되지 않는다. 개성공단의 법인세 역시 14%다.

2002년 9월 12일 북한의 최고인민회의 상임위원회는 신의주 특별행정구 건설계획을 발표하기도 했다. 하지만 중국 측과의 사전 협의가 부족했던 탓에 중국은 신의주특구 행정장관에 임명된 양빈 어우야그룹 회장을 탈세 혐의로 전격 구속했다.

무엇보다 투자의 안정성에 대한 문제도 논란거리다. 김정은의 이복형인 김정남은 일본 기자와의 이메일 인터뷰에서 "지금 같은 상황에서 북한이 투자를 유치하니 안 하니 하는 소리는 너무나 허황하고 현실성

없는 말이다. 투자의 안전성을 보장하는 법과 시스템이 존재하지도 않는 북한 땅에 투자할 사람은 한 명도 없다"고 언급하기도 했다.

북한과 중국은 2010년 황금평을 경제특구로 공동개발하겠다고 밝혔으나 현재까지 제대로 된 사업은 이뤄지지 않고 있다. 당시 북한은 중국에 100년 임대권을 부여하고, 중국은 이곳에 공단을 건설해 북한의 값싼 노동력을 활용하겠다고 발표했다. 그러나 북측 사업을 책임졌던 장성택이 2013년에 처형된 이후로 사업은 지지부진한 상태다.

남한 투자 이끌어내야

북한이 중국의 개혁 · 개방 모델을 그대로 따라 할 수는 없더라도 중국 남부지방이 경제개방을 통해 비약적으로 발전했던 사례는 북한의 경제개발에 시사하는 바가 적지 않다.

광둥(廣東)성과 함께 중국 경제개발의 대표적인 지역인 푸젠(福建)성이 약 10년 만에 중국의 많은 다른 성을 추격할 수 있었던 것은 대만인들의 적극적인 투자와 푸젠성과 대만 간에 활발한 무역활동이 있었기 때문이다.

먼저 수출 측면에서 살펴보면 푸젠성은 1980년대 초반 국내총생산(GDP) 중 수출 비중이 약 3~6%였으나 1990년대 후반 20% 수준으로 크게 증가했다.

2000년 북한의 국민총소득(GNI) 대비 수출 비율은 6.7%로 푸젠성의 1980년대 초반과 유사한 수준이다. 이는 북한이 적극적으로 개방 정책을 실시해 외국자본의 안정적인 유입을 이룬다면 수출 물량을 적극적으로 늘릴 수 있다는 의미다.

2000년 이후 북한 수출의 전반적 추세를 살펴보면 2000년대 초반에 점진적으로 증가하는 경향을 보이다가 2011년과 2012년에 수출 비중이 각각 17.8%와 20%로 급격히 증가했다. 그러나 이는 북한이 2011년 대중 수입을 대폭 증가시키면서 부족분을 충당하기 위해 광산물 수출을 증가시킨 결과다. 노동집약적 제품의 수출을 늘려 달러를 벌어들이는 푸젠성 모델과는 차이가 있다. 중국에서 수입한 물량의 상당수는 북한 내의 자체 소비, 즉 더 이상 부가가치가 붙는 상품으로 가공되지 않는 소비재다. 결과적으로 수출 비중이 10% 수준이었던 2007년과 20%로 확대된 2012년의 북한 1인당 국민총소득 간에는 큰 변동을 보이지 않는다.

푸젠성의 사례에서 나타나듯이 북한이 단기간에 경제성장을 달성하기 위해서는 남한의 직접투자 역할이 중요하다. 1980년대 중후반 중국에 유입된 외국인직접투자(FDI) 가운데 50~60%는 해외 화교들, 예를 들면 대만, 싱가포르, 홍콩, 마카오 등에 거주하는 화교들이다. 특히 화교 자본의 푸젠성 투자 비중은 더욱 높았다. 즉 남한 기업의 북한에 대한 투자 능력 및 투자 의욕은 북한의 추격 성장을 결정짓는 중요 요인이라고 볼 수 있다.

현재 북한이 채택하고 있는 제한적인 개방 정책하에서는 푸젠성식의 비약 성장을 달성하기는 어렵다. 북한이 향후 전면적인 개혁·개방 정책을 도입하고 이에 따라 남한과 중국의 대북투자가 비약적으로 증가해야만 북한의 추격 성장이 가능하다. 비록 현재 남한의 대북투자는 남북 관계 및 핵문제 등 다양한 비경제적 요인에 의해 제약받고 있지만, 이러한 문제들이 해소된다면 대북투자가 확대될 가능성은 충분하다.

경제특구 전략 복원해야

개성공단마저 폐쇄된 상황에서 북한의 경제특구 전략을 복원하는 일은 정치적으로 쉽지 않을 것이다. 강경책을 고수하는 북한의 입장 변화가 없는 상황에서 국제사회를 설득하지 않고 한국 투자자들이 북한의 경제특구에 투자하는 것 역시 쉽지 않다.

향후 새로운 남북경협이 이뤄진다면 우선 북중 접경지역인 단둥에서 이뤄지는 직간접적인 남북과 중국 간의 교류부터 공식화할 필요가 있다. 5·24조치로 한국이 북한과 직접 거래를 하는 것은 공식적으로 불가능하다. 하지만 북한에서 생산된 제품들이 중국을 거쳐 한국에서 판매되는 것은 공공연하게 이뤄져 왔다. 단둥을 근거지로 하는 조선족 사업가들에 따르면 북한에서 한국산 제품을 구해달라고 요청하면 며

칠 내로 북한에 전달할 정도로 북중 접경지역을 통한 교류는 빈번하다. 다만 한국 정부가 이를 모른 척 눈 감고 있을 뿐이다. 새로운 남북 관계를 복원할 때는 기존에 형성된 남북 간의 네트워크를 인정하면서 남북 경협의 실마리를 찾아가는 것이 무엇보다 중요하다.

이런 관점에서 나진-하산 프로젝트가 사실상 중단된 것 역시 아쉬운 부분이다. 사실 이 사업은 개성공단 폐쇄 정도만큼 큰 충격은 없었다. 시범사업에 가까워 남북 관계가 악화되면서 당연히 폐기될 가능성이 높았기 때문이다. 그러나 남북 관계가 어렵다면 한국 정부는 북방 경제, 즉 북중 국경과 북러 국경지역에서의 투자를 확대하고 미래를 준비하는 것을 소홀히 하지 말아야 한다. 북방 거점지역을 중심으로 한국이 투자하고 개발한 뒤 향후 남북 관계가 풀릴 때 이를 북한과 연결한다면 원대한 한반도 통일경제의 꿈을 그릴 수 있다.

국제사회의 제재가 완화되고 남북 간의 경협이 다시 본격적으로 이뤄지면 무엇보다 개성공단과 금강산 관광을 복원하는 것이 남북 모두에게 우선이다. 남쪽의 자본이 손쉽게 진입할 수 있는 제조업 중심의 개성특구, 관광 및 서비스와 1차 산업 중심의 금강산특구, 러시아와 연계한 물류 및 무역 중심의 나선특구, 중국과 연계하는 국제화 종합특구로서의 신의주특구를 전문화해야 한다.

북한의 제조업은 개성특구와 인접한 해주와 함께 수도권 산업클러

스터(industrial cluster)를 형성하고, 평양을 거쳐 신의주특구까지 연계해 추진한다. 개성특구에서 남북이 생산한 제품은 신의주특구를 통해 세계 시장에 진출하는 교역 제품이 될 수 있다. 개성특구 외에도 경공업, 전기·전자, 유통서비스 기능을 담당하는 평양 남포특구도 염두에 둬야 한다. 남포는 항공, 육로, 해운 물류의 중심지이며 산업기반 인프라가 잘 발달돼 있다. 또 인근에 평양이 있어 북한의 내수시장을 집적 겨냥할 수도 있다. 2014년 2월 한국의 중소기업중앙회는 정부를 향해 "해주와 남포에 제2의 개성공단을 만들어 달라"는 공식적인 요청까지 했다. 그만큼 해주와 남포는 국내 중소기업들에 매력적인 투자처다. 개성이 남한의 내수시장을 겨냥한 제조업단지라면 평양, 해주, 남포는 본격적인 북한 내수시장과 외국 기업 유치를 위한 교두보로서 최적지라고 할 수 있다.

북한 전역을 놓고 더 큰 그림을 보자. 북한 내 각 특구의 성공은 개별적으로 존재하는 것이 아니다. 개성특구에서 시작한 북한 산업의 경쟁력은 평양을 거쳐 신의주로, 금강산 일대와 원산의 산업 축은 나진, 선봉으로 확장되면서 북한 전역에서 균형적인 경제구조를 만들어 나갈 수 있다.

북한의 경제특구 전략이 성공하려면 우선 개성공단의 복원과 성공이 필요하다. 과거에는 한국 중소기업들이 개성공단을 저임금을 기반으로 한 생산기지로 삼았다면 미래의 개성공단에서는 북한 측도 주도적으로 개성공단을 활용해 수출전략을 펼 수 있다. 수출주도의 경제성장이라는 측면에서 북한은 남북 경제협력을 토대로 남한 기업의 마케팅 및 브랜드 인지도를 활용할 수도 있다.

일반적으로 개발도상국의 수출은 'OEM(Original Equipment Manu-facturing)→ODM(Original Design and Manufacturing)→OBM(Own Brand Manufacturing)'의 단계를 따르는데 대만의 수출산업이 이러한 단계에 따라 성장했다면, 한국의 재벌들은 처음부터 자신의 브랜드로 사업을 추진해 나갔다.

한국의 재벌들은 주로 일본으로부터 수입한 반(半)제품의 마지막 단계를 조립해 자신의 브랜드로 수출함으로써 ODM 단계를 건너뛰었다고 볼 수 있다. 그리고 OBM 단계에 진입한 이후 자신들의 약점, 제품 차별성 및 품질 제고의 중요성을 발견했다.

주요 소비자 브랜드를 주요 선발자들이 장악하고 있는 상황에서 후발자들은 자신의 브랜드를 수립하기가 쉽지 않아 많은 개발도상국이 OEM 방식을 유지하지만 이는 낮은 마진과 가공비용에 대한 의존성을 초래하게 된다.

하지만 북한의 가공능력을 남한의 설계 및 브랜드 실력과 결합하면 남북 경제협력을 토대로 시너지 효과를 낼 수 있다. 이는 압축 성장의 경로 가운데 하나이자 북한 경제가 비약 성장하는 기초로 작용할 수 있다.

해커 인력을
IT서비스업으로

2016년 기준 북한의 경제 규모를 정확히 측정하는 것은 현실적으로 어렵다. 북한이 경제통계를 공개하지 않기 때문이다. 이로 인해 한국 정부나 경제학자들은 북한이 교역하는 상대국의 통계, 즉 '거울통계'를 이용해 북한의 무역 규모 등 경제통계를 측정하고 있다.

경제학자들의 연구결과를 보면 북한의 1인당 GDP는 2015년 기준 약 700~1,000달러 수준이다. 1인당 GDP에 북한 인구수 약 2500만 명을 곱하면 북한의 GDP 규모를 17억 5천만~20억 5천만 달러로 추정할 수 있다.[44]

---

44) 북한의 1인당 GDP는 기관별로 추정치가 다르다. 현대경제연구원은 2016년 9월 28일 내놓은 〈2015년 북한 1인당 명목 GDP 추정〉 보고서 자료에서 1,013달러로, 한국은행은 1,231달러로 추정했다. 반면 국제연합은 2014년 기준 696달러로 보고 있다.

통일 과정에서 북한이 한국에 지나친 부담이 되지 않기 위해서는 북한의 빠른 경제발전이 급선무일 수밖에 없다. 북한이 2000년대 들어 내놓은 이른바 '단번도약론'의 현실성을 전략적 시각에서 진지하게 검토할 필요가 있다. 북한이 과거 한국이 거쳐 온 고도성장 이상의 경로를 밟아야 빠른 시일 내에 통일경제가 제대로 작동할 수 있기 때문이다.

북한의 저임금 노동력이나 광물 및 관광자원만으로는 단번 도약을 꿈꾸기 어렵다. 이에 북한 스스로가 내세운 정보기술산업의 육성이 북한 경제를 도약시킬 주요 영역으로 꼽힌다. 북한이 경제발전을 위해 지닌 여러 요소를 고려했을 때 상당히 타당한 부분이기도 하다.

IT제조업보다는 IT서비스업으로

IT산업은 반도체, 하드웨어 생산과 같은 IT제조업과 소프트웨어 패키지 및 서비스를 판매하는 IT서비스업으로 구분할 수 있다. 북한은 이 중에서 IT서비스업의 육성을 단기적인 목표로 설정하고 있다. 대규모의 자본 투자가 필요한 IT제조업과 달리 IT서비스업은 소규모의 전문인력을 이용해 비교적 적은 비용으로 진입할 수 있기 때문이다.

IT서비스업 중심의 발전전략은 제조업 기반이 취약한 북한의 경제 현실을 감안한 것이기도 하다. 1990년대 중후반의 경제 위기 이후 북한의 제조업 가동률은 전반적으로 크게 떨어졌다. 1990년 31.8%이던 북한의 제조업 GDP 비중은 2000년에 17.7%까지 하락하기도 했다. 이러한 산업 여건과 만성적인 에너지 및 자본 부족에 시달리는 현실을 감안할 때 북한이 IT제조업 육성을 발전전략으로 설정하는 것은 무리가 있다.

물론 북한도 IT기술을 이용해 제조업 전반의 생산성을 향상시키려는 노력을 기울이고 있다. 주로 컴퓨터를 이용한 경영관리와 공장자동화로, 북한에서는 이를 '인민경제의 현대화·정보화 전략'이라고 부른다. 그러나 이는 기초적인 IT기술을 생산현장에 응용하는 것으로 본격적인 IT제조업 육성을 위한 전략으로 보기는 어렵다.

국제사회의 북한 제재에 따른 전략물자 수출통제 역시 북한의 IT 제조업 활성화를 가로막는 원인 중 하나다. 민수용과 군수용으로 모두 사용될 수 있는 '이중용도 품목 및 기술리스트(list of dual use goods and technologies)'를 국제연합 회원국이 북한에 수출하는 것이 금지돼 있기 때문이다. 여기에는 신소재, 전자, 컴퓨터, 통신 및 정보보안 품목 등이 포함돼 있어 북한의 하드웨어 설비 수입 및 기술 습득을 제한하는 요인이 되고 있다.

이런 이유로 북한은 자본 투입이 비교적 적고 소수의 인력으로 발전 가능한 소프트웨어 산업에 집중하고 있다. 〈노동신문〉 등을 통해 강조하고 있는 인도의 성공사례 또한 IT서비스업의 중요성을 강하게 주장하고 있음을 보여준다. 인도 정부가 자국의 약한 제조업 기반을 고려해 정보기술산업을 육성한 것을 북한이 강조하고 있는 점은 눈여겨볼 만하다.

북한 IT인력의 수준

북한의 IT서비스업 인력 현황을 보면 종사자 규모가 정확하게 알려져 있지 않으나 2008년 북한의 인구일제조사 현황에 따르면 '체신 및 정보' 분야에 종사하는 인원은 약 12만 6천 명으로 전체 취업자의 약 1% 이다. IT서비스 부문의 종사자들은 대부분 대학 이상의 교육을 받은 인력으로 볼 수 있다.

　북한은 1985년 4년제 컴퓨터 인력양성 전문기관인 조선계산기단과대학을 설립하고, 김일성종합대학과 김책공업대학에는 각각 1999년과 2001년에 IT단과대학을 설립했다. 이외에도 평양과 함흥의 IT전문대학, 조선컴퓨터센터와 평양정보센터와 같은 연구기관 산하의 교육기관 등 100여 개 대학 및 각종 교육기관에서 1만 명 정도의 IT인력이 매년 배출되고 있다. 따라서 2008년 IT 부문의 종사자가 약 12만 명이라고 가정하면 2015년 기준 IT인력의 규모는 최대 19만 명 정도로 추산할 수 있다.

　북한 IT인력의 수준에 대해서 쉽게 평가하기는 어렵다. 박찬모 평양과학기술대학 명예총장은 2016년 5월 미국의 소리 방송과의 인터뷰에서 "북한이 컴퓨터 부문의 기술 수준에서 미국과 동등한 분야도 있다고 생각한다"고 밝혔다. 박 명예총장은 북한의 과학기술 수준은 미국을 100이라 했을 때 80 정도라면서 위와 같이 말했다. 그는 특히 북한이 컴퓨터 사이언스와 소프트웨어 분야에서는 결코 선진국에 뒤떨어지지 않는다고 강조했다. 다만 첨단기술 장치를 쓰는 과학기술 분야는 경제적으로 장비를 구하기 어려워 상대적으로 뒤떨어져 있다고 생각한다고 덧붙였다.

독일 사업가 폴커 엘뢰서(Volker Eloesser)가 북한에 설립한 IT벤처기업 노소텍(Nosotek, 제일정보기술합영회사)은 2007년 7월 창설된 뒤 아이폰 게임을 만들어 독일에서 상위 10위권에 드는 실적을 거두기도 했다. 엘뢰서는 독일 공영방송 도이체벨레(Deutsche Welle)에서 "북한의 정보기술 인력은 매우 우수하다"고 평가했다. 다만 북한 사회의 폐쇄성 탓에 정보기술 개발자들이 주 고객인 서양인들에 대한 이해가 없어 어려움이 많다고 털어놨다.

최근에는 북한 내 인트라넷을 넘어 해외망에 접속할 수 있는 인터넷의 사용 범위도 다소 넓어지고 있는 것으로 보인다. 2016년 5월 초 북한 대학생들이 인터넷에 접속조차 못한다는 사실을 영국 BBC가 방송하면서 개인의 인터넷 사용을 허용하는 분위기가 생겨났다는 것이다. 김정은 위원장은 "급변하는 세계정세를 알아야 한다"며 인터넷 사용을 독려했다고 한다. 이에 따라 대외무역성 과장급 이상 등이 인터넷을 쓰게 됐다는 게 북한 소식통의 전언이다. 북한의 IT인력들이 인터넷 사용을 통해 기술 수준이 좀 더 높아질 가능성이 생긴 것이다.

북한은 IT인력을 해외로 파견해 외화를 벌어들이는 수단으로도 쓰고 있다. 특히 중국에 파견된 북한 인력 중 일부가 IT서비스업에 종사하고 있는 것으로 보고되고 있다. 임금 수준은 중국 노동자의 약 50~75% 정도로, 개성공업지구 노동자 평균 임금이 동북3성 지역 노동자 평균 임금의 25~40% 정도인 것을 감안하면 높은 수준이다.

북한 IT인력의 저임금을 활용해 2011년에는 지린성 투먼시에 북한 노동자들을 공식적으로 고용하는 조선공업원구가 설립됐다. 조선공업원구에는 주로 애니메이션, 전기, 기계, 소프트웨어 관련 기업들이 설립돼 조선능라도회사, 경흥회사, 조선컴퓨터센터로부터 파견된 총 625명의 노동자를 고용하고 있다. 북한은 조선공업원구 이외에도 동북3성의 주요 도시에 IT 전문인력을 파견하고 있다.

북한의 IT인력들은 단순한 데이터 입력 작업부터 높은 기술 수준을 요하는 ERP(Enterprise Resource Planning), BPM(Business Process Management), e-business 애플리케이션 구축까지 다양한 업무를 수행하고 있으며 IT 보안과 애니메이션 분야에서도 전문성을 확대해 가고 있다.

이와 같이 북한의 소프트웨어 서비스에 대한 해외 수요는 일부 존재하지만 생산된 소프트웨어 제품(패키지)은 주로 국내에서 소비되고 있는 것으로 보인다. 북한의 소프트웨어 제품 개발은 주로 조선컴퓨터센터와 평양정보센터를 중심으로 이뤄지며, 기술 수준은 상위에 속하는 제품도 일부 있으나 주로 중하위에 속하는 것으로 보인다. 수출하기에는 무리가 있어 대부분 북한 내 시장에서 소비되고 있다는 분석이다.

인도, 아일랜드, 이스라엘의 사례

'3I 국가'라고 불리는 인도, 아일랜드, 이스라엘은 소프트웨어 산업의 후발주자로서 관련 제품 및 서비스의 수출을 비약적으로 증가시켜 경제 추격에 성공한 사례로 평가된다.

추격에 성공한 이들 국가는 IT서비스에 대한 국내 수요는 크지 않지만 해외 수요가 결정적인 성공 요인으로 꼽힌다. 인도는 해외 인력파견을 통해 성장하기 시작했으며 아일랜드는 유럽경제공동체(EEC) 가입으로 확대된 시장을 활용한 바 있다.

또 이들 정부는 다국적 기업의 투자를 촉진하고 관련 인프라를 구축하는 한편 인적자본 양성에 힘을 쏟았다. 이러한 측면에서 현재 IT분야 인력양성에 대한 북한 정부의 정책은 긍정적으로 평가할 만하다. 그러나 북한의 제한적인 개방 정책은 IT서비스업 성장에 저해 요인으로 작용하고 있다. 인도와 아일랜드가 다국적 기업들이 지사를 설립하기 시작하면서 추격에 성공한 점을 감안할 때 북한도 추격에 성공하기 위해서는 보다 적극적인 개방 정책이 불가피하다.

국제적 연결망도 3I 국가의 성공비결이다. 인도의 경우 초기 단계

(1970~1980년대)에서 인력파견의 형식으로 해외에 진출한 기술자 그룹이 인도의 서비스산업 성장에 필요한 인적 네트워크를 형성하는 데 기여했다. 특히 고객사에 인도 국적의 숙련된 기술자가 상위 직급에 근무한다는 사실은 인도 기업들이 고객사들로부터 주문을 확보하는 데 중요한 역할을 했다.

이들 국가가 자국 내에 클러스터링(clustering)을 만들어가면서 소프트웨어 기업들이 성장한 것도 눈여겨볼 만하다. 후발주자로서 틈새시장을 찾아 각국에 특정 소프트웨어 산업 분야를 개척하기도 했다. 가령 이스라엘은 보안 부문에 특화됐으며 아일랜드는 유럽 국가의 언어에 기반을 둔 소프트웨어의 지역화(localization)에 성공했다.

1950년대 이후 인도와 이스라엘은 정부 주도로 IT기술의 토대를 마련하기 위한 인력양성을 추진했는데, 초기 IT 관련 노동력들은 이러한 경로로 배출됐다. 노동비용 또한 중요한 요소로 미국 프로그래머의 임금이 연평균 5만 달러 이상일 때 아일랜드와 이스라엘은 그 절반 이하인 2만 달러, 인도는 약 5천~1만 달러 수준으로, 저임금은 매력적인 요소였다. 인적자본과 관련해 3I 국가가 가진 또 다른 장점은 영어와 해외 소프트웨어 시장에 대한 지식이다. 이러한 지식은 초기 단계에는 해외 이주민들을 통해 축적됐지만 이후에는 수출을 거쳐 확보한 고객들을 통해 확대됐다.

3I 국가와 체제전환국의 사례를 토대로 북한의 IT서비스업 부문의

성장 가능성을 살펴볼 수 있는데, 인도의 IT서비스업 발전 단계는 크게 '인력파견(Body shop)→해외 아웃소싱(Offshore Outsourcing)→글로벌 공급 모델(Global Delivery Model)'로 구분할 수 있다. 현재 북한이 저임금을 활용한 인력파견에 집중하고 있는 것으로 볼 때 인도의 초기 단계에 해당되며 점차 해외 아웃소싱을 확대하는 단계에 진입하고 있는 것으로 평가할 수 있다.

먼저 북한의 IT서비스 수요 측면에서, 인도 등 개발도상국 추격자는 자국 소프트웨어 제품이나 서비스에 대한 국내 수요가 충분하지 않아 그 대체로 인력파견이나 아웃소싱에 주력했다. 북한 또한 국내 IT서비스 수요를 단기간에 확대하기는 어려운 만큼 현재와 같은 형태의 인력파견이나 아웃소싱에 주력할 수밖에 없을 것이다. 북한의 IT서비스 기술 수준이 제조업의 OEM 단계라면 인도를 벤치마킹하되 단계를 생략하는 추격 성장에 성공하기 위해서는 남한 시장 공략이 불가피하다.

다음으로 소프트웨어 산업의 비전과 전략 측면에서, 북한은 IT서비스 부문의 인력양성과 인력파견에 집중해왔다. 특히 인력양성의 측면에서는 1980년대부터 IT인력을 양성하기 시작해 2000년대 초반 단번 도약론을 내세운 이후에는 영재교육 및 대학설립을 확대했다. 그러나 해외정보에 대한 접근 통제 및 해외시장에 대한 경험 부족으로 북한이 개발한 소프트웨어 제품들은 대체로 상품성이 떨어져 국제경쟁력이 낮은 것으로 평가된다.

따라서 북한은 한국과의 산업협력을 통해 이러한 측면을 보완하고 해외시장에 대한 지식을 축적할 필요가 있다. 이는 북한의 추격 성장을 견인할 뿐만 아니라 한국 경제에도 반사이익으로 작용할 수 있다.

한국은 반도체 등 IT제조업이 1990년대 중반 이후 성장 주력산업이 되었지만 IT서비스업의 비중은 OECD 국가 가운데에서도 하위에 속하는 편이다.

이와 같은 한국 IT서비스업의 여건을 고려할 때 북한의 우수한 IT인력을 활용하는 것은 한국 IT서비스업의 국제경쟁력을 강화하는 기회가 될 수 있다. 특히 최근에는 IT융합 기술을 기반으로 한 새로운 기술 패러다임과 신규시장이 창출되고 있다. 북한의 IT서비스와 남한의 IT제조업을 결합하는 전략을 통해 이러한 전환기를 활용할 수 있다는 것이다. 이는 남북 산업의 상호보완 효과를 확대해 통일 이후 한반도 경제에도 긍정적인 효과를 미칠 수 있다.

공통의 언어를 사용하는 남북의 특성은 북한이 남한 시장에 진출하는 데 있어 가장 큰 장점이다. 앞서 언급한 3I 국가의 성공사례는 미국, 유럽 등지에 자리 잡은 인도, 유대, 아이리시(Irish) 공동체의 존재와 영어라는 공통 언어에 힘입은 바가 크다. 동유럽 체제전환국들은 민족공동체를 통한 국제적 연결망이 두드러지지는 않았지만 2000년대 각국에 투자한 해외 기업들을 국제적 연결망으로 활용해 좋은 성과를 냈다. 이 같은 성공사례는 북한의 IT서비스업 발전에 시사하는 바가 크다.

또 북한과 중국의 임금 격차보다 남한과 북한의 임금 격차가 훨씬 크기 때문에 저임금을 이용한 투자 유인도 높다. 북한이 남한 기업의 투자를 적극적으로 유치하거나 남북 합작기업의 형태로 IT서비스를 수출하면 단계생략형 추격 성장의 가능성이 높다.

현재 북한의 소프트웨어 산업의 특징으로는 소수이긴 하나 우수한 인력을 보유하고 있고 자국 소프트웨어를 생산해 국내에 보급하고 있다는 점, 임금이 낮다는 점, 그리고 보안 부문, 특히 문자와 음성인식 부문의 소프트웨어 개발 수준이 비교적 뛰어나다는 점 등을 들 수 있다. 이스라엘이 보안 부문 소프트웨어라는 틈새시장을 공략해 추격에 성공했듯이 북한 또한 추격에 성공하기 위해서는 이러한 틈새시장을 찾는 것이 필요하다.

불 꺼진 평양을
'동북아 슈퍼그리드'로

북한 지역의 산업을 발전시키는 시나리오는 앞에서 살펴본 푸젠성식의 노동집약적 수출공업화 모델과 인도의 정보기술 서비스 주도 성장모델 이외에 차세대 성장산업에 투자하면서 추격 성장을 달성하는 모델을 생각할 수 있다.

실제로 남미와 아프리카의 일부 국가는 풍부한 광물자원을 수출해 얻은 자금을 다시 신재생에너지 산업에 투자하고 이를 통해 새로운 성장동력을 창출하고 있다. 북한 또한 지하자원의 매장량이 풍부하다고 알려져 있는데 매장된 광물자원의 가치는 약 6조 달러 내외로 추정되며 이는 남한 GDP의 약 5배에 이른다.[45]

---

45) 북한의 지하자원의 가치는 다양한 추정치가 있으며 이 책의 4장 '은금도 가득한 삼천리 내

특히 북한에는 한국의 재가공 기술을 적용해 개발하면 경제적 가치가 커지는 광물이 풍부하게 매장돼 있다. 따라서 광물자원을 본격적으로 개발하면 수출이 현재보다 크게 확대될 것으로 보인다.

그러나 북한에는 광물자원을 가공하는 산업단지가 조성돼 있지 않아 무연탄 등의 광물이 추가 가공 없이 수출되고 있다. 최대 수출국은 중국으로 2000년대 후반 수출 규모가 큰 폭으로 증가했으며 2007년 1억 6천 달러에 불과하던 무연탄 수출은 2013년에 약 13억 7천 달러로 정점을 찍었다. 이러한 단순 수출은 모잠비크 등 아프리카 국가에서도 나타난다. 하지만 부가가치 창출 및 산업 간 파급효과를 높이기 위해서는 최소한 1차 가공해 수출하는 방식으로 전환해야 한다. 이를 위해서는 광산물 가공을 위한 산업단지 조성이 필요하며 교통 및 전력 인프라 기반이 마련되고 남한의 투자와 기술협력 또한 필요하다.

깜깜한 평양의 밤

북한의 추격 성장을 위해서는 지하자원 수출로 획득한 자금을 이용해 후발자의 이점을 최대한 활용할 수 있는 차세대 사업을 선택하는 것이 중요하다. 우선 1950~1960년대 건설된 북한의 전력시설을 첨단기술

조국' 파트에서 해당 내용을 다뤘다.

인 스마트그리드(Smart Grid) 방식으로 교체해 북한의 전력난을 해소하는 동시에 이 분야의 기술을 남북이 공동개발해 선발자로 도약하는 전략을 고려할 수 있다.

북한의 전력산업 현황을 보면 자력갱생 정책에 따라 화력보다는 수력을, 석유보다는 석탄의 개발을 우선시했다. 1950~1960년대에는 주로 수력의존적인 발전구조를 갖추고 있었고 구소련과 중국의 지원으로 해방 당시에 있던 기존 발전시설도 보수, 확장했다. 그러나 1970년대 이후부터 화력 발전의 비중을 높이기 시작해 수력과 화력의 설비 비율이 1985년에는 50대 50으로까지 증가했다.

북한은 1970년대만 해도 석탄을 이용한 화력발전과 수력발전을 통해 어느 정도 에너지 자급이 가능했다. 그러나 점차 석탄 생산량 감소, 탄질 감소, 발전설비 노후 등의 문제가 드러나기 시작해 1980년대부터는 전력난이 심각해졌다. 전력난을 해소하기 위해 북한은 1985년에 구소련의 지원을 받아 44만kW급 원자력발전소를 건설하기로 하고 1990년 초에 착공했으나 구소련의 붕괴로 지원이 중단돼 진척을 보지 못했다. 이후 1990년대 초반에는 경제난, 사회주의 경제권의 지원 감소로 투자재원 마련이 어려워 발전소 건설도 힘들어졌다.

경제난이 비교적 완화된 1990년대 후반부터는 소규모 지방 공장과 가정용 전력수요를 충당하기 위해 건설비용이 적게 들고 건설 기간도 짧은 중소형발전소 건설을 확대하는 정책을 추진했다.

그러나 이러한 중소형발전소 확대정책에도 불구하고 북한의 전력난은 쉽게 해소되지 못하고 있다. 현재 북한의 전력 사정에 대해 정확히 파악하기는 어려운 실정이나, 여러 자료를 바탕으로 추정해보면 대략

| 북한 주민의 에너지 소비구조와 소비실태 |

구분		소비자	국가공급 여부	공급실태	부족분 대체
조명	전기	전체 주민	O	일부 공급	양초, 석유등잔, 산업용 기름등잔
취사	가스	평양 주민	O	일부 공급	석유 시장 구입
	석탄	지방 도시 주민	O	거의 미공급	나무, 대팻밥, 톱밥
	나무	농촌 주민	O	거의 미공급	볏짚, 옥수수짚 등
	석유	평양 주민	O	일부 공급	시장에서 자체 구입
		일부 지방 주민	X	자체	-
	전기히터	일부 주민	X	자체	-
난방	온수	평양 주민	O	거의 미공급	석유히터, 솔방울 등 자체
	석탄	지방 도시 주민	O	거의 미공급	석탄, 나무, 대팻밥, 톱밥 등 자체
	나무	농촌 주민	O	거의 미공급	일부 메탄가스에 의한 난방 볏짚, 옥수수짚, 풀대
	석유난로	일부 주민	X	자체	-
기타	가전제품	전기	전체 주민	O	일부 공급	자동차 배터리 충전 이용
	배터리 충전		일부 주민	X	자체	-
	전기재봉 등		가내수공업자	X	자체	-

출처: 통계청, 통일부

800만kW 정도의 발전설비를 가지고 있지만 대부분이 노후화돼 이 중 500만kW 정도만 전력을 만들어내는 것으로 보인다.

2016년 기준 한국의 발전설비가 1억kW에 이를 것으로 보이는 점을 고려하면 북한의 전력 사정을 짐작할 수 있다. 그나마 전력 사정이 가장 낫다고 하는 평양에서도 일상적으로 정전이 일어나고 전압과 주파수가 심하게 변동한다고 한다. 한밤중에 한반도 상공을 촬영한 인공위성 사진을 보면 북한 전역이 깜깜한데 평양과 같은 도시 지역에만 띄엄띄엄 불이 밝혀져 있다.

북한의 전력난이 발생하게 된 원인은 발전 과정상의 문제와 송전과 배전, 배선상의 문제로 구분할 수 있다. 먼저 발전 과정을 살펴보면 수력발전은 무모한 산림 채벌과 다락밭 정책[46]으로 댐의 저수기능 저하 및 갈수기(11~4월)의 계절적 영향을 문제점으로 들 수 있다. 화력발전은 발전설비의 피로 누적과 함께 석탄 연소에 따른 고장, 설비의 신뢰도 및 혼소율 저조, 저질 탄 사용에 따른 잦은 고장 등으로 전기생산량이 적을 수밖에 없다.

---

46) 김일성은 1960년대 이후 산비탈의 경사지를 일군 다락밭 사업을 추진했다. 협동농장체제에서 생산성이 저하되자 더 많은 경지공급을 통해 문제를 해결하려 한 것이다. 농민들에게 열심히 일할 동기를 부여하지 못하고 대신 경지공급에 나선 다락밭 정책 실시로 산에는 나무와 풀이 사라졌다. 산에 나무가 사라지면서 홍수 조절 기능이 떨어져 산사태와 홍수 등 자연재해가 수시로 발생했다. 비만 오면 토사가 씻겨 내려가 땅은 황폐해졌고 경사지가 무너지면서 산사태도 일어났다. 결국 다락밭은 북한 기근의 원인 중 하나가 됐다.

송전·배전 문제와 관련해 북한은 '1지역 1발전소' 원칙에 따라 각 수요지 근교에 발전소를 건설하고 있다. 이로 인해 평양 등 일부 지역을 제외하고는 전국에 고압 송전망이 발달돼 있지 않아 한 발전소에서 문제가 발생하면 다른 발전소나 변전소에서 곧바로 전력을 충당해 줄 수가 없다. 또 설비재료가 부족해 비규격 제품을 사용하고 있으며 보수, 유지 등의 관리체계가 제대로 이뤄져 있지 않아 송전·배전으로 인한 전력 손실이 20~30%에 이르는 것으로 추정된다. 북한이 송전·배전용으로 사용하는 지하매설은 추가적인 비용이 들뿐만 아니라 3~5년의 사용연수가 경과하면 전선 피복과 파이프를 교체해야 한다. 그러나 북한은 이를 거의 무시하고 있는 것으로 보인다. 이로 인해 누전의 발생 비율이 상당히 높아 전력난의 원인이 되고 있다.

결국 북한의 전력문제는 발전소의 부족이라기보다는 시설의 노후화와 주된 발전 연료인 석탄의 부족 및 송전·배전망을 포함한 전력설비의 낙후로 요약할 수 있다. 따라서 기존의 전력설비를 개선하기보다 이를 차세대 기술로 대체하는 것이 더욱 효율적일 수 있다. 현재 전 세계적으로 신재생에너지를 효율적으로 관리할 수 있는 시스템으로 주목받는 스마트그리드가 북한의 전력난을 해결하고 새로운 산업으로 성장시킬 수 있는 대안이 될 수 있다.

스마트그리드를 성장동력으로

스마트그리드란 기존의 전력망에 정보통신기술(ICT)을 접목해 공급자와 소비자가 실시간으로 전력 정보를 교환하면서 에너지 효율을 최적화하는 차세대 전력망을 말한다. 주요 구성요소는 스마트계량기(AMI)와 에너지 관리시스템(EMS), 에너지 저장시스템(ESS), 전기자동차 및 충전소, 분산전원, 신재생에너지, 양방향 정보통신 기술, 지능형 송전·배전 시스템 등이다.

스마트그리드가 도입되면 전력 공급자와 소비자 사이에 실시간 정보교환이 이뤄질 수 있다. 소비자는 실시간으로 변동하는 전기요금과 에너지 이용 패턴을 고려해 다양한 소비 선택권을 누릴 수 있고 공급자는 지능형 수요 관리를 통해 에너지 효율을 최적화할 수 있다.

미국을 비롯한 선진국에서는 기존 송전·배전망의 노후화와 탄소배출 감축을 위한 신재생에너지 활용의 필요성으로 인해 스마트그리드 추진사업이 활발히 진행되고 있다.

그러나 한국과 같이 에너지 시설이 상대적으로 낙후되지 않은 지역은 당장 스마트그리드로 이행해 얻는 이점이 많지 않아 제주도와 같은 제한된 지역에서만 시범 운행하고 있다. 제주도에 조성된 스마트그리드 실증단지는 IT기술을 접목해 이산화탄소 감축에 기여하는 한편 연구성과를 토대로 수출 기반을 구축할 목적으로 추진됐다.

이와 같이 스마트그리드 기술은 도입 과정에서 일반적으로 시범사업이 필요하다. 유럽 주요 국가들도 '연구개발→실증→실용화'의 단계로 스마트그리드 사업을 점진적으로 추진하고 있다. 스마트그리드 기술이 아직 실용화 단계에 이르지 못해 시범사업을 통해 효과가 검증된 이후에야 대규모 보급이 가능하기 때문이다. 게다가 스마트그리드 기술을 도입했을 때 현존하는 제도와 충돌하면서 혼란이 발생할 가능성도 배제할 수 없어 시범사업은 더욱 중요하다.

한국에서 제주도를 시범사업단지로 선정한 이유는 이 지역에 한국에너지기술연구원의 신재생에너지 연구단지가 있고 풍력, 태양광 발전 등 신재생에너지 발전원이 풍부해 신재생에너지와의 연계가 상대적으로 쉽기 때문이다. 또 특별자치도로서 새로운 사업 추진에 따른 제도 개선과 법적 체계 개선이 용이하다는 측면도 선정 이유로 꼽을 수 있다.

이 같은 스마트그리드 기술의 특수성을 고려했을 때 이를 북한 지역에 도입하면 이점이 많을 것으로 보인다. 우선 북한은 노후화된 전력설비를 전면적으로 교체할 필요성이 크다. 또 체제 전환 과정이 새로운 제도 도입 과정이라는 점을 감안하면 기존 제도와의 충돌을 최소화하면서 신재생에너지 기술을 도입할 수 있다. 그리고 북한 지역을 하나의 시범사업단지로 지정해 스마트그리드 기술을 도입함으로써 이 분야의 선발자로 도약하는 계기를 마련할 수도 있다.

이미 북한 내에서도 태양광에너지로 전력난을 극복해 보려는 움직임이 일고 있는 것으로 보인다. 평양 경흥동에 위치한 전자제품 매장인 보통강정보기술교류사에서는 태양광 패널 및 전지 등이 판매되는 것으로 알려졌다. 보통강정보기술교류사는 매월 약 150개의 태양광 패널을 판매하고 있으며, 일반 가정부터 공장 및 사무실 용도로도 판매하고 있다고 《LA타임스(Los Angeles Times)》에 밝히기도 했다. 존스홉킨스대학교 한미연구소의 커티스 멜빈 연구원은 북한이 나선 경제특구 내 카지노에 약 1.2ac(약 4,900m²) 규모의 태양광발전단지와 서부지역 공군기지에 약 1.3ac(약 5,260m²)의 태양광발전단지를 운영하고 있다고 언급했다. 또 규모를 가늠하기는 어려우나 평양 과학단지에서도 태양광발전을 하고 있는 것으로 내다봤다. 미국 내 북한 에너지 인프라 전문가는 북한의 총전력생산량 중 태양광이 차지하는 비중은 아직 0.1% 수준에 불과해 태양광에너지로 공장을 가동하거나 사무실 건물을 운영하기에는 부족하지만 일반 가정 내 전화기 충전 및 야간 조명 등으로는 도움이 되고 있다고 발언했다. 또 2014년 기준 북한 내 약 10만 가구가 태양광 패널을 사용 중인 것으로 추정했다.[47]

　한발 더 나아가 북한 지역에 스마트그리드 기술을 도입한다는 구상은 최근 부각되고 있는 '동북아 슈퍼그리드(Super Grid)'에 대한 논의로

---

47) KOTRA, 북한정보 〈북한 10만 가구 태양광 패널 사용 추정〉, 2016년 5월 27일.

확장될 수 있다. 슈퍼그리드란 통상 두 개 이상의 국가 간 구축되는 광역 전력망을 의미한다. 다양한 에너지원으로부터 생산되는 전력을 하이브리드 형태로 결합해 국가 간 전력망을 구축함으로써 전력 구입비용 및 운전비용을 절감한다는 이점이 있다. 이외에도 전력설비 및 공급예비력을 추가적으로 확보하고 전력수요 급증에 따른 부작용을 줄일 수 있다. 즉 화석연료에 대한 의존도를 줄여 온실가스 감축에 기여할 것으로 보인다.

현재 대표적으로 추진되고 있는 슈퍼그리드 사업에는 북해의 해상풍력을 활용하는 북유럽 슈퍼그리드와 사하라 사막의 태양열을 이용하는 남유럽-마그레브(Sud EU-Maghreb) 슈퍼그리드, 콩고의 수력을 이용한 남아프리카 그랜드잉가(Grand Inga) 프로젝트, 북아메리카의 전력계통(electric power system) 연계 등이 있다.

동북아 지역은 강대국들이 인접해 있지만 전력망으로 서로 연결돼 있지 않은 지역이기도 하다. 중국은 고비사막을 중심으로 막대한 신재생에너지를 개발하려는 계획을 세우고 있고, 러시아 역시 시베리아 동부지역의 값싼 에너지원을 활용하는 방안을 찾으려 하고 있다. 게다가 후쿠시마 원전사고 이후 일본은 안정된 에너지원을 확보하려고 한다. 이들 국가의 중간에 있는 한반도가 동북아시아를 연결하는 전력망의 허브가 된다면 새로운 성장동력으로 손색이 없을 것으로 보인다.

6장

북한 변화의
열쇠

북방 경제의 심장, 동북3성

남한의 국토면적은 약 9만 9,500km²로 약 5천만 명의 인구가 산다. 산업별로 차이가 나겠지만 이 규모로는 기업들이 수출 없이 내수시장의 수요만으로 생존하기가 쉽지 않다. 북한이 약 12만 2,800km² 면적에 인구가 2400만 명 정도이니 남북을 합하면 23만 2,000km²의 땅덩어리에 약 7400만 명이 살고 있는 셈이다. 이 정도 크기의 내수시장이라면 신생기업이 수출하지 않더라도 중견기업으로 성장할 수 있다. 이는 면적 24만 4,100km², 인구 6060만 명인 영국과 비슷한 규모다.

만약 통일이 되면 한반도는 유럽과 비교해 인구가 8천만 명이 넘는 독일에 이어 두 번째 수준의 자체 소비시장을 만들 수 있다. 통일경제의 내수 비중이 커지면 '규모의 경제'를 이룰 수 있는데, 규모의 경제가 실현되면 생산량이 증가하면서 생산단가를 낮출 수 있다. 라면 5000만 개를 만들다가 7500만 개를 만들면 생산단가가 싸진다는 의미다. 이로써 기존 국내 기업들이 제품을 만들어 해외시장 진출을 우위에 둔 수출에 집중하던 전략이 달라질 수 있으며, 수출의 주요 변수인 환율 등의 영향도 덜 받게 된다. 즉 남북통일은 한반도 내 한국 기업에 최소한의 안정적인 시장을 제공해줄 수 있다.

한반도의 경제영역이 북쪽으로 한발 더 나간다면 내수시장은 기대 이상으로 커질 수 있다. 휴전선을 넘어 북한은 물론 중국의 동북3성, 러시아 연해주 지역까지 아우르는 거대한 경제권이 형성될 수 있기 때문이다.

동북3성은 중국의 동북쪽에 위치한 지린성, 랴오닝성, 헤이룽장(黑龍江)성으로 중국의 대표적인 낙후지역이지만 최근 빠르게 발전하고 있다. 특히 지린성 동부 및 북한과 맞닿은 옌볜조선족자치주는 면적 4만 3,500km², 인구

| 중국 동북3성 |

러시아

중국

네이멍구

헤이룽장성

하얼빈

창춘

지린성

선양

랴오닝성

하바롭스크

블라디보스토크

북한

남한

2200만 명으로 지리적으로는 중국에 포함돼 있지만 인적 교류나 실질적인 경제활동은 한국에 많이 의존하고 있다.

이 밖에 러시아 연해주는 면적 16만 5,900km²에 인구는 201만 명에 이른다. 동북3성과 연해주를 합하면 한반도 면적의 1.5배로 그만큼 북방경제권은 한국 경제가 도약하기 위해서는 반드시 필요한 공간이다.

중국과 러시아는 자국의 경제적 이유만으로도 이들 지역의 개발에 열을 올리고 있다. 중국은 훈춘을 중심으로 낙후된 동북지역을 개발하기 위해 외국 기업 유치에 적극적이다. 러시아 역시 유가 하락으로 재정난에 몰리면서 시베리아의 천연가스를 한국에 팔기 위해 다양한 방안을 모색하고 있다. 중국과 러시아 모두 이들 지역을 새로운 성장동력으로 삼기 위해 적극적으로 나서고 있는 것이다. 북한과 함께 3억 명의 동북3성과 연해주 시장이 한국 경제의 내수시장이 될 수 있다면 수출에 지나치게 의존해 외부의 환경 변화에 민감한 한국 경제의 체질이 근본적으로 개선될 수 있다.

중국, 러시아와의 협력은 남북이 하나의 경제권으로 통합되는 지렛대가 될 수도 있다. 2016년 북한이 5차 핵실험을 진행한 뒤 핵 이슈가 대화 국면으로 들어서도 남북 간의 본격적인 경협이 시작되는 것은 한계가 있다. 이때 중국, 러시아, 그리고 북한과 함께 한국이 북방 경제개발에 뛰어든다면 큰 정치적 부담 없이 모두에게 윈-윈(win-win)이 되는 아이디어를 낼 수 있다. 여기에 미국과 일본이 연계한 다자간 경제협력

프로그램이 중국 동북3성과 러시아 연해주 일대에서 진행된다면 동북아시아는 새로운 성장동력이 되기에 충분하다.

이 지역의 경제성장으로 모두 이익을 본다면 주변 강대국들은 남북한 통일에 대해 부정적인 자세에서 한발 뒤로 물러나 암묵적인 동의에 나설 것이다.

북중교역의 관문인 단둥… '돈에는 국경이 없어'

인천항 국제선 부두에서 출발해 12시간이면 도착하는 중국 랴오닝성의 단둥은 변방의 이미지가 강하다. 북한과 중국 사이에 흐르는 압록강 하류에 위치해 중국의 입장에서는 변경이지만 북중 국경의 관점에서는 북한으로 들어가는 관문이다. 특히 압록강을 사이에 두고 북한의 신의주와 마주 보고 있다.

중국이 1980년대부터 개발에 박차를 가한 단둥은 압록강변을 따라 이미 현대식 마천루가 즐비해 결코 국경의 변경 모습을 찾을 수 없다. 상대적으로 적막한 신의주와는 완전히 대조적이다. 역사적으로 단둥은 한민족의 땅이었고, 장구한 역사에서 중국으로 편입한 기간보다 한민족의 땅이었던 기간이 더 길다.

단둥시의 과거 지명은 안둥(安東)으로 이곳의 안둥항은 1903년 개항한 뒤에 물류의 집산지로 발전했다. 1931년 만주사변이 발발하자 일본

군에 점령됐고 만주국은 1934년 안둥성을 신설, 안둥현을 성도로 정했다. 이후 안둥시로 승격한 이 지역은 1945년 일본의 항복 후 중국 공산당군이 접수했으며 6·25전쟁 때는 중국인민지원군의 병참 전선이 되기도 했다. 그러다가 1965년 단둥시로 이름이 바뀌었다.

단둥 지역은 북중 대외교역량의 약 80%를 차지할 만큼 북한에는 경제 혈맥의 핵심 지역이다. 매일 오전 11시 45분경이면 압록강철교 위엔 대형화물차뿐만 아니라 굴착기까지 줄을 잇는다. 다리를 건너는 데만 1시간 이상이 지체될 때도 있다. 이렇게 신의주로 들어간 차량은 오후 4시경이면 다시 단둥으로 돌아온다. 이 때문에 단둥역 근처에는 물류회사와 창고들이 즐비하다. 북한의 4, 5차 핵실험 이후 국제적인 차원의 대북제재가 이뤄지기 시작했지만 중국은 여전히 단둥에서 북한의 마지막 숨통을 조이지 않고 있다. 국내 언론보도에 따르면 단둥 외곽 지역의 압록강변에는 밀수를 담당하는 것으로 보이는 어선 수십 척이 정박해 있고, 한밤중 세관을 거치지 않고 서해상에서 짐을 옮겨 중국으로 북한산 석탄을 수출하는 사례도 적지 않다. 2017년 2월 중국 상무부가 북한산 석탄 수입을 잠정 중단하는 조치를 공식적으로 발표했지만 비공식적인 거래마저 완전히 끊겼다고 보기는 어렵다.[48]

---

48) 중국이 북한산 석탄 수입을 금지한 의도를 놓고 여러 가지 해석이 나왔다. 공식적으로는 중국이 UN 안보리 결의안(2321호)에서 규정한 상한선을 지키기 위해 취한 일시적 행동이라는 해석이다. 그러나 북한의 잇따른 미사일 발사나 김정남 암살에 대한 응징 차원이라는 해

여기에 단둥을 중심으로 다롄과 고속도로 및 철도망이 있고, 단둥과 선양, 창춘(長春), 지린 등 동북3성 지역을 연결하는 고속도로와 철도망도 있다. 또 다롄에는 한국에서 오가는 페리 정기선이 있고, 선양에는 한국 직항 비행기가 있다. 즉 단둥은 한국의 대북 관문이자 중국의 동북3성으로 진입하는 길목인 셈이다.

2010년 5·24조치로 남북의 공식적인 경제교류가 끊긴 이후에 단둥을 통한 '한국-중국(단둥)-북한'의 삼각무역은 활발했다. 한국과 북한을 쉽게 오갈 수 있는 중국 국적의 조선족 화교들은 이런 삼각무역의 중심에 서 있다. 한국에 있는 조선족 화교들은 국제전화로 북한 사람들에게 주문을 받고 한국산 물건을 단둥 페리선이나 인천~중국 선양을 연결하는 비행기를 통해 택배로 보낸다. 이렇게 중국으로 들어간 물건은 북한의 평양으로 들어가기까지 한국에서 출발한 이후 이틀밖에 걸리지 않는다. 단둥과 선양을 연결하는 고속철도가 2015년 8월 말 개통되면서 남북의 거리는 그만큼 가까워졌다. 한국에서 '메이드 인 차이나' 상표를 달고 팔리는 의류의 상당수가 북중 접경지역에서 북한 근로자들에 의해 만들어지거나 아예 북한 내 공장에서 생산된 뒤 중국을 통해 한국으로 들어오는 경우도 적지 않다. 반대 사례도 있다. 한국에서 유행이 지나거나 폐업으로 소위 '땡처리'가 된 제품들은 단둥을 경

석을 비롯해 미국과의 협상에 나서라는 중국의 북한에 대한 무언의 압력이라는 시각도 있다.

유해 북한으로 유입, 판매되기도 한다. 남북이 군사정치적인 이익으로 서로의 교류를 차단하고 있지만 경제적 이익을 추구하는 사람들은 단둥과 같은 북중 접경지역을 이용해 편법과 불법을 넘나들면서 경제적 이익을 추구하고 있다.[49]

사실 단둥 지역은 경제적인 측면 외에 '북한 붕괴'라는 시나리오가 현실화됐을 때 북한 난민들이 가장 손쉽게 북한을 탈출할 수 있는 지역이기도 하다. 단둥이 한국행은 물론 중국 각 지역으로도 손쉽게 이동할 수 있는 교통의 요지라는 점을 감안하면 남북통일 이후 난민들의 집결지가 될 가능성도 있다.

북한 입장에서도 단둥은 중요한 거점이다. 북한은 베이징 대사관 외에 선양과 단둥에 영사관을 두고 있다. 단둥 지역에서는 외화벌이를 위해 북한 식당, 상점, 공장 등에서 일하는 젊은 북한 여성도 쉽게 볼 수 있다. 북중 간 휴대전화가 처음으로 개통된 곳도 단둥이다. 요즘도 수백만 대의 휴대전화가 단둥을 통해 북한으로 들어간다. 휴대전화 요금만 중국에서 꼬박꼬박 내준다면 단둥에서 북한 내 주민과 소통하는 것은 손쉬운 일이다.

---

49) 인류학자 강주원은 단둥에서 오랜 시간 지내면서 중국을 경유하는 남북 간의 경제적인 교류를 세심하게 관찰해 그의 저서 《나는 오늘도 국경을 만들고 허문다》와 《압록강은 다르게 흐른다》에서 그 구체적인 사례를 풀어냈다.

지지부진한 신의주 개발계획

중국이 단둥을 포함해 북중 변경지대를 관광지와 물류의 중심지로 탈바꿈시키기 위해 온갖 묘수를 짜내고 있지만 북한의 진도는 느리기만 하다. 화려한 단둥에서 바라본 신의주는 초라하기 짝이 없다.

신의주특구는 2002년 당시 김정일이 시장경제 실험을 목표로 지정한 북한 내 최초의 '홍콩식 특별행정구'다. 신의주특구 개발은 2001년 중국 상하이를 다녀온 김정일이 직접 개발을 지시해 김동규 당시 평양원예총회사 사장이 2002년 네덜란드 화교 출신의 중국인 사업가 양빈에게 특구 행정장관을 제안하면서 본격화됐다. 하지만 특구를 맡은 양빈이 그해 탈세 혐의로 중국 당국에 체포되면서 개점휴업 신세가 됐다. 당시 양빈이 특구 행정장관으로서 선포한 첫 번째 행정명령은 유효한 증명서를 소지한 외국인은 2002년 9월 30일부터 특구에 출입할 수 있다는 것이다. 북한이 장기적으로 외국인과 현지인의 접촉을 엄격히 제한해온 점을 고려하면 이 조치는 일대 전환으로 평가됐다.

하지만 양빈의 정책은 당시 중국 측과 조율이 되지 않은 것으로 보인다. 홍콩의 언론인 장쉰(江迅)은 그의 저서 《북한이라는 수수께끼》에서 당시 단둥 변경수비공안국의 책임자는 "랴오닝에서 신의주로 들어가려면 반드시 단둥에서 압록강을 건너야 하지만 (양빈의 행정명령에 대해) 어떤 지시도 듣지 못했다"고 말했다고 적고 있다. 2012년 장성택은 북중 간 정부사업으로 신의주 개발을 재추진하려 했으나 2013년 12

월 숙청당하면서 뜻을 이루지 못했다.

2015년 10월 국내 언론보도에 따르면 북한 대외경제성과 중국 랴오닝성 정부는 북중이 공동으로 압록강 줄기를 끌어 신의주를 남북으로 가르는 신의주 운하(임도관광개발구~유초도)를 만들고 이동통신기지국 6개를 건설하기로 하는 등 개발계획을 세웠다.

신의주 운하는 서울의 강남과 강북처럼 운하를 사이에 두고 신의주를 남북으로 나누는 계획으로 운하 양옆으론 주택·공공지역이 들어설 예정이다. 운하를 연결하기 위한 교량 10개(철교 1개 포함)를 만든다는 계획도 포함됐다. 이동통신기지국은 북신의주 4곳, 남신의주 2곳에 세우겠다는 계획이다. 132km² 면적의 특구에는 기존의 방직·신발 공장 외에 새로운 산업지역과 공공지역, 공원, 오수정화장 등이 조성된다. 대신 기존에 포함된 관광오락지구, 골프장, 상업봉사지구 등이 빠졌다. 북한은 특구에 홍콩 같은 국제관광도시 성격을 가미할 생각이었으나 중국이 원하지 않는 관광 및 오락 부문은 대거 빠진 것으로 알려졌다. 중국은 북한의 신의주 지역을 단둥의 관광 및 오락 분야와 겹치지 않고 싼 인건비를 활용한 공업지역으로 개발하려는 의도로 보인다.

북한은 향후 5년 내 특구의 기본 인프라 건설을 마치고 10년 내에 특구를 완성한다는 계획이다. 기초 건설에 1천억 달러, 총투자 규모는 4천억 달러에 이를 것이란 추정이 나오고 있다. 그러나 북중 간의 이런 계획은 실제 투자로 연결되지 못하고 있다. 북한의 계속된 미사일 발사와 핵실험 등으로 중국마저 국제제재에 동참하게 되면서 북한의 경제특구 개발은 당분간 지지부진할 수밖에 없어 보인다.

미래의 물류 · 관광 거점,
훈춘

　　　　　중국 지린성 옌볜조선족자치주 동쪽 끝에 위치한 훈춘
시는 중국에서 유일하게 북한, 러시아와 모두 국경을 맞대고 있는 지역
이다. 67번 국도를 타면 40분 만에 북한 나진 · 선봉 지역까지 갈 정도
로 가까운 거리다.

　이곳에는 현재 훈춘시 주도로 1200만m²(약 363만 평) 크기의 국제물
류단지가 개발되고 있다. 두만강을 경계로 남쪽으로는 북한 나선특별
시, 동쪽으로는 러시아 포시에트 지역과 가까운 지리적 이점을 활용해
물류거점으로 키우겠다는 전략이다. 훈춘을 동북아의 물류허브로 구축
하기 위한 중국 정부 차원의 전략사업이기도 하다.

　훈춘시는 중국과 러시아, 북한을 접한 요충지다. 이 지역은 중국의 육
해상 실크로드 정책인 일대일로(一對一路) 프로젝트와 '창지투(長吉圖, 창

| 중국의 창지투 개발지역 |

러시아

중국

창춘 · 지린 · 투먼 · 훈춘

하산

'창지투 선도구'
개발지역

나진 · 팡촨

북한

동해

춘·지린·투먼)'개발전략,
러시아의 신동방 정책, 한
국의 '유라시아 이니셔티
브(Eurasia Initiative)'구상이
교차하는 곳이다. 북한의
나진항과 러시아의 자루
비노항을 통해 동해와 태
평양으로 이어지는 물류
통로로 발전할 가능성도

높다. 온난화로 북극항로가 열리면서 새로운 해상 개척 루트가 시작될
수 있는 지점으로도 기대감이 커지고 있다. 향후 동북아 핵심 도시로
성장할 수 있는 잠재력을 갖췄다는 의미다.

포스코와 현대그룹도 이 같은 가능성을 내다보고 훈춘포스코현대국
제물류단지 조성 사업에 참여했다. 훈춘포스코현대국제물류단지는 총
사업비 2000억 원을 들여 훈춘국제물류개발구 내에 150만m²(약 45만
평) 규모로 1기 사업을 마친 상태다. 포스코건설(50.1%), 포스코차이나
(14.9%), 대우인터내셔널(15%), 포스코ICT(5%) 등 포스코그룹이 80%를,
현대상선(16%), 현대로지스틱스(4%) 등 현대그룹이 20%를 투자했다.

단지 인근에는 중국~러시아 간 철도환적기지가 있는데, 철도선을 단
지 내로 들어오게 하는 조건도 얻어냈다. 단지 내 소비재와 사료, 자동

차 부품, 곡물 등의 물동량을 철도를 통해 중국 각지와 러시아, 북한까지 쉽게 운송하려는 조치다. 보통 중국 정부는 현지투자 외국 기업을 상대로 도로와 상·하수도, 전기 등 4통(通) 정도만 지원해주는데, 이번 물류단지 조성 사업에서는 여기에 통신, 에너지, 철도까지 더해 이른바 7통의 편의를 봐주기로 했다.

이 사업은 2019년 말까지 총 3기로 나눠 진행될 계획이다. 2013년 12월 1기 준공 인·허가 승인을 받고 2015년 1월부터 물류단지 영업을 시작했다. 1기는 14만m²에 일반창고 2개 동, 저온창고 1개 동, 관리동 등이 포함된다. 2019년 말까지 3기 공사가 끝나면 150만m²에 일반창고 16개 동, 저온창고 7개 동, 일반화물 조작장(CFS) 창고 3개 동, 컨테이너 야드, 자동차 야적장 등 야적시설 58만m²의 초대형 국제물류단지가 들어서게 된다.

물류단지가 완공되면 중국 지린성과 헤이룽장성의 원자재와 식량 등을 중국 동남부로 운송하는 전초기지의 역할을 하게 될 뿐만 아니라 러시아, 북한, 한국, 일본 등과도 물류를 주고받는 기지 역할을 할 것으로 보인다. 기존 다롄, 잉커우(營口)항에 집중된 물동량의 처리비용이 증가하는 상황이라 훈춘을 통해 나진항을 거쳐 중국 동남부로 운송하면 물류비와 시간을 절감할 수 있다. 그런데 북한의 핵실험 이후 국제제재가 본격화된 2016년 3월 이후 고객들의 발길이 끊기면서 한국 기업들의 물류사업은 소강상태를 보이고 있다.

그러나 국제사회의 대북제재에도 불구하고 북중교역은 활발하게 진행되고 있는 것으로 보인다. 이미 상당수의 중국인 사업가들이 나선지구 일대에 공장을 짓고 임가공업을 진행하고 있다. 북한 근로자의 임금이 중국의 3분의 1 수준이므로 이들 중국 사업가는 대북제재를 반기지 않고 있다. 자신들의 이익을 위해서라도 북한과의 경제교류는 계속돼야 한다고 주장하고 있다. 중국의 대북 사업가들이 경제적 이익을 추구하려는 강력한 욕구가 이 일대 북중 간의 미묘한 정치적 분위기를 압도하고 있는 것이다. 취안허(圈河) 세관으로 들어가는 두만강대교 바로 옆에는 신두만강대교가 개통되기도 했다.[50]

훈춘 등을 포함한 동북3성 지역은 남북경협이 중단된 상황에서 사실상 남북을 잇는 유일한 끈으로도 볼 수 있다. 박근혜 정부 이후의 차기 정부가 북한과의 관계 복원을 위해 동북3성 지역을 우선적으로 활용할 수도 있다. 2016년 5월 서울에서 열린 제14차 한중경제장관회의에서도 유일호 경제부총리는 중국 측 쉬사오스(徐绍史) 국가발전개혁위원회 주임에게 상생과 협력으로 훈춘시 개발사업, 러시아 자르비노항 개발을 추진하자고 제안했다.

---

50) 2014년 9월 지린성 훈춘의 두만강 하류에서 착공한 신두만강대교는 2016년 9월 30일 국제사회의 대북제재가 한창인 가운데 부분 개통됐고 10월 말에는 완전 개통됐다. 중국 측이 1억 4700만 위안(약 250억 원)을 투입해 건설한 신두만강대교는 북한 나선 경제특구로 이어지는 주요 접점으로 북중교역의 중요한 인프라 역할을 맡게 될 것으로 보인다.

훈춘은 물류거점 외에도 국제관광지구로 발전할 가능성도 높다. 2014년 말 중국 정부는 그동안 북핵 위기로 냉각된 북중 관계를 개선하고 북중 경제협력을 추진하기 위해 "관계를 개선하고, 경제원조를 재개하며, 경제협력에 있어서 지방 정부를 위주로 한다"는 새로운 대북정책 원칙을 세웠다. 뒤이어 2015년 2월 12일 지린성 제12기 제4차 인민대표대회에서 두만강 삼각주에 국제관광합작구를 건설하는 결의안을 정식으로 통과시켰다. 이 결의안의 핵심 내용은 두만강 삼각지역에 중국, 러시아, 북한 3국이 각각 일정 면적의 토지를 개발건설 구역에 편입시켜 공동으로 관광·레저 시설을 건설해 '1구 3국'의 관리방식으로 운영한다는 것이다. 즉 세 나라가 상호 자원을 공유해 이 지역을 동북아의 국제관광특구로 만들겠다는 것이다. 내외국인 관광객들은 별도의 비자 없이 국제관광합작구를 자유롭게 드나들 수 있으며 면세상품을 구입할 수도 있다.[51]

차기 정부는 이 사업에 인프라 투자부터 관광코스 개발 등에까지 참여할 수 있다. '두만강 삼각주 국제관광합작구' 기획안에 의하면 2018~2020년까지 다국적 기업을 구성해 북한의 두만강 지역과 러시아 하산 지역을 집중 개발하고자 한다. 한국 자본은 중국 자본 또는 러

---

51) 두만강 일대의 개발 아이디어는 〈두만강 삼각주 국제관광합작구 건설에 관하여〉(림금숙, 통일연구원, 2015)를 참조했다.

시아 자본과 컨소시엄(consortium)을 구성해 이 지역의 인프라 투자에 참여할 수 있다.

앞서 추진됐던 '나진-하산 프로젝트'는 두만강 지역에서 한국 자본이 러시아 자본 및 북한과 컨소시엄을 구성한 대표적인 사례다. 2014년 3월 러시아와 한국의 정상회담을 계기로 이뤄진 이 사업은 한국의 코레일과 포스코, 현대상선 등 3개 회사가 컨소시엄을 통해 한국 돈으로 약 2100억 원을 투자해 러시아와 북한의 합작기업 라손콘트란스(RasonConTrans)의 러시아 측 지분 70% 가운데 절반을 인수하는 방식을 취했다. 두만강 지역 개발에서 한국은 이 같은 방식으로 다양한 합작투자를 진행할 수 있다. 게다가 한국은 관광지 개발과 건설 경험이 많기 때문에 두만강 지역 관광지 건설에 물적 지원 및 다양한 경영노하우를 적극 제공하면서 사업에 참여할 수 있다. 이를 통해 한국 기업들의 새로운 활로를 찾으면서 동시에 북한과의 새로운 남북경협 모델도 만들어낼 수 있을 것이다.

이 밖에도 동북3성에서 한국 정부가 할 수 있는 일은 또 있다. 가령 단둥에서 북한 사람들이 한국 방송을 상시 시청하고 있다는 점을 고려해 북한 주민용 방송프로그램을 만들 수 있다. 단순히 한국 정보를 홍보하기보다는 북한 주민이 좋아할 만한 예능 및 교양프로그램을 만들어 다양한 경로로 북한 쪽에 직간접적으로 보급할 수 있다. 중국의 협조가 필요하겠지만 북한과 접한 동북3성 지역에서 휴대전화의 통화영역을 확대할 수 있는 인프라 구축도 생각해볼 수 있다.

동북아 국가들의 전략적 거점인 '나진항'

훈춘에서 두만강대교 혹은 신두만강대교를 건너 위치한 나진특별시는 북한 경제발전의 전초기지가 될 가능성이 높다. 나진항은 한반도 동북단의 항구로서 일제시대 서일본으로부터의 해상운송과 만주로 가는 육상운송을 연결하는 지점으로 일제에 의해 개발됐다. 개발 역사가 오래되다 보니 나진은 현재 북한의 지방 도시 중에서도 가장 잘 정비된 편에 속한다. 북한은 1991년 12월 28일 나진시의 14개 동(洞), 리(里)와 선봉군의 10개 리를 북한 역사상 최초로 자유경제무역지대로 선포하면서 사회주의권 붕괴와 당시 한국과 소련의 수교 등으로 인한 고립을 경제개발을 통해 탈출하려 했다. 또 나진이 국토의 최동북단에 위치하고 있어 북한의 중심인 평양으로부터 거리가 멀어 나진의 개혁·개방의 영향이 평양에 미치기 힘들 것이라는 점도 고려됐을 것으로 보인다.

나선 지역(74.6km²)은 황금평 지역(11.45km²)보다 큰 데다 화학공장과 화력발전소, 조선소 등의 산업설비를 갖추고 있어 투자 여건도 유리하다. 서해안 지역은 중국과 북한, 한국의 인구가 밀집해 세계에서 가장 인구밀도가 높은 곳으로 해상운송이 이미 활발하다. 이에 비해 동해 지역은 중국이 바다로 가는 길이 막혀 있고 러시아, 북한, 일본 모두 비교

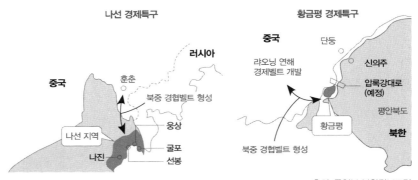

| 나선 경제특구와 황금평 경제특구 |

나선 경제특구

러시아

중국

훈춘

북중 경협벨트 형성

웅상

나선 지역

굴포

나진

선봉

황금평 경제특구

중국

단둥

랴오닝 연해
경제벨트 개발

신의주

압록강대로
(예정)

평안북도

황금평

북한

북중 경협벨트 형성

출처: 통일부 북한정보포털

적 인구가 희소한 지역으로 운송이나 교역의 비중이 상대적으로 낮다. 이는 역설적으로 발전이나 개발 가능성이 높다는 의미다. 또 대륙으로 진출해야 하는 한국의 입장에서도 반드시 관심을 가져야 할 지역으로, 특히 나진은 그 핵심 지역이다. 상당수의 북한전문가들은 단둥~신의주 지역보다 오히려 훈춘~나선 지역 일대가 더 빠르게 발전할 것으로 보고 있다.

나진항은 과거부터 지정학적 위치 때문에 동북아 국가들의 관심이 집중된 곳이기도 하다. 나진은 동북아의 대륙 국가들이 동해와 태평양으로 나오기 위해 반드시 거쳐야 하는 지역이자 해양국가인 일본이 대륙으로 진출하기 위해 꼭 필요한 지역이기 때문이다.

중국 역시 나진항의 필요성이 크다. 1860년 베이징 조약에 의해 청나라는 연해주를 러시아에 할양했다. 중국이 동해로 나가는 항구를 상실한 셈이다. 현재 동북3성의 물류는 서해의 항구인 다롄으로 몰리게 됐다. 중국으로서는 동해로 나가기 위해 다른 나라의 항구를 빌려야 하는 이른바 '차항출해(借港出海)'의 상황이다. 중국이 나진항을 전략적으로 이용해야 할 필요성은 그만큼 크다.

러시아는 베이징 조약으로 청나라로부터 연해주를 획득했지만 극동에서 겨울에도 얼지 않는 부동항을 구하려는 노력은 남하정책으로 이어졌고 이는 결국 러일전쟁을 초래했다. 연해주에는 블라디보스토크, 자루비노 등을 비롯한 여러 항구가 있으나 항구로서의 입지조건이 좋지 않고 군항으로 이용되고 있는 등 문제가 있다. 무엇보다 겨울에도 전혀 얼지 않는 부동항은 여전히 러시아에 필요하다.

구소련은 1970년대에 나진항에 기중기 등의 설비를 제공하고, 나진항을 이용해 당시 미국과 전쟁 중이던 베트남에 전략물자를 수송한 것으로 알려졌다. 러시아는 2008년 북한과 합영회사 라손콘트란스를 설립해 나진항을 이용한 철로와 해상의 복합운송업을 추진했다. 한국의 '나진-하산 프로젝트'는 박근혜 정부에서 동북아와 유럽을 잇는 물류 통합 구상인 '유라시아 이니셔티브' 사업의 일환으로 여겨져 대북 신규투자를 금지한 5·24조치의 예외로 진행됐다. 이는 러시아산 유연탄을 러시아의 하산과 북한 나진항을 잇는 철도로 운송한 뒤 나진항에서 한국으로 운송하는 복합물류사업이다. 한국의 포스코를 비롯한 3개 기업은 2008년 라손콘트란스의 러시아 측 지분을 사들이는 방식으로 참여를 추진해 시범사업까지 이뤄졌다. 그러나 북한의 핵실험이 지속되면서 현재 사업이 지지부진해진 상황이다. 향후 남북 간의 경협이 재개되면 나진-하산 프로젝트는 가장 먼저 사업 재개를 검토할 만한 사항으로 보인다.

몽골도 자연자원은 풍부하나 항구가 없는 내륙국가로서 자국의 자원 수출을 위한 항구가 필요하다. 서해상의 중국 항구들은 이미 포화돼 몽골로서는 나진항을 이용해 동해와 태평양 등 대양으로 수출할 필요성이 있다. 이 때문에 북한은 2015년 3월 몽골을 방문해 몽골 도로교통부 장관을 만나 나진항을 이용한 몽골산 광산물의 수출 협력에 합의한 바 있다.

최근 지구온난화로 북반구 여름철에 북극해를 통해 극동에서 유럽으로 항해하는 것이 기술적으로 가능해졌다. 이런 북극항로는 믈라카 해협과 수에즈 운하를 거치는 기존의 아시아~유럽 항로를 상당히 단축할 수 있다. 북극항로는 중간에 기항지가 될 만한 항구가 별로 눈에 띄지 않는다는 점에서 나진항이 극동 지역에서의 북극항로의 출발점이 될 수 있다는 기대도 있다.

한반도 U자형 개발계획

만약 남북에 통일과 유사한 경제적 협력 관계가 구축되면 한국은 먼저 북한 경제의 본격적 개발과 지원을 위해 산업구조 개편과 인프라 구축에 초점을 맞춰야 한다. 특히 남북 경제협력 강화는 중국과의 공존 및 산업구조 발전의 단계를 종합적으로 고려해 이뤄져야 한다. 북한의 경제개발은 미래 한국 경제가 중국 경제의 발전에 맞춰 어떻게 경쟁력을 확보하고 또 이를 이용할 수 있는가 하는 장기적인 전략에 따라 청사진이 짜여야 한다는 것이다.

분단 이전 한반도의 경제권은 이른바 'X자형'으로 개발돼 왔다. 부산에서 신의주를 잇고 목포에서 나선을 연결하는 방식으로 도로와 철길이 연결돼 있었다. 전문가들은 남북 경제협력이 본격화되면 기존의 한반도 4개의 꼭짓점을 축으로 유라시아대륙과 이어지는 'U자형'의 경제벨트가 만들어져야 한다고 보고 있다. X자형의 기존 산업 중심축과는 다른 연안 도시들이 도로와 철도로 연결돼 전체적으로 U자형을 만들어야 한다는 것이다.

남성욱 고려대학교 북한학과 교수는 동해안 축이 남북의 공업지대를 연결할 것으로 보고 있다. 부산을 기점으로 울산, 원산을 거쳐 나선지구를 연결하고 나아가 시베리아 횡단철도와 동북3성, 몽골과 유럽으로 이어지는 북극항로와도 연결될 수 있다는 구상이다. 이를 위해서는 중국, 러시아, 일본과 연결되는 중심 항구인 나진항과 청진항, 원산항의 인프라 개발이 최대 과제로 떠오를 것이다.

서해안 축인 목포와 인천, 해주, 신의주를 연결하는 이른바 '환황해 경제권'을 형성하기 위해서는 서울, 인천, 개성, 평양, 신의주를 잇는 도로와 경의선 철도의 연결이 필요하다. 서해안 축은 중국의 랴오닝 연해의 경제 벨트와도 연계돼 기업 진출과 시장 확대로 이어질 수 있다.

당장의 남북경협에 한계가 있다면 한국의 지방자치단체와 중국, 러시아, 일본의 지방 정부와의 협력과제를 우선적으로 고려할 수도 있다. 한국의 동해 및 남해의 지자체들은 이미 북방 경제 선점을 위한 노력을 지속적으로 해오고 있다. 부산의 나진항로 개척과 울산의 북극항로 시대를 대비한 '오일허브(oil hub)' 육성, '나진-하산 프로젝트'의 포항 석탄 운송 등이 그것이다. 경남 지역 역시 북극항로 시대를 대비해 액화천연가스(LNG) 허브 육성에 나서고 있다.

중국이 추진 중인 일대일로 전략은 남북경협의 측면에서 보면 분명 새로운 기회를 제공할 것이다. 러시아 블라디미르 푸틴(Vladimir Putin) 대통령 역시 동방 정책을 추진하고 있다. 대북 압박을 통한 북한 붕괴라는 시각에서만 벗어난다면 한국이 본격적인 남북경협에 앞서 추진해야 할 일은 널려 있다. 커다란 선이 아닌 점부터 그려나가다 보면 결국 한반도를 축으로 한 거대한 북방경제권의 큰 그림이 그려질 것으로 보인다. 한반도를 중심으로 한 북방경제권의 비전은 주변 강대국을 설득하는 데도 유용하다. 남북의 통일에 불안감을 가지고 있는 주변국들에 통일이 가져다줄 경제적 이익을 구체적으로 보여준다면 한반도의 분단 상태가 곧 그들에게 경제적인 비용이라는 논리가 된다. 즉 주변 강대국이 한반도의 분단을 유지하기 위한 비용이 훨씬 크기 때문에 통일을 지지하는 것이 오히려 낫다고 설득할 수 있다.

독일 통일의 교훈과
한반도 통일비용

2010년 초 한국에 왔던 GE 인터내셔널(GE International)의 페르디난도 베칼리 팔코(Ferdinando Becalli-Falco) 회장은 "일본과 중국 사이에서 샌드위치가 돼 있는 한국이 살길은 기술, 세계화, 북한 이렇게 세 가지다. 북한은 앞으로 많은 사회적 인프라가 필요할 것이다. 한국의 입장에서는 또 하나의 기회가 될 것이다"라고 언급했다.

남북 간의 경제협력은 실제로 한국 기업들에 커다란 축복이 될 가능성이 크다. 한국 사회가 안고 있는 비정규직 문제와 불평등, 구조조정, 치솟는 부동산 가격은 축적된 자본이 공간적인 돌파구를 찾지 못해 발생하는 현상이다. 한국의 대기업들이 쌓아놓은 자금조차 투자할 곳을 찾지 못해 헤매고 있는 지금 북한 땅은 이런 문제를 해결해줄 수 있는 현실적인 공간이다.

하지만 세계적 신용평가기관들은 한국 경제의 가장 큰 위험요인으로도 북한을 꼽고 있다. 북한이 갑작스레 붕괴하면 한국 경제가 이를 감당하지 못하고 주저앉을 것을 우려한다. 북한 붕괴에 따른 급진통일이 이뤄지면 적어도 한국 경제가 30년 이상 버티면서 북한 주민들을 부양해야 한다. 하지만 현재 한국 경제의 체력은 이를 버틸 여유가 없다. 무엇보다 중국이 아닌 한국 주도로 북한이 경제성장을 이뤄나가면서 남북의 격차를 줄여나가는 것이 통일을 대비하는 가장 현실적인 방안이다.

통일에 따른 비용은 얼마나 들까.

이 문제를 놓고 국내외 연구기관들은 1990년대부터 갑론을박을 벌여왔다. 1990년 일본장기신용은행은 한국 측이 의뢰하지 않았음에도 남북의 통일비용을 예측한 연구결과를 발표했다. 이 기관의 계산에 따르면 남북이 통일되면 10년 동안 매년 한국 GDP의 15%씩을 쏟아부어야 한다. 한국의 국가 예산이 GDP의 30~40% 정도라고 볼 때 GDP의 15%면 국가 예산의 거의 절반에 해당한다. 한국이 감당하기 힘든 엄청난 금액이다.

일본장기신용은행은 당시 독일의 사례를 기계적으로 적용해서 남북통일 비용을 추산했다. 물론 통일비용에서 분단비용을 빼는 과정도, 통일로 인한 편익도 계산하지 않았다. 한국의 통일에는 엄청난 비용만이

들 것이라는 공포감을 불러일으킨 계산법이다. 그 의도가 의심스러울 수밖에 없었다.

정치 포퓰리즘이 망친 독일 통일의 첫걸음

독일의 통일 과정에 엄청난 비용이 들어간 것은 총선거 과정에서 서독 측이 정치적 계산을 했기 때문이라는 평가가 많다.

당시 서독 정치권은 동서독의 화폐통합을 서둘렀다. 서독과 동독의 화폐가치가 명목상으로는 2대 1, 실질구매력에서는 4대 1 수준이었음에도 1대 1로 무리하게 통합해 버린 것이다. 동독 사람들에게 통일이 주는 효과를 강조해 그들의 환심을 사서 총선에서 유리한 입지를 선점하려 했다는 시각이 많았다. 결국 화폐통합은 동독 지역의 낮은 노동생산성으로 임금만 대폭 올라가는 결과를 낳았다.

서독 사람들이 가지고 있던 동독 지역의 부동산 권리를 인정하면서 동독의 땅값이 오르게 된 것도 동독의 초기 경제성장 과정에 악영향을 미쳤다. 동독 지역 주민들과 동독 지역에 부동산을 가지고 있던 서독 주민들은 일시적으로 혜택을 보는 듯했으나 섣부른 정책은 동독 지역의 경쟁력을 떨어뜨리는 원인이 됐다. 막상 통일 후 파악한 동독 경제는 서독의 예상보다 훨씬 취약했다. 동독산(産) 제품은 형편없었고 경쟁에서 밀려난 기업들은 줄줄이 파산했다. 일자리를 잃은 동독 주민들은 서독으로 향했다. 주로 청년층을 중심으로 이뤄진 인구이동은 동독의 기존 생산기반을 빠르게 무너뜨렸다.

임금이 오르고 토지 가격이 상승하면서 동독의 산업경쟁력은 추락했다. 동독에 공장을 짓는 게 어렵게 되면서 고용은 늘지 않았고 민간투자는 물론 해외투자도 들어가지 않았다. 결국 동독의 모든 것을 서독 주민들의 세금으로 부담해야 하는 상황이 오면서 조세 부담만 급증했다.

통일 이후 동독에 대한 투자는 1991~1998년까지 총투자의 61%가 건설, 부동산, 교통, 통신 등 인프라 투자였다. 민간투자는 전체 투자의 58%였지만 정부의 민간투자 지원 규모가 총투자의 17%에 달해 사실상 민간 부문의 설비투자는 기대에 미치지 못했다.

통일 직후의 혼란은 시간이 지나면서 차츰 안정됐다. 동독 경제의 재건은 여전히 시작단계였지만 인구 유출이 줄면서 동독 경제는 건설투자를 중심으로 서서히 반등했다. 고임금 및 복지정책으로 서독으로의 이주 유인이 줄어든 영향도 있었다. 서독 생활에 적응하는 데 실패한 동독 주민들이 다시 동독으로 돌아가기 시작한 것도 동독 인구의 순유출을 막았다. 동독 주민들의 부적응은 이후 오랫동안 통일독일의 발목을 잡았는데, 아이러니하게도 당시로써는 이러한 현상도 동독 경제의 붕괴를 막는 요인으로 작용했다.

이 시기에 어려움에 빠진 것은 오히려 서독이었다. 통일 초기 정부 주도의 막대한 투자로 호황을 누렸지만 동독 주민의 이주가 줄어들고 동독 경제가 안정을 찾자 서독의 통일 특수는 사라졌다.

통일비용의 부담도 본격화됐다. 당초 서독 정부는 동독의 자산을 매각한 대금과 통일독일의 발전으로 늘어날 세금을 통일비용의 주요 재원으로 생각하고 있었다. 하지만 동독의 설비는 서독을 비롯한 외국 기업들에 매각하기에는 너무 낙후돼 있었다. 세수가 늘기에는 경기침체의 골이 너무 깊었다. 예상보다 재정 부담이 커지자 서독은 증세를 단행했다. 서독 기업의 세금 및 금리 부담은 증가했고 내수는 더욱 위축됐다.

차이가 많은 독일 통일과 한반도 통일

한반도가 독일 방식의 전면적이고 급격한 경제통합을 선택한다면 어떻게 될까.

수많은 북한 주민이 한국으로 이주하면서 걷잡을 수 없는 사회경제적 혼란이 야기될 가능성이 높다. 대외경제정책연구원(KIEP)은 한반도가 독일식으로 통일되면 북한 주민의 7%에 해당하는 180만 명이 남쪽 지역으로 이주할 것으로 분석했다.

독일 통일은 통일을 준비하는 한국에 소중한 본보기가 된다. 하지만 분단의 배경이 다르고 인구 비율과 같은 경제의 기초 여건 등을 고려하면 여러 면에서 독일 통일 당시와 남북을 직접적으로 비교하기는 어렵다.

우선 경제 여건 측면에서 남북과 당시 동서독 사이에는 큰 차이가 있다. 통일독일은 동독의 인구가 서독의 4분의 1 수준이었지만 북한은 남한 인구의 절반에 이른다. 경제 규모 격차는 더욱 크다. 동독이 서독 GDP의 10분의 1 수준이었던 것에 비해 북한은 남한의 40분의 1에 불과하다. 1인당 GDP는 동서독이 2.6배 차이가 있었던 것에 비해 남북은 21배에 이른다. 만약 독일과 비슷한 수준의 경제통합 과정을 거친다면 그 과정에서 소요되는 비용은 훨씬 더 커질 수밖에 없는 경제구조이다.

현대경제연구원이 추정한 북한의 명목 GDP는 2015년 기준 1,013달러로 2014년보다 83달러가 증가했다. 최근 몇 년간 북한의 경제력은 꾸준히 상승해 경제력이 정점을 이뤘던 1987년 수준까지 올라온 상황이다. 하지만 남북의 절대적인 경제력을 비교하면 여전히 격차가 크다. 북한의 현재 경제력은 한국의 1970년대 중반 수준으로 평가된다. 2015년 기준 한국의 1인당 명목 GDP의 3.7%에 그치는 수준이다.

2015년 기준 북한의 1인당 명목 GDP는 중국(7,990달러), 베트남(2,088달러), 라오스(1,779달러) 등 사회주의 국가들보다 낮다. 소득수준은 아시아의 저개발 국가인 방글라데시(1,287달러), 미얀마(1,292달러)보다도 낮다. 북한보다 낮은 소득수준을 가진 국가는 짐바브웨(1,064달러), 탄자니아(942달러), 세네갈(913달러) 등 아프리카 빈국들이다.

경제 규모 차이 못지않게 북한의 시장경제에 대한 적응력 역시 과거 동독에 비해 크게 떨어진다. 2000년대 들어 북한에서도 생산현장에서 인센티브제가 시행되고 주민들의 장마당 거래가 늘어나는 등 부분적인 시장경제화가 상당 부분 진행되고 있는 것은 사실이다. 그러나 사회주의 경제체제를 채택한 기간만을 비교해도 독일은 분단 45년 후에 통일됐지만 남북이 당장 통일한다 해도 분단 기간은 70년이 넘는다.

독일은 통일 이전부터 방송, 통신 교류가 가능했고 부분적으로 인적 왕래가 이뤄졌다. 그럼에도 통일이 되자 동독 주민들이 스스로를 '2등 국민'이라고 비하하는 등 동독 주민들의 부적응 문제가 심각했다. 이런 측면에서 남북의 문제는 더욱 심각하다. 남북 간의 순수 민간교류는 거의 이뤄지지 않았다. 북한은 중국을 제외하고는 시장경제가 정상적으로 이뤄지는 다른 국가와 교류를 한 경험도 전무하다. 북한이 전면적인 자본주의 체제에 적응하는 것은 결코 쉬운 일이 아니다. 독일의 통일 방식을 남북의 경제통합 과정에 그대로 적용할 수 없다는 의미다. 통일은 다양한 방식으로 이뤄진다고 하더라도 어떤 경우에도 경제협력은 점진적으로 이뤄져야 하는 이유이기도 하다.

북한 경제의 재건 과정에서 국제적인 변수도 중요하다. 동독의 재건은 거의 전적으로 서독의 몫이었다. 하지만 한반도의 지정학적 특성상 북한 재건의 권리와 의무를 한국이 독점하는 것은 현실적으로 어렵다. 정치적 통일이 이뤄지고 북한의 개혁·개방이 본격화될 때 미국, 중국, 일본, 러시아 등 각국 정부와 민간 차원에서 북한 지원 프로그램을 가동할 가능성이 높다. 독일이 통일될 당시에는 다른 사회주의 국가들의 문이 열리면서 글로벌 기업들이 진출할 기회가 곳곳에 널려 있었다. 하지만 북한은 동북아를 넘어 세계에서도 얼마 남지 않은 미개척지다. 개발의 이득을 보기 위해 각국 정부와 글로벌 기업들이 뛰어들 수밖에 없다. 이는 역으로 한국의 통일비용을 줄일 수 있다는 뜻이다.

경제개발 위해 인구이동 조절해야

남북의 점진적인 경제통합의 핵심은 노동시장 분리다. 남북 간 급격한 대규모 인구이동을 우선 막아야 한다. 사실 독일의 경우에도 경제적 충격이 클 것으로 예상돼 학자들 간에 속도 조절 필요성이 강력히 제기됐다. 하지만 동서독 간 교류가 꽤 활발했던 데다 통일이 되기도 전에 이미 많은 동독 주민이 서독으로 이주하고 있는 상황에서 인구이동을 제한하기란 현실적으로 어려웠다.

결국 당시 서독 정부는 전면적인 경제통합을 선택했고, 동독에서의 인구 유출이 이어지면서 동독 경제는 사실상 붕괴됐다. 이후 1대 1 화폐교환, 고임금 정책 등이 점차 효과를 발휘하면서 동독의 인구이탈은

잠잠해졌지만 이 과정에서 서독의 경제적 부담이 크게 확대되는 부작용을 낳았다.

점진적으로 경제통합을 이루면서도 남북 경제의 경계를 유지하는 이른바 준통합경제 논의도 필요하다. 한국개발연구원(KDI)은 북한의 1인당 소득이 남한의 30%에 근접하도록 10년의 한시적 분리 방안을 제시했으며 한국은행은 특구식 경제통합을 제안하기도 했다.

이 방안의 경우 사회보장제도 통합에서 오는 부작용을 미연에 방지할 수 있다는 장점이 있다. 통일독일은 동독 시민에게 서독 시민과 동등한 수준의 사회보장 혜택을 주는 과정에서 통일비용이 크게 증가했다. 한시적 분리를 통한 점진적 통합 방안이 추진되면 북한 인구의 이탈을 막기 위해 사회보장 수준을 과도하게 높이는 고육책의 필요가 줄어들게 된다.

시장경제에 기반을 둔 민영화나 토지소유권 처리 정책도 독일에 비해 완만하게 실시해야 한다. 시장원칙을 고수한 급진적인 민영화와 토지소유권 처리를 위한 당시 독일의 정책은 목표를 달성하지 못한 채 많은 부작용을 낳았다.

구동독 기업의 가치를 평가할 수 없는 상황에서 민영화가 현금매각 방식으로 진행돼 경제력이 부족한 동독 주민들의 참여는 저조할 수밖에 없었다. 오히려 민영화가 수많은 기업을 폐쇄하고 실업자를 양산하는 결과를 낳았다. 결국 민영화 수입은 당초 예상의 16분의 1에 불과해 서독 정부에 막대한 손실을 안겼다. 1949년 이후 수용된 토지는 원소 유자에게 반환한다는 원칙을 바탕으로 한 토지소유권 처리 역시 소유 권의 불확실성을 키워 시장 기능을 마비시키고 말았다.

남북의 경제통합 과정에서의 민영화는 국가가 개입해 적응 기간을 두고 경쟁력을 키운 후 민영화하는 등 독일과는 다른 접근방식이 필요 하다. 토지사유화 문제 역시 무조건 원소유주에게 반환하기보다 다양 한 보상정책을 고려할 수 있다.

화폐통합 과정도 독일을 반면교사(反面敎師)로 삼을 수 있다. 자칫 북 한의 화폐를 고평가하게 되면 거품경제가 발생하고 이후 산업경쟁력 저하 등의 폐해를 맞게 될 수 있다. 남북 경제의 한시적 분리 기간을 거 친 뒤 점진적으로 남북의 경쟁력 격차와 외부경제 상황 등을 감안해 양측 화폐의 실질가치를 반영하는 선에서 추진해야 한다. 독일과는 달 리 상당 기간 북한의 임금을 낮게 유지해 북한의 자체적인 산업경쟁력 을 유지하도록 하는 것도 중요하다.

통일비용 얼마나 들까

점진적 통합을 통해 통일비용 부담을 최소화한다는 방안이지만 경제 력 격차가 워낙 큰 데다 통합 과정에서 예상 밖의 상황이 벌어질 수 있어 한반도의 통일비용이 독일보다 적을 것이라고 낙관만 하기는 어렵다. 통일비용 증가는 결국 국채 발행이나 예산지출 확대로 이어질 것이다. 독일재건은행(KfW)처럼 정책금융기관이 자본 조달을 담당한다 해도 자본 확충을 위한 정부출자 확대 과정에서 재정이 악화될 수 있다. 국공채 발행 증가에 따른 금리 상승도 재정 부담을 확대하는 요인이다.

반면 독일에 비해 나은 측면도 있다. 우선 소비성 이전(移轉)지출을 크게 줄일 수 있을 것으로 보인다. 독일의 지출이 컸던 것에는 결국 급진적 경제통합의 영향이 컸다. 노동력 이동을 제한한 상태에서 북한의 자립을 유도하면 북한 주민의 구매력을 높이기 위한 지출을 최소화할 수 있다.

민간투자가 활발할 가능성이 높은 점도 긍정적이다. 경제통합의 부작용이 최소화될 경우 북한의 풍부한 저임금 노동력은 투자 유인으로 작용할 것이다. 국제기구의 지원도 기대해볼 수 있다. 북한이 체제 전환에 돌입한다면 국제통화기금(IMF)이나 세계은행(WB), 아시아개발은행(ADB) 등을 통한 자금 지원을 모색할 수 있다. 중국 주도로 출범한 아시아인프라투자은행(AIIB) 역시 적극적으로 북한 개발에 나설 가능성이 크다.

이들 기관의 자금은 큰 규모는 아니더라도 저금리로 장기간 자금을 조달할 수 있고 외화자금 사정에도 도움이 된다는 점에서 재정 부담을 덜 수 있다. 이런 긍정적 요인을 충분히 활용해야 독일에 비해 통일비용의 충격을 줄일 수 있다.

남북의 통일비용에 대해서는 다양한 연구가 진행돼 왔지만 연구에 따라 통일비용의 규모도 큰 차이를 보인다.

영국계 은행인 바클레이스(Barclays PLC)는 2000년에 한국 GDP의 4~5%, 피치(Fitch Ratings)는 2003년에 한국 GDP의 3~4% 정도를 예측했다. 외국 기관들의 예상치는 대략 30~50조 원 안팎이었다. 하지만 한국개발연구원은 10% 내외를, 한국조세재정연구원은 12% 정도를 예상했다. 이들 기관의 추정치는 100~130조 원에 이른다.

더 큰 규모의 추정치도 있다. 랜드연구소(RAND Corporation)는 통일 뒤 4~5년 내 북한의 GDP를 2배로 증가시키는 것을 전제로 통일비용을 5000~6700억 달러로 추정한 바 있다. 반면 미국의 한반도 전문가인 피터 백(Peter M. Beck)은 북한 소득을 남한의 80% 수준으로 향상시키는 것을 통일비용으로 산정해 30년간 2~5조 달러에 이를 것으로 봤다. 크레디트스위스(Credit Suisse)는 2008년 보고서에서 북한의 소득을 남한의 60%까지 끌어올리기 위해서 드는 비용을 대략 20년간 1조 5천억 달러로 계산했다.

통일 편익 고려하면 비용 줄어

1990년대 이후 봇물 터지듯 터진 통일비용 계산 이후 통일로 인한 경제적 이익을 고려한 통일비용 계산방식이 나오기 시작했다.

그중 대표적인 것이 경제학자인 신창민 중앙대학교 교수가 2007년에 국회의 학술 용역을 맡아 제출한 〈통일비용과 분단비용〉이라는 보고서다. 이 보고서에 따르면 통일 이후 10년간 한국 GDP의 약 6~6.9%가 필요할 것이라는 전망이 나왔다. 당시 GDP가 약 1조 달러였으니 연간 약 6000~6900억 달러가 필요하다는 의미다.

신 교수는 이 수치에서 분단비용을 고려했다. 분단 상황에서 쓸 수밖에 없는 비용, 가령 과도한 국방비 지출이 여기에 속한다. 국방비를 매년 30조 원 이상 쓰고 있는 점을 감안하면 GDP의 3% 정도다. 그 밖에 분단에 따른 비용을 GDP의 4.35~4.6% 정도로 계산했다. 결과적으로 통일이 되면 분단비용인 GDP의 4.35~4.6%는 안 써도 되는 돈이 된다.

즉 통일비용(GDP의 6~6.9%)에서 분단비용(GDP의 4.35~4.6%)을 빼면 GDP의 1.65~2.3%만 지출해도 된다는 계산이 나온다. 한국의 GDP를 약 1조 원으로 놓고 보면 결국 연간 200억 달러, 즉 20조 원 정도가 필요하다는 말이 된다.

신 교수는 여기에 통일 편익도 고려해야 한다고 지적하면서 통일이 되면 연평균 11.25% 정도의 경제성장이 가능하다고 봤다. 2% 정도의 비용을 고려해도 9.25% 정도 경제성장을 할 수 있다는 계산이 나오는 셈이다.

2014년 금융위원회에서 발표한 통일비용 및 재원조달 방안에 대한 보고서에 따르면 현재 1,250달러 수준인 북한의 1인당 GDP를 20년 뒤 1만 달러 수준으로 끌어올리는데 총 5000억 달러(약 550조 원)가 소요될 것으로 추정한다. 이 경우 큰 재정 부담 없이 비용 조달이 가능할 것이라는 분석이다. 게다가 공사채 발행, 민자 유치, 해외공적개발원조(ODA) 일부는 북한 세수를 통해 가능할 수 있다.

다만 소득 격차 축소를 위해 추가 비용이 투입될 가능성이 있다. 앞으로 20년간 한국의 명목성장률(실질성장률과 물가상승률의 합산)을 평균 2% 후반에서 3%로 낮춰 잡더라도 20년 뒤 1인당 GDP는 대략 5만 달러를 넘을 것으로 추정된다. 이 경우 위에서 상정한 북한의 1인당 소득(약 1만 달러)은 남한의 20%에 수준에 불과하다. 한 국가의 지역 간 격차라고 보기에는 큰 차이다. 그뿐만 아니라 북한 주민의 체제 부적응, 정치 불안 심화, 부정확한 통계 등 예기치 않은 상황으로 경제통합이 지연되면 비용이 증가할 가능성도 있다.

재원 마련의 방법

엄청난 통일비용은 어디에 들어가는 것일까. 우선 통일이 되건, 통일 이전에 전방위적인 경제협력이 이뤄지건 간에 육상과 해상의 교통망을 구축하기 위해 철도, 항만은 물론이고 전력망 등 인프라 건설이 필수다. 또 북한 주민의 최소한의 생활을 유지할 수 있게 정부 차원의 대량 주택공급도 필요할 것이다. 이러한 인프라 사업 외에 북한 주민의 실질소득을 얼마나 빨리, 그리고 많이 끌어올릴 수 있는지도 관건이다.

통일 정부가 북한을 개발하고 북한 주민의 복지를 위해 얼마를 투자할지는 다양한 견해가 존재한다. 문제는 이 막대한 자금을 어떻게 확보하느냐다.

1910년 공식적으로 통합된 독일은 통합 초기에 연간 GDP의 4.0%에 이르는 순통일비용을 차입으로 해결했다. 독일은 1989년 통일 직전 연도에 균형 재정을 이뤘고, 1990년과 1991년에 GDP의 약 3%에 이르는 재정 적자를 냈지만 국채 발행을 통해 이를 메웠다.

그러나 1992년 2월 유럽연합 설립을 위한 마스트리흐트 조약(treaty of Maastricht)에 서명하면서 상황이 달라졌다. 이 조약에 따라 유럽연합에 참여하는 국가는 GDP 대비 3% 재정 적자 및 60% 국가부채 유지라는 기준을 지켜야 했다. 이에 통일독일 정부는 인플레이션을 방지하고 마스트리흐트 기준을 지키기 위해 국채 발행 대신 세금을 올려 통합비용을 충당하기 시작했다. 1992년에 부가가치세를 올리고 각종 사회보장 기여금인 의료보험료와 연금기여금 등을 대폭 인상했다. 1992~1995년에는 통일비용 전체를 간접세와 사회보장비용 인상분으로 충당하기도 했다. 세금이 오르면서 경기는 급격히 악화됐다. 1992~1998년까지 7년간 연평균 1.4%의 저조한 성장을 기록해 장기불황을 겪었다. 세금 인상으로 재정 건전성은 유지했으나 경기가 희생된 것이다. 성장률이 떨어지면서 실업률도 급등해 1997년에 서독과 동독의 실업률은 각각 11.0%와 19.5%를 기록했다. 1991년 대비 거의 두 배로 늘어난 것이다.

통일독일의 사례를 고려할 때 통일한국은 세금보다 재정을 통해 통일비용을 확보하는 게 적절해 보인다. 통합 원년에 대규모 국채를 발행하면 국채 가격이 떨어지고 수익률, 즉 금리가 올라가는 것은 불가피하다. 하지만 그다음 해에 비슷한 수준의 국채를 발행하면 증가율은 점차 떨어질 수밖에 없다. 초기에는 금리가 상승하겠지만 2~3년이 지나면서 안정될 것이다.

민간투자가 통일비용 좌우

북한의 낮은 소득수준은 싼 노동력을 제공할 수 있는 환경이다. 개성공단의 실험에서 이미 북한 노동력의 우수성은 입증됐다. 중국을 거쳐 동남아와 아프리카까지 진출하는 한국의 제조업체들에 북한은 새로운 성장의 기회다. 굳이 정부가 나서서 제조업의 유턴(U-Turn)정책을 펼치지 않더라도 북한에 경쟁력 있는 제조업체들이 생겨날 수 있다. 특히 중국의 동북3성과 러시아의 연해주 지역이라는 거대한 시장이 열리면 북한은 중국과 러시아라는 막대한 수요를 앞에 둔 전진기지의 역할을 할 수 있다.

통일에 앞서 이런 경제적 교류로 남북 간의 안보 위협이 대폭 줄어든다면 그것만으로도 한반도의 투자가치는 급등할 것이다. 외국의 투자자들은 한국 투자를 고려할 때 여전히 안보리스크를 염두에 두고 투자를 결정하고 있기 때문이다.

북한과의 경제협력 방식의 가장 초보적인 방식은 개성공단식 방안이다. 남과 북이 서로 화해하고 손잡고 협력해서 공장에서 물건을 만들고 관광하고 투자하고 자유롭게 오가는 과정에서 점진적으로 통일을 이뤄가는 방식이다.

북한의 투자 여건은 과거 동독에 비해 뛰어나다. 기본적으로 북한의 임금 수준이 낮은 데다 점진적으로 경제를 통합하면 통일 이후의 인구 유출 및 과도한 임금 상승은 억제할 수 있다. 자본주의 체제에 편입될 경쟁국이 없어 투자가 분산될 우려도 적다. 풍부한 지하자원, 중국 및 러시아를 거쳐 유럽까지 통할 수 있는 지리적 이점도 동독이 갖지 못했던 장점이다.

중국 및 동남아 등지에 진출한 기업들이 북한으로 생산기지를 전환할 유인이 있으며, 특히 중소기업들에는 새로운 성장동력을 마련할 수 있는 계기가 될 수 있다. 향후 북한은 제조업 생산 및 관광산업 중심으로, 남한은 서비스산업 및 고부가 연구개발(R&D) 중심으로 분업구조를 형성하는 등 큰 산업지도를 그려나갈 수 있다.

물론 통일 직후부터 민간투자가 크게 증가하기는 쉽지 않다. 초기의 불확실성이 걷히고 기본적인 투자 여건 마련이 필요하다.

예를 들어 통일 직후에는 정부 주도의 도로 및 철도, 통신 및 금융시스템 등에 대한 투자가 이뤄지다가 인프라 구축이 어느 정도 마무리되면 노동집약형 제조업이나 중장기 수익성이 기대되는 대북 민자사업 등을 중심으로 민간기업의 투자가 늘어날 것이다. 북한 주민들의 체제 적응을 위해서라도 독일과 같이 남북 간 도시, 기업 및 학교 간 결연을 통해 체제 전환과 재건을 돕는 모습도 나타날 수 있다.

활발한 대북투자는 북한 내 일자리 창출로 이어져 실업급여 등 사회보장 지출의 부담을 줄이는 한편 북한 내 세수 증대를 이끌어내 재원 마련에도 도움이 될 것이다. 독일의 경우 투자가 예상만큼 활발하지 못해 통일 부담이 증가했다면, 남북은 오히려 투자가 남북의 경제가 통합되는 과정을 효과적으로 단축시키는 구심점이 될 것으로 기대된다.

북한을 변화시키는
'붉은 모자들'

북한 당국은 배급제 등 사회주의 경제의 기본원칙을 사실상 포기했다. 하지만 1990년대 중반 수많은 아사자가 발생한 고난의 행군 시기에도 권력 핵심계층에 대한 배급은 끊이지 않았다. 김씨 일가는 북한 주민이 아무리 많이 굶어 죽더라도 권력을 유지하게 해주는 핵심 측근들은 절대로 등을 돌리지 않게 아낌없이 보상해야 한다는 독재정권의 속성을 잘 알고 있다.《독재자의 핸드북》을 쓴 미국 뉴욕대학교의 알라스테어 스미스(Alastair Smith) 교수는 북한 정권을 유지하는 것은 최측근 200여 명으로 보고 북한이 이들에게는 끊임없는 물질적 부를 제공하고 있다고 보고 있다.[52]

---

52) "김정은 정권, 충성파 200명으로 유지… 獨裁 흔들 요인은 돈과 건강", 〈조선일보〉, 2016년

김씨 일가는 독재권력의 속성을 이해하고 북한이 경제적으로 가장 어려웠던 1990년대 고난의 행군 시절에도 최측근에 대해서는 각별히 관리를 해왔다. 핵심 권력층인 중앙당 비서, 내각 총리, 군단장 이상의 군 장성은 '1일 공급제도 대상'으로 식모가 주문한 각종 육류, 과일, 수산물 등이 매일 오전 6시에 냉동차에 실려 집으로 배달된다. 노동당 과장, 내각 장관급은 그 아래 등급으로 3일에 한 번 냉동차가 오는 '3일 공급제도 대상'에 포함된다. 하지만 북한 경제가 오랫동안 마비되면서 핵심계층으로부터 충성을 샀던 김씨 일가의 돈주머니도 점점 고갈될 수밖에 없었다.[53]

이런 상황에서 김정일이 꺼낸 카드가 이른바 '부패 허가증'이다. 김정일은 직접적인 보상을 줄이는 대신 부패를 사실상 허용해 특권층에게 보상을 안겨줬다. 이때부터 북한의 통치 계층은 높은 간부는 크게, 낮은 간부는 작게 각자 주민을 수탈하며 사는 방식으로 바뀌게 된다.

부패는 김씨 집안이 권력 유지를 위해 쥔 칼자루이기도 하다. 마음에 안 드는 인물은 부패로 몰아 숙청시킬 수 있기 때문이다. 사실 이는 세계의 가난한 장기 독재 국가들에서 이뤄지는 보편적인 통치방식이다. 결국 죽어가는 것은 북한 대다수를 차지하는 가난한 주민들뿐이다.

5월 28일 자 참조.

53) 주성하, 《화려한 평양 그늘진 북한》, 헬로우월드, 2016 참조.

독재 국가에서 병들고 굶주려 나약해지고 위축된 주민들이 반란을 일으키는 사례는 찾기 어렵다. 정권과 운명을 같이 하는 핵심계층 역시 부패한 시스템이 자신들의 부를 유지해주기 때문에 배신할 가능성이 크지 않다.

결국 북한에서 민주화 운동에 나설 수 있는, 사실상의 변화를 일으킬 수 있는 계층은 몹시 궁핍한 주민도 부와 특권을 누리는 핵심계층도 아니다. 시장시스템을 통해 돈을 축적하고 있는 시장세력이 북한의 변화를 이끌 수 있는 유일한 희망인 셈이다.

이미 북한에서는 다양한 방식으로 부를 축적한 자본가들이 나타나고 있다. 국가사업에 관여해 큰 부를 일군 잘 알려진 부호들 외에도 북중 국경의 밀무역을 통해 부를 축적해 초기 금융업으로까지 손을 뻗친 이들도 상당수다. 특히 사금융의 도움을 받아 소자본으로 제조업, 운수업 등에서 창업을 시작한 주민들도 점차 많아지고 있다.

신흥자본가 집단이 어느 정도 규모로 성장했는지는 정확히 파악하기 힘들지만 2000년대 중반 이후 이미 그 세력이 상당히 성장했다는 것을 추정할 수 있다. 북한 노동당의 부부장급이던 장용순은 한 강연회에서 고난의 행군 시기를 지나오면서 생계를 이어가기 어려운 사람들이 발생하는가 하면 백만장자, 억만장자와 같은 돈주들도 생겨나 심각한 사회문제로 대두되고 있다고 지적했다.[54] 북한 내에서의 빈부 격차가 상당하고 시장세력이 꽤 성장했음을 보여주는 부분이다.

상업 관계로 바뀌고 있는 수령과 북한 주민들

북한 젊은이들이 서구 자본주의 국가들의 또래들보다 훨씬 물질주의
적이라는 것이 탈북자들의 일관된 증언이다. 이른바 '장마당 세대'라고
도 불리는 이들은 북한 당국의 위계질서 내에서 일하면서 관리가 되려
하기보다는 부를 축적할 기회를 잡는 데 훨씬 관심이 많다.

특히 김정은 체제가 들어선 이후 지도자와 권력층의 유대감이 과거
보다 훨씬 줄어들고 있다는 분석이다. 김일성 시절에는 지도자와 빨치
산 출신의 권력핵심 엘리트들 사이에 강력한 동지적 유대감이 있었다.
빨치산 출신들은 김정일 역시 '동지의 아들'이란 점에서 유대감을 유
지했다. 그러나 김정은 체제가 들어선 이후 권력 엘리트들과 지도자는
충성을 바치고 권력과 돈을 얻는 상업적인 거래 관계로 바뀌고 있다.[55]
북한이 과거와 달리 더욱 경제개발을 통해 외화벌이에 집착할 수밖에

---

54) 2006년 12월 강연.

55) 자유아시아방송은 2016년 11월 2일 함경북도 소식통을 인용해 "최근 도당 책임비서(한국
의 도지사격)나 부서 책임자들이 '1번 동지'로 불리고 있다"며 "이런 변화는 아첨하지 않
으면 살아남을 수 없는 지방 하급 간부들이 자신의 상관이 최고라는 의미에서 부르기 시작
한 것"으로 "출신 성분이 좋은 간부들은 지역에서 자신만의 소(小)왕국을 구축하고 1번 동
지로 행세하기도 한다"고 보도했다. 당초 북한에서 '1번'이나 '1호'가 들어가는 호칭은 주로
최고 지도자에게만 붙이는 것으로 주민들에게 인식돼 왔다. 2013년 12월 처형된 장성택 판
결문에서도 그의 측근들이 장성택을 '1번 동지'라고 불렀다는 내용이 나온다. 1번 동지라는
표현이 평양에서 멀리 떨어진 지방에서 사용되는 사례가 늘고 있다는 것은 최근 북한 사회
에서 김정은의 권위가 떨어지고 있다는 의미로 해석할 수도 있다.

없는 이유이기도 하다. 권력 엘리트들의 충성을 살 수 있는 통치자금이 줄어들면 김정은 정권은 위험에 처할 수밖에 없는 탓이다.

북한에서 자본을 축적한 돈주들을 모두 같은 범주로 보기는 어렵다. 북한 돈주의 상당수는 여전히 최고위 간부들과 밀접한 관계를 유지하면서 북한의 독특한 정치경제체제 내에서만 돈을 벌고 있다. 그들은 정상적인 시장경제에 대해서 잘 모르고 있으며 그들이 가진 기술과 경험은 결국 북한 간부들에게 뇌물을 주고 이를 이용해 돈을 번 경험뿐이다.

이러한 부류의 돈주들은 북한의 변화를 두려워할 수 있다. 구소련의 역사를 보면 비정상적인 방식으로 돈을 번 북한 돈주들의 미래도 엿볼 수가 있다. 1980년대 말 소련이 무너진 다음 러시아는 자본주의 국가가 됐다. 그럼에도 현재 러시아 최고 부자들 가운데 소련 시대에 성장한 북한식의 장마당 출신의 돈주를 찾기는 어렵다. 현재 러시아에서 돈이 많은 자본가 대부분은 소련 시대의 젊은 간부 출신이거나 장마당과 별 상관이 없던 지식인, 사무원들이다.[56]

---

56) 러시아 출신의 북한전문가인 안드레이 란코프(Andrei Lankov) 교수는 자유아시아방송 (2015년 1월 8일)에서 소련 체제의 붕괴 이후에 러시아에서 부자가 된 사람들을 언급했다. 그는 현재 러시아에서 부자가 된 사람 중에는 구소련에서 장사를 통해 돈을 벌어들인 사람들은 거의 없다고 지적했다. 구소련에서 장사를 통해 부자가 된 사람들은 어떤 간부와 연락하고, 누구에게 뇌물을 주고, 어떤 규칙을 위반해도 되는지는 잘 알고 있었지만 시장경제 내에서 합법적인 사업을 위한 지식은 거의 없었기 때문이라는 설명이다. 이에 비해 구소련 시

북한도 현재 돈주의 상당수는 북한에 변화가 오고 정상적인 시장경제가 도입되면 몰락할 가능성이 있다. 당연히 이들은 북한의 변화를 거부하고 새로운 상황에 두려움을 느낄 수밖에 없다. 북한의 왜곡된 시장경제 시스템을 이용해 돈을 벌고 있는 집단과 새롭게 성장하고 있는 경제집단을 우리가 분류해서 봐야 하는 이유다.

탈북자들의 증언에 따르면 북한 내에서 새로운 자본가 계층으로 성장하고 있는 이들은 이미 크게 두 부류로 나뉘고 있다. 장사를 전업으로 하면서 출세한 장사꾼이 있는가 하면, 국가기관의 외화벌이꾼이나 당 비자금 관리자가 또 다른 유력한 돈주로 꼽히고 있다. 전자가 '자생형 돈주'라면 후자는 '권력형 돈주'인 셈이다.

새로운 세력, 북한 사회의 변화 이끌어낼까

시장의 성장에 따른 빈부 격차와 정치적 이해관계보다 경제적인 인센티브를 추구하는 자본가들의 등장이 향후 북한 주민들의 집단행동으

대의 공무원들은 합법적인 사업을 하는 데 필요한 기술을 사회주의 시대에도 배울 수 있었고, 혼란기에 국가 소유의 재산을 자신의 재산으로 만들면서 부를 축적했다. 학자 등 지식인들도 시장경제 이론에 대해 잘 알고 있었고 기회가 생기자 이러한 지식을 활용해 사업에서 성공할 수 있었다고 한다. 그러나 러시아의 사례를 북한에 그대로 적용할 수 있을지는 미지수다. 구소련은 구심점이 없는 상황에서 체제가 이행됐지만 북한이 다른 방식으로 통일이나 경제통합이 이뤄진다면 양상은 달라질 수 있을 것이다.

로 이어질 것인지는 초미의 관심사다.

북한에 등장하는 자본가들, 즉 사회주의에서의 자본가를 의미하는 이른바 '붉은 모자'의 성격에 대해서도 의견이 엇갈린다. 붉은 모자들은 당의 통치 아래 자본을 운용한다는 점에서 자유민주주의 체제의 자본가와는 근본적으로 다르다. 북한의 시장경제활동은 사유재산권의 보호나 경제활동의 자유, 계약 이행 등을 보호하는 법 제도의 뒷받침을 제대로 받지 못하고 있기 때문에 붉은 모자들은 늘 불안할 수밖에 없다.

항상 위험에 처해 있는 이들은 권력과 결탁하고 뇌물을 통해 자신들의 부를 보장받으려 하고 있다. 그러나 고위직의 정치세력들은 자신이 위협받거나 이해관계가 얽히게 되면 기존 돈주 혹은 붉은 자본가들과의 연계를 부정해 버리는 경우가 흔하다. 중국 무역업자를 통해 알려진 소식에 따르면 북한 국가안전보위부 등이 돈주들의 재산을 빼앗는 사건은 흔하다. 2016년 1월 중순 평양에서 20인용 버스를 구입해 운영하던 사람이 버스를 압수당했고, 2015년 11월에는 아파트 공사에 투자한 돈주가 2만 달러를 빼앗기기도 했다.[57] 이 때문에 돈주들은 부정한 수입을 은폐하고 소득 명분을 세우기 위해 다른 사업을 하는 것처럼 위장을 하며 중국 화교를 앞세워 사업을 진행하기도 한다. 화교는 중국과의 관계가 있어 북한 당국이 검열하기 어렵다는 점을 이용하는 것이다.

---

57) "김정은은 '투자 보장' 공안은 '투자 강탈'", 자유아시아방송, 2016년 2월 1일 자.

돈주들이 이른바 '비사그루빠'[58]의 검열을 피하는 방법도 다양하게 발달돼 있다. 결국 돈주들은 막강한 경제력을 보유하고 있으면서도 체제에는 순응할 수밖에 없다는 견해다.

그러나 시장세력이 당국에 항상 순응하고 있는 것은 아니다. 북한 당국이 한동안 시장을 압박하기 위해 장사 연령을 제한하고 시장을 단속하자 청진과 원산에서 주민 항의와 시위가 몇 차례 발생해 공권력에 의해 진압됐다. 식량문제와 관료들의 부패로 일부 지역에서 집단 항의와 시위가 발생했을 가능성도 배제할 수 없다. 2011년 6월 북한 당국이 집단 시위 진압에 사용하는 장비들을 중국으로부터 도입하고 중국과 치안협력을 강화한 점을 미뤄볼 때 북한 주민들의 불만이 집단적인 사회갈등으로 표출될 가능성은 여전히 남아 있다.[59]

---

58) 북한의 '비사회주의그루빠(비사그루빠)'는 비사회주의적인 요소의 척결을 내세우며 당과 국가안전보위부, 인민보안부 요원들로 구성된 감찰조직으로 사안이 있을 때마다 조직되는 감찰기구다. '그루빠'는 '그룹, 모임'이라는 북한말로 러시아어 '끄루프(클럽)'의 영향을 받았다.

59) 국내외 언론들은 2011년 11월 20일 대북 소식통을 인용해 북한이 랴오닝성 선양 등지에서 중국 상인들을 통해 시위 진압용 부대가 사용할 최루탄, 헬멧, 방패 등을 대량으로 사들이고 있다고 보도했다. 확보된 진압 장비는 북한이 작년부터 각 도·시·군별로 조직한 특별 기동대에 지급될 물품으로 알려졌다. 당시 북한이 화폐개혁 이후 주민들의 '생계형 저항'이 점점 노골적이고 집단적인 경향을 띠자 폭동진압을 위해 경찰 조직을 신설했다는 분석이 나왔다. 2010년부터 시장을 단속하던 보안원이 상인들로부터 폭행을 당해 숨졌다거나 배급이 끊긴 주민 수백 명이 식량을 요구하면서 시위를 벌였다는 등의 소식도 일부 전해졌다. 당시 북한 상사원들이 베이징에서 중국 공안이 쓰는 도청 장비가 장착된 수사 차량과 무전기 등

무엇보다 시장의 성장에 따른 급격한 빈부 격차는 북한 주민들의 의식 분화로 이어질 수 있다. 서울대학교 통일평화연구원이 내놓은 〈2015년 북한 사회변동〉 조사에서 최하위 20%의 월평균 가구소득이 2만 원 미만인 반면 최상위 20%는 90만 원 이상인 것으로 나타났다. 45배에 이르는 소득 격차로 한국 사회 이상의 소득 불평등이 사회주의 국가인 북한에서 진행되고 있다.[60]

흥미로운 점은 소득이 높을수록 북한이 잘 살기 위해서는 경제체제를 개혁해야 한다는 인식이 높게 나타났다. 내부 개혁과 변화를 강조하는 경제관리방법의 개선이 필요하다는 지적에 대해 최하위 20%인 월평균 가구소득 2만 원 미만의 집단에서는 14.3%가 찬성한 반면 최상위 집단인 월평균 가구소득 90만 원 이상에서는 31.4%에 이르렀다. 체제 전환의 의미가 있는 자본주의 도입에 대해서도 최하위 소득계층의 찬성 비율이 22.9%인데 비해 최상위 계층에서는 35.7%에 달했다.

사적 경제활동을 통한 소득이 높을수록 남한이 북한에 대해 무력으로 도발할 가능성을 더 낮게 봤으며 향후 통일 방식에 대해서도 남한 체

의 수입도 추진하고 있는 것으로 알려져 북한이 내부 단속에 큰 신경을 쓰고 있다는 움직임이 포착됐다.

60) 서울대학교 통일평화연구원의 자료를 신뢰한다면 북한의 소득 5분위 배율은 45다. 통계청이 발표한 2016년 3분기 가계동향에서 한국의 전국 2인 이상 가구의 소득 5분위 배율은 4.81로 나타났다. 북한의 빈부 격차가 한국보다 훨씬 높다는 의미다.

제로의 통일을 더 선호하는 것으로 나타났다. 남한의 대북 무력도발 가능성에 대해 최하위 소득 20%의 경우 60.7%가 '있다'고 답했지만 최상위 소득 20%에서는 이보다 낮은 39.8%에 그쳤다. 통일 방식에서도 현 남한 체제로의 통일에 대한 지지가 최상위 소득 10%에서는 52.4%로 나타났으나 최하위 소득 10%에서는 이보다 33.4% 낮은 19.0%에 그쳤다.

이 같은 결과는 북한 시장의 성장과 시장을 통해 성장하는 계층의 분화로 인해 북한 사회에 기존과 다른 새로운 사고방식을 가진 이들이 등장할 가능성을 보여준다. 북한에서 시장경제활동을 통해 소득을 많이 쌓을수록 개혁적이고 개방적이며 남한친화적이라는 사실도 향후 북한 사회가 어디로 갈지를 보여주는 것일 수 있다. 다른 한편에서 소득 격차의 확대는 사회경제적인 불평등 구조를 확대 재생산하면서 사회주의 국가인 북한 정권의 정당성을 허무는 요소가 될 수 있다. 시장 확대에 따른 북한 사회의 변화와 북한 정권의 대응이 향후 어떤 방식으로 전개될지는 중장기적인 관찰이 필요하지만 시장화가 북한 사회를 지속적으로 변화시키고 있다는 점은 분명하다.

이렇게 시장경제에서 성장한 북한의 소상공인들과 다양한 국가들과 교역하는 무역상들은 북한에 어떠한 변화를 가져올까? 이들이 연결되고 새로운 대안을 만들 수 있다면 북한에 새로운 변화가 서서히 일어날 가능성도 배제할 수 없다. 이미 북한에서 휴대전화를 사용하는 인구가 300만 명이 넘어선 것으로 알려졌다. 북한 당국이 인터넷을 통제한다고 하더라도 글로벌 정보기술업체들은 이미 공중에 다양한 기구나 비행선을 띄워 무료 인터넷을 제공하는 기술을 현실화시키고 있다. 북한 당국이 주민들과 시장세력들이 연결되는 상황을 인위적으로 통제할 수 없을 정도로 IT기술은 급속히 발전해 보편화되고 있는 것이다. 특히 북한 주민들은 돈을 벌기 위해 IT기술을 이용한 상호 접촉에 더욱 적극적으로 나설 수밖에 없다. 가격과 수요, 배달서비스 등의 정보는 시장에 뛰어든 북한 주민들에게는 사업의 성패를 가르는 결정적 요소다. 시장세력의 수요에 따라 발전한 IT기술 및 북한 당국의 통제를 우회하는 수단은 결국 새로운 정보를 얻게 되는 창구로도 활용될 것이다. 전국의 시장화로 북한 내에서의 통행 제한도 상당 부분 무너졌다. 북한은 원칙적으로 같은 지역 내에서도 이동하려면 여행증명서가 필요하다. 하지만 이제는 상품의 공급 등을 위한 유통망이 전국 단위로 연결되면서 이동의 자유도 상당 부분 커졌다. IT기술을 통해 서로의 생각을 공유하고, 이동을 통해 이를 실현시킬 수 있는 환경이 만들어지고 있다. 결국 IT기술은 북한의 정치에 불만을 품으면서 성장한 시장세력들을 선으로 연결하고, 이런 선들이 다시 면으로 이어지면서 새로운 변화를 가져오게 하는 동력이 될 것이다. 스마트폰을 손에 쥔 붉은 모자들이 북한을 점차 새로운 곳으로 변화시켜갈 것이다.

미국 국무부는 2016년 9월 북한 내부에 정보 유통을 확대하기 위한 방안이 담긴 보고서를 의회에 제출하기도 했다. 미국의 소리 방송과 자유아시아방송 등은 대북 라디오 방송에 대한 예산 지원을 늘리고 다양한 정보에 접근할 수 있는 라디오, 휴대전화, 이동식저장장치(USB), MP3, DVD, 태블릿PC 등도 북한 내부에 투입할 계획이다.

이미 국제사회에서도 북한 주민의 정보 접근 권한을 확대해야 한다는 목소리가 커지고 있다. 2016년 6월 캐나다 토론토에서 '북한 IT기술 및 외부정보 접근 상황'을 주제로 개최된 포럼에서는 IT기술을 활용해 북한 사회의 민주화를 앞당겨야 한다는 주장이 제기됐다. 전근대적인 북한의 정치체제를 폭로하고 북한 주민들을 독재와 경제적 빈곤에서 벗어나게 하기 위해서 민간단체들의 역할이 더욱 중요해지고 있다. 북한 체제가 아무리 높은 벽을 쌓고 있더라도 첨단기술에 의해 외부 정보가 유입되고 확산되는 것을 완벽하게 막을 수는 없다.

새로운 남북경협은 과거 햇볕정책의 시행착오도 뛰어넘어야 한다. 2000년 남북정상회담 이후 한동안이라도 햇볕정책이 주목을 받을 수 있었던 것은 김대중 전 대통령의 제안만큼이나 김정일의 대응이 있었기 때문이다. 남북 쌍방이 자신에게 유리하다는 계산으로 남북의 교류가 이뤄졌던 것이다. 김 전 대통령은 햇볕정책이 북한을 변화시키고 궁극적으로 통일에 이르는 상황을 유도하리라고 생각했다. 이에 비해 김정일은 단기적으로는 경제적인 이득을 얻고 중장기적으로는 군사정치적 분야의 강화를 통해 햇볕정책의 의도를 무력화시키겠다는 생각을 갖고 있었다. 햇볕정책 당시 남한 측이 성과를 서두르지 않고 조금씩 장기적인 기획을 가지고 추진했다면 극도의 남한 내 이념 대결로 치닫지는 않았을 것이란 아쉬움도 있다. 북한 지원 방법론에 있어서도 식량을 포함한 모든 지원에 관해 현장 점검에 대한 협의가 구체적으로 이뤄져 시행됐다면 하는 아쉬움이 크다.

새롭게 출범하는 정부는 박근혜 정부의 대북정책의 경직성에서 벗어나야 한다. 박근혜 정부에서의 최악의 대북 관계와 국제사회의 제재 등은 옴짝달싹할 수 없을 정도로 답답했다. 그러나 출발점은 경제교류다. 국제사회를 설득할 명분을 마련해 기존의 5·24조치를 풀고 폐쇄된 개성공단 역시 부활시켜야 한다. 여기서부터 뒤엉킨 문제를 풀 수밖에 없다.

북한은 우리가 생각하는 것보다 훨씬 빠르게 변하고 있다. 국내외 언론에 보도되는 북한 주민 생활상의 변화와 자본주의적인 현상은 정작 북한에서는 이미 한물간 이야기일지도 모른다. 특히 사회주의의 계획경제를 대체하는 북한 시장의 발전은 한국이 생각하는 것 이상으로 급속히 진행되면서 사회의 변화를 이끌고 있을 가능성이 크다. 북한이 과거처럼 주민들의 삶을 직접 챙기지 못하는 상황에서 주민들이 시장을 통해 스스로 살아나가고 있기 때문이다.

북한 조사의 상당 부분은 탈북자들의 증언에 바탕을 두고 있다. 이때문에 일부에서는 북한에 대해 부정적인 사람들의 편향된 시각만을 토대로 북한 연구가 이뤄져 북한의 실상을 제대로 파악하지 못하고 있다는 비판도 적지 않았다. 이에 미국 워싱턴DC의 국제전략문제연구소(CSIS)는 북한 내의 평균적인 사람들을 토대로 진행된 연구결과를 2016년 11월 초에 발표했다. '북한 내부의 견해(A View Inside North Korea)'라는 이름의 CSIS 프로젝트에서 북한 내부의 주민들 역시 응답자의 100%가 일상생활에서 정부의 배급제에 더 이상 의존하지 않는다고 인정했다. 대신 생필품을 시장에서 얻고 있다고 답했다. 또 응답자의 97%는 북한 정부에 대해 비판적인 사람을 알고 있었다. 북한 정부에 대한 가장 큰 불만으로는 개인의 사업 활동 방해, 강압적인 노력 동원, 세금 부담, 노임 미달, 화폐개혁처럼 민간의 돈을 빼앗아 가려는 시도 등을 꼽았다. 북한의 배급제 붕괴와 시장화, 시장화의 발목을 잡는 정부에 대한 주민들의 불만이 고스란히 북한 내부의 시각으로 드러난 것이다.[1]

이 책은 시장의 성장에 따른 빈부 격차와 정치적 이해관계보다 경제적인 인센티브를 추구하는 자본가들의 등장이 향후 북한 사회에 커다란 영향을 끼칠 것이라 확신한다. 무엇보다 경제적 이기심과 좀 더 나은 삶에 대한 욕망이 결국 한반도에서의 평화를 유지하면서 남북 모두에게 새로운 경제 도약의 기회를 가져다줄 것이다. 결국 시장과 자본가라는 지렛대로 한반도의 평화와 경제 도약이라는 목표를 달성해야 한다는 의

---

1) 이 연구는 북한 내부의 표본이 36명(남녀 각각 20명, 16명)에 불과하지만 북한 내 9개 도에 살고 있는 노동자, 의사, 기업소 사장, 주부, 공장 근로자, 이발사, 요리사 등 다양한 직업 및 연령층(28~80세)을 대상으로 이뤄졌다는 점에서 북한 내부를 조사한 의미 있는 연구로 평가된다. 연구결과는 CSIS가 운영하는 〈38선을 넘어(http://beyondparallel.csis.org)〉에서 볼 수 있다.

미다.

《뉴욕타임스》의 칼럼니스트 토머스 프리드먼이 1990년대 말 세계화 현상을 설명하면서 제시한 '황금 아치 이론(델 컴퓨터 이론)'은 이미 예외적 현상이 나타나면서 이론으로 성립하기는 어려워졌을지도 모른다.[2] 그러나 한 나라의 경제발전 수준이 높아져 맥도널드 체인이 유지될 정도로 두꺼운 중산층이 생겨나면 해당 국가의 국민들은 정부나 독재자가 전쟁을 하려는 시도를 쉽게 방치하지 않을 것이라는 통찰은 여전히 현실 세계에서 의미가 있다. 경제적 교류가 확대되면 어떠한 지정학적인 분쟁이 사라진다는 일방적인 주장은 유효하지 않지만 전쟁으로 갈등을 해결하려던 이들이 강력한 경제적인 이익 때문에 전쟁을 하기까지 몇 번의 심사숙고를 거칠 수밖에 없다는 것은 분명하다. 경제적인 이익을 유지하려는 욕구가 전쟁 등 평화를 위협하는 시도에 제동을 걸 수밖에 없다는 통찰은, 특히 한반도 현실에서도 되짚어봐야 할 부분이다.

한국 정부와 국제사회가 새롭게 접근해야 하는 북한과의 경제협력은 결국 시장세력, 정상적인 자본주의 시스템에서 성장할 수 있는 집단

---

2) 토머스 프리드먼의 '황금 아치 이론'은 2014년 러시아가 크림반도를 침공하는 등 몇몇 국제분쟁으로 예외가 나타나면서 더 이상 유효하지 않다고 지적받고 있다.

을 육성해 확대하는 데 초점을 맞춰야 한다. 북한을 변화시킬 주역인 신흥자본가에게 변화와 개혁에 동참할 수 있는 인센티브를 제공해야 한다. 북한 주민들에 대한 수탈과 부패를 용인받고 있는 평양의 핵심계층이나 대다수 가난한 북한 주민들은 북한 사회를 변화시킬 의지나 능력이 별로 없다. 결국 북한의 장기적인 변화를 이끌어낼 이들은 시장에서 성장해 자본을 축적하고 있는 새로운 세력이다. 외부로부터의 자본을 북한 내에 투입하고 사업 규모를 확대해 이들 신흥자본가의 경제적 이익을 보장하는 구조를 만드는 것이 결국 새로운 남북경협의 핵심이다. 북한 정권이 군사적인 도발을 강행하려 해도 경제적인 손실을 우려하는 북한 권력층과 상대적으로 결탁의 고리가 약한 신흥자본가들이 이를 억제하기 위해 직간접적으로 힘을 행사할 수 있어야 한반도의 평화도 유지될 수 있다.

물론 북한 사회에서 아직 힘의 균형은 시장세력보다 김정은을 위시한 특권 권력층에게 쏠려 있다. 시장세력은 여전히 정치적인 희생양이 될 수 있다. 그러나 이미 탈북자 등을 통한 국내의 여러 조사에서 시장을 통해 부를 축적한 북한의 고소득자들은 한국 문화에 대해 개방적이며 우호적이다. 게다가 전쟁 등 남북 간의 군사적 대치가 자신들의 경제적 이익을 침해하며 북한이 시장경제를 더욱 확대해야 한다고 생각하고 있다. 이들 시장세력이 어느 임계점을 넘어서는 수준까지 성장하면 북한 사회는 질적인 변화를 겪을 수밖에 없다. 북한 내부에서 수령

경제에 대한 권력층과 신흥자산가들의 사보타주의 가능성도 점차 커지게 된다.

　현실적으로 차기 정부에서 국제사회의 여건 때문에 당장 북한과의 직접적인 경제교류를 활성화할 수 없다면 북중 접경지역인 동북3성에서부터 차근차근 미래를 준비해야 한다. 5 · 24조치 이후 이뤄진 남북의 경제교류 중단 이후에도 북중 접경지역인 단둥과 훈춘을 비롯한 동북3성에서는 비공식적인 경제교류가 끊임없이 이뤄졌다. 정치가 경제를 제약하겠다고 나섰지만 경제적인 이익을 좇는 북한과 중국의 개인들, 그리고 여기에 낀 한국의 대북 사업가들의 움직임을 막지는 못했다. 북한 비즈니스를 하고 있는 이들 사업가들이 합법과 불법을 넘나들면서 만들어낸 비공식적인 거래가 얼마나 되는지 우리는 잘 알지 못한다. 또 이들이 의도치 않게 한반도 평화에 얼마나 큰 역할을 하고 있는지, 다시 말해 '피스메이커(Peace Maker)'가 되고 있는지도 제대로 평가하지 못하고 있다. 차기 정부는 중국이 추진하고 있는 두만강 일대의 개발사업과 '나진-하산 프로젝트'와 같은 중국과 러시아 등이 참여하는 사업에 북한을 끌어들이는 현실적인 방안을 모색해야 한다. 폐쇄된 개성공단 역시 한국 외의 다른 국가의 자본이 공동투자하는 방식으로 새롭게 재기를 모색해야 한다.

　새로운 남북경협 과정에서는 소규모 창업을 활성화하는 방안도 모색할 수 있다. 가령 국제기구의 자본이 북한 내에서 주민들에게 소액의 돈을 대출해주는 북한식의 '마이크로 크레디트(micro credit)'를 현실에 맞게 변형해 운영할 수 있다.

이 책에서 살펴본 것처럼 북한에서 자산을 축적한 돈주들은 다양한 방식으로 이미 사금융 경제를 형성하고 있다. 여기서 조달된 돈은 북한의 소규모 창업으로 이어지고 있다. 북한의 젊은 세대에게 시장경제에 대한 적절한 교육과 낮은 금리의 대출이 이어질 수 있다면 북한의 창업생태계는 급격히 변화할 것이다.

북한의 경제구조가 중국을 넘어서 다원화되는 무역구조로 확대되도록 유도할 필요도 있다. 현재 북한의 무역구조는 과거 단순한 광물 수출을 넘어 외부로부터 주문을 받아 북한 내의 싼 인건비를 통해 가공하는 제조업 형태로 진화하고 있다. 하지만 대부분의 거래가 중국과 이뤄지다 보니 중국의 경제적 지배력만 강화되고 있는 추세다. 중국을 넘어 다양한 국가와의 교역으로 확장된다면 북한 역시 중국 외의 다른 국가와의 대외 관계에 더욱 관심을 가질 수밖에 없다. 북한을 움직일 수 있는 국가 역시 중국 외에 다양해질 수 있다는 의미이기도 하다.

북한에서의 본격적인 경제개발이 추진된다면 자본 축적이 이뤄지지 않은 북한이 당장 내놓을 수 있는 것은 결국 관광이나 광물자원이다. 여기에 중국이나 동남아보다 싼 인건비가 북한 경제가 첫걸음을 뗄 수 있는 현실적인 밑천이다.

그러나 이것만으로 한국과 결합할 수 있는 경제적인 조건을 만들기는 힘들다. 북한은 점진적인 발전이 아닌 비약적인 도약을 통해 크게 뒤떨어진 경제를 빠른 시일 내에 개발해야 한다. 북한이 가진 싼 인건비의 장점은 본격적인 경제개발이 이뤄지면 수년 내에 사라질 가능성이 크다. 또 단순한 광물자원의 수출로는 장기적인 경제발전을 이뤄내기도 힘들다. 북한의 정치체제가 안정적인 방향으로 돌아서지 않은 채 자칫 원유 생산이 현실화된다면 북한에는 재앙이 될 수도 있다. 땅이나 바다에 묻힌 자원을 팔아 정권을 연명하는 아프리카의 독재 국가들처럼 자칫 '자원의 저주'에 빠질 수도 있기 때문이다.

이 때문에 북한은 상대적인 경쟁력을 가진 정보기술 소프트웨어 분야를 중심으로 한국과의 협업을 통해 새로운 경제적 도약을 준비해야 한다. 북한의 에너지 인프라가 노후해 전면 교체해야 하는 필요성은 역설적으로 에너지산업 발전의 최적의 조건이 될 수 있는 환경이다.

한국 일각에서 북한을 경제적 착취 대상으로만 접근하려는 시각도 경계해야 한다. 좁은 한국 시장에서 성장의 한계가 온 기업들이 북한을 새로운 시장이자 싼 인건비를 활용해 중국 시장 진출을 위한 교두보, 자원공급처로만 삼게 되면 부작용이 적지 않을 것이다. 북한이 단순한 제조업의 전진기지가 아닌 북한만이 갖고 있는 환경과 특색, 장기적인 성장동력을 확보할 수 있는 곳으로 만들 방법을 지금부터 머리를 맞대고 고민해야 한다. 북한의 고도성장은 북한 주민의 경제적 조건 향상이라는 인도주의적 차원을 떠나 중장기적으로 한국과의 통일을 위해서라도 반드시 필요하다. 이를 통해 통일비용을 크게 줄이지 않는 이상 통일은 재앙일 수밖에 없다.

북한의 경제가 궤도에 오르게 되면 한국 기업들 역시 유럽의 영국이나 독일에 버금가는 통합된 경제권을 갖게 된다. 남북을 합해 23만 2,000km²의 땅덩어리에 약 7400만 명이라는 인구는 외부 환경에 취약한 한국의 고질적인 경제적 약점을 치유할 수 있는 필요조건이 된다. 여기에 동북3성과 러시아 연해주를 겨냥한 북방 경제로의 진출은 한국 기업들에 언제까지 막연한 꿈은 아닐 것이다.

새로운 남북경협을 추진하게 될 한국 정부는 과거의 햇볕정책에서도 교훈을 얻어야 한다. 김대중 전 대통령이 햇볕정책을 통해 변화를 유도하겠다고 공언했을 때 북한은 이미 그 의도를 간파하고 있었다. 따뜻하고 밝은 햇볕이 결국 북한이 겹겹이 껴입고 있는 보호막의 외투를 벗겨버릴 것을 김정일은 두려워했다. 따뜻한 햇볕은 북한 정권의 붕괴를 의미했다.

그러나 김정일은 햇볕을 거부하기보다 이를 역이용해 자신의 권력을 강화하는 데 이용했고 김대중 전 대통령은 의도를 달성하지 못했다. 북한의 시장화와 대외 개방을 통한 경제발전 역시 남북 모두에게 똑같이 주어진 기회다. 북한으로서는 이를 통해 정권 강화를 꿈꿀 것이고, 남한은 평화와 함께 궁극적인 한반도의 통일을 바랄 것이다. 이런 게임을 어떻게 우리에게 유리하게 만들어 나갈지가 바로 대북정책 입안자들이 머리를 맞대고 고민해야 할 부분이다.

이제는 누군가가 나서서 남북 관계의 악순환을 끊고 상호 관계의 새로운 장기 패러다임을 만들어 나가야 한다. 미국이나 중국 혹은 일본, 러시아가 한국을 대신해 한반도에 평화와 경제 도약을 위한 조건을 만들어 줄 리 만무하다. 변화의 시작은 역시 한국 주도로 새로운 남북 간의 경제교류다. 통일대박론의 구호는 시들해지겠지만 경제교류가 남북 관계를 풀 수 있는 유일하고도 최선의 방법이라는 점은 시간이 지나면서 더욱 분명해질 것이다.

단행본

강주원, 《나는 오늘도 국경을 만들고 허문다》, 글항아리, 2013.

강주원, 《압록강은 다르게 흐른다》, 눌민, 2016.

고미 요지, 《안녕하세요 김정남입니다》, 중앙M&B, 2012.

권석균 외 5인, 《통일, 기업에 위기인가 기회인가》, RHK, 2013.

김병로 · 김근식 · 김병연 · 김흥규, 《북한의 오늘》, 윤영관 편저, 늘품플러스, 2014.

김영희, 《베를린장벽의 서사》, 창비, 2016.

라종일, 《장성택의 길: 신정의 불온한 경계인》, 알마, 2016.

매일경제 · 한국경제연구원 · 현대경제연구원, 《다가오는 대동강의 기적》, 매일경제신문사, 2013.

송경헌, 《통일경제 빅뱅》, 지식공감, 2015.

신창섭, 《북중 변경 르포, 1300》, 책밭, 2016.

임성훈, 《북한을 사라》, 한울, 2008.

임을출, 《김정은 시대의 북한 경제》, 한울아카데미, 2016.

장쉰, 《북한이라는 수수께끼》, 구성철 옮김, 에쎄, 2015.

정세현,《정세현의 통일토크》, 서해문집, 2013.

존 에버라드,《영국 외교관, 평양에서 보낸 900일》, 이재만 역, 책과함께, 2014.

주성하,《화려한 평양 그늘진 북한》, 헬로우월드, 2016.

최대석 · 장인숙 편저,《북한의 시장화와 정치사회 균열》, 선인, 2015.

펠릭스 아브트,《평양 자본주의: 스위스 사업가의 평양생활 7년》, 임상순 · 권원순 역, 한국외국어대학교출판부, 2015.

후지모토 겐지,《김정일의 요리사》, 신현호 역, 월간조선사, 2003.

후지모토 겐지,《북한의 후계자 왜 김정은인가》, 한유희 역, 맥스미디어, 2010.

보고서

림금숙, 〈두만강 삼각주 국제관광합작구 건설에 관하여〉, 통일연구원, 2015.

박명규 외 7인, 〈2015 통일의식조사〉, 서울대학교 통일평화연구원, 2015.

서소영, 〈북한 이동통신 시장 동향〉, 정보통신정책연구원, 2016.

이근 · 최지영, 〈북한경제의 추격가능성과 정책 선택 시나리오〉, 한국은행 BOK 경제연구원, 2016.

이용화 · 이해정, 〈2000~2015년 북중교역 변화 분석〉, 현대경제연구원, 2016.

임강택, 〈북한경제의 비공식(시장)부문 실태 분석: 기업활동을 중심으로〉, 통일연구원, 2014.

최지영, 〈북한 인구구조의 변화 추이와 시사점〉, 한국은행 BOK 경제연구원, 2015.

통일부 통일교육원, 〈2016 북한 이해〉, 2016.

홍민, 〈북한의 시장화와 사회적 모빌리티: 공간구조 · 도시정치 · 계층변화〉, 통일연구원, 2015.

기타 오프라인 및 온라인 매체

《신동아》

《월간조선》

〈노동신문〉

〈데일리NK〉

〈동아일보〉

〈연합뉴스〉

〈조선신보〉

〈조선일보〉

〈중앙일보〉

미국의 소리 방송(VOA)

자유아시아방송(RFA)

구글 어스(earth.google.com)

국가통계포털(kosis.kr)

위키피디아(ko.wikipedia.org)

피터슨 국제경제연구소(piie.com)

38선을 넘어(beyondparallel.csis.org)

KDI 북한경제리뷰(kdi.re.kr/forecast/forecasts_north.jsp)